Andreas Langer / Hannelore Langer / Helga Theimer

Lehrer beobachten und beurteilen Schüler

Praktische Hilfe zum Schreiben von Zeugnissen und Gutachten

Ratschläge für Schüler- und Elternberatung

R. Oldenbourg Verlag München

PRÖGEL PRAXIS 181

5. Auflage 1996
Unveränderter Nachdruck der 4. Auflage 00 98 97 96

Lektorat: Sylvia Bernard-Dronia
Herstellung: Karina Hack
Umschlagfoto: H. Meiser, Furth i. W.
Umschlagkonzeption: Mendell & Oberer, München
Satz, Druck und Bindung: Schneider Druck GmbH, Rothenburg ob der Tauber

ISBN 3-486-**98647**-3

Inhaltsverzeichnis

1. Vorwort

Das Schreiben der Zeugnisse zählt für die meisten Lehrer zu den unbeliebtesten Aufgaben ihres Berufes. Dabei wird ihnen immer wieder bewußt, wie problematisch es ist, ein Urteil über einen Menschen zu fällen, besonders über ein Kind, das mitten in seiner Entwicklung steht.

Erschwerend kommt hinzu, daß die Zeugnisse keineswegs nur für pädagogische Förderung, sondern auch für Selektionszwecke verwendet werden. Sie können bei der Wiederholung einer Klasse, bei der Überweisung an die Sonderschule und beim Übertritt an ein Gymnasium Chancen für das künftige Leben des Schülers zuteilen.

Dieses Buch will durch konkrete Formulierungshilfen (Kapitel 4) die Lehrer bei ihrer schweren Arbeit entlasten. Sie sollen Anregungen für die individuelle Gestaltung von Zeugnisbemerkungen und Gutachten bekommen. Dies kann die Arbeit des Lehrers erleichtern – die Problematik der Schülerbeurteilung vermag es nicht zu lösen.

Darum betrachten wir es als zweite Aufgabe dieses Buches, den Lehrer bei seiner Beobachter- und Beurteilertätigkeit zu unterstützen und ihn anzuregen, sich weiter mit dieser Thematik zu beschäftigen.

In Kapitel 2 werden Wege aufgezeigt, wie der Lehrer Schülerverhalten beobachten und schriftlich fixieren kann. Mögliche Beobachtungen und Beurteilungen von Verhaltensmerkmalen der Schülerpersönlichkeit sind in Kapitel 3 formuliert.

Schülerbeobachtung und Schülerbeurteilung dürfen nie Selbstzweck bleiben. Sie bilden die Grundlage für eine Intensivierung der Beratung, für eine Änderung des Schülerverhaltens und beeinflussen das Lehrerverhalten (Kapitel 5).

Die drei Autoren unterrichten an Grundschulen. Sie haben dieses Buch als praktische Hilfe für Lehrer und Studenten geschrieben.

München, 1983 Andreas Langer, Hannelore Langer, Helga Theimer

2. Vorwort

10 Jahre sind seit Erscheinen der ersten Auflage (und mehrerer unveränderter Nachdrucke) inzwischen vergangen.

Die große Resonanz der Leser zeigte uns, welchen Stellenwert praktische Hilfen bei der Beurteilung von Schülern einnehmen.

Weiterentwicklungen in den Schülerbeurteilungen und Zeugnisberichten haben uns bewogen, Teile des Buches besonders für das 1. und 2. Schuljahr völlig zu überarbeiten.

Schließlich haben sich die rechtlichen Grundlagen geändert; auch das konnte berücksichtigt werden.

München 1993 d.o.

1. Problematik der Schülerbeobachtung und Schülerbeurteilung

In jeder Stunde beobachtet der Lehrer seine Schüler. Zweimal im Jahr beurteilt er die Mitarbeit und das Verhalten in den Zeugnissen. Beim Übertritt in weiterführende Schulen erstellt er ein pädagogisches Wortgutachten und urteilt über Lernverhalten, Lernbereitschaft; Individual- und Sozialverhalten.

Beurteilen und Beraten gehören zu den fünf Aufgabenfeldern des Lehrers, die der Strukturplan für das Bildungswesen nennt (Deutscher Bildungsrat)[1]).

Häufig wird versucht, zwischen pädagogischer und selektiver Schülerbeurteilung zu unterscheiden. Die pädagogische Schülerbeurteilung soll das einzelne Kind über seine Fortschritte in den verschiedenen Fächern, über sein Lern- und Sozialverhalten informieren. Sie zeigt auf, welche Lernziele erreicht wurden und nennt Gründe für das Nichterreichen. Somit bildet die pädagogische Schülerbeurteilung die Grundlage für gezielte Maßnahmen zur Förderung des Schülers.

Diese Förderungsfunktion läßt sich in der Schulwirklichkeit kaum von der Selektionsfunktion trennen.

„Bedauerlich scheint, daß sich die Diagnose zur pädagogischen Hilfe und Auslesebeurteilung anscheinend nicht mehr trennen lassen. Jede Beurteilung, auch mit ausschließlichen Förderungsbemühungen des Lehrers, gerät ihm unter der Hand gleichzeitig zu einem Selektionsakt."[2])

Das Urteil des Lehrers ist oft entscheidend für den weiteren Lebensweg eines Kindes. So öffnet oder erschwert das pädagogische Wortgutachten den Zugang zu Gymnasien. Die Leistungsbeurteilung kann ausschlaggebend für die spätere soziale Position sein. Die Bedeutung, die dem Lehrerurteil als Selektionsinstrument zukommt, erregt immer wieder Kritik.

In der Literatur wird z.B. nachgewiesen:

- Der gleiche Aufsatz wird von verschiedenen Lehrern mit allen Ziffern der Notenskala bewertet.
- Lehrer, die den gleichen Aufsatz zweimal vorgelegt bekommen, benoten diesen unterschiedlich.

Titel wie „Lehrerurteil und Lehrervorurteile" (Unterrichtswissenschaft 1975/2) oder „Beurteilen oder verurteilen" (Kutscher 1977) zeigen die Kritik am Lehrerurteil.

Schülerbeobachtung und Schülerbeurteilung beinhalten eine Fülle der verschiedensten Probleme. Diese fangen an bei der Begrenztheit menschlicher Wahrnehmung und Beobachtung. Sie setzen sich fort bei der schriftlichen Fixierung. Sie enden noch nicht mit der Reaktion der betroffenen Schüler und Eltern, wenn sie die Beurteilung erhalten.

---

[1]) Deutscher Bildungsrat 1970, Seite 217f.

[2]) Kleber E., Beurteilung und Beurteilungsprobleme, Weinheim 1976, Seite 33.

Auf den kommenden Seiten werden „Beurteilungsfehler" aufgeführt. Der Fachausdruck „Urteilsfehler" wurde aus der Literatur übernommen. Selbstverständlich handelt es sich hier nicht um Fehler im Sinn einer individuellen Schuld des Lehrers, sondern um Tendenzen, die das Urteil eines Menschen beeinflussen können. Jeder ist davon betroffen.

„Tatsächlich glaubte man früher, es sei möglich, Schüler „richtig" beurteilen zu können, wenn man nur das dafür nötige Instrumentarium hatte. Diese Ansicht, ein Urteil könne ein Schülermerkmal so richtig erfassen, wie man einen Gegenstand nach Größe, Form und Farbe beurteilt, ist überholt." – „Urteile sind keine Realitätsabbildungen, sie sind nicht „wahr"".[1])

1.1 Grenzen und Fehler

Halo-Effekt

(Hof-Effekt, Heiligenschein-Effekt)

Der Halo-Effekt beruht auf dem Übertragen des allgemeinen Gesamteindrucks auf die Beurteilung einzelner Eigenschaften. Dieser Effekt tritt besonders bei Persönlichkeitsmerkmalen auf, die moralisch hoch bewertet sind und nur schwer beobachtet werden können (z.B. Grundstimmung, Gefühlsleben). Der gesamte Eindruck entsteht dabei häufig auf Grund von Sympathie oder Antipathie.

Bei der Befragung einer 3. Klasse nannten einige Kinder den gleichen Buben als besten Schüler und besten Sportler, obwohl sie jede Woche in den Sportstunden seine Ungeschicklichkeit sahen.

Logische Fehler

Kaum zu trennen vom Halo-Effekt sind die logischen Fehler. Hierbei werden bestimmte Merkmale, die dem Beurteiler logisch zusammengehörig erscheinen, ähnlich bewertet. So wird ein sprachgewandter Schüler als intelligent, eifrig und ordentlich angesehen.

Implizite Persönlichkeitstheorie

In der neuen Literatur werden der „Halo-Effekt", „Logische Fehler" und ähnlich gelagerte Probleme unter dem Begriff „Implizite Persönlichkeitstheorie" zusammengefaßt. Darunter versteht man vereinfachte, naive Persönlichkeitstheorien zur Beurteilung anderer Menschen. Am bekanntesten ist die Untersuchung von Hofer. Er schreibt:

„Allgemein betrachtet, haben implizite Persönlichkeitstheorien die Funktion, die menschlichen Beziehungen einer Person und ihre Orientierung in der Umwelt zu erleichtern und die Last der Unsicherheit in neuen Situationen zu verringern. Schwierige und streng genommen unübersehbare Gegebenheiten,

---

[1]) Schwarzer, C., Praxis der Schülerbeurteilung, München 1979, Seite 9/10.

die eine Stellungnahme oder rasche Entscheidung erfordern, werden durch Anwendung eines subjektiven Ordnungssystems überschaubar und verständlicher gemacht"[1]). Auch bei der Schüler-Lehrer-Beziehung entwickelt der Lehrer in seiner Berufsrolle ein vereinfachtes Schema zur Beurteilung der Schülerpersönlichkeit. Oft wird ihm der Vorwurf gemacht, er sehe den Schüler nur durch die sogenannte „Lehrerbrille" und reduziere die diagnostischen Informationen auf solche, die für die Schule bedeutsam sind.

Hofer hat aufgrund empirischer Untersuchungen eine implizite Theorie von Lehrern entdeckt, die einen subjektiven Ordnungsrahmen darstellt, mit dem man die Schülerpersönlichkeit schnell und einfach erfassen kann:

I. Arbeitsverhalten (mit den Eigenschaften „konzentriert", „pflichtbewußt", „ordentlich")
II. Schwierigkeit („schüchtern", „sensibel", „kompliziert")
III. Begabung („intelligent", „begabt", „einfallsreich")
IV. Dominanz („geltungsbedürftig", „ehrgeizig")
V. Soziale Zurückgezogenheit („verschlossen", „ungesellig")[2])

Es ist verständlich, daß Lehrer die Tendenz haben, besonders jene Eigenschaften als positiv anzusehen, die ihre Arbeit erleichtern. Doch sollte dieser Beurteilungsmechanismus von jedem Lehrer durchschaut werden. Eine implizite Persönlichkeitstheorie ist nicht von vornherein falsch. Wie differenziert die implizite Persönlichkeitstheorie des Lehrers ist, hängt von verschiedenen Faktoren ab:

- Von der Anzahl der Schüler in einer Klasse
- Von den Stunden, die der Lehrer in der Klasse unterrichtet
- Von der Vielfalt der Situationen, in denen er einen Schüler beobachten kann.

Milde-Effekt

(Error of generosity)

Manche Lehrer neigen dazu, alle Schüler milder zu beurteilen, als es die Kollegen tun.

Strenge-Effekt

Umgekehrt gibt es „harte Beurteiler", die ihre Schüler stets strenger bewerten, als die anderen Lehrer.

Tendenz zur Mitte

Besonders bei Leistungsnachweisen vermeiden einige Lehrer Extremurteile und verwenden nur die mittleren Notenstufen.

---

[1]) Hofer, Manfred, Die Schülerpersönlichkeit im Urteil des Lehrers, Weinheim 1969, Seite 12.

[2]) Zit. Dumke, D., Die Auswirkung von Lehrererwartungen auf Schülerleistungen und Die Schülerbeurteilung; Blätter für die Lehrerfortbildung 1981 7/8.

Tendenz zu Extremurteilen:
Im Gegensatz dazu kennen manche Lehrer nur Extremurteile. In ihrer Notenskala fehlt die Mitte.

Reihungs-Effekt
Bei der Korrektur von schriftlichen Arbeiten werden die ersten häufig strenger beurteilt als die letzten.

Schwankungs-Effekt
Bei der Auswertung mündlicher Prüfungen zeigt sich oft ein rhythmisches, periodisches Absinken und Ansteigen der Benotung.

Ähnlichkeitsfehler
Der Ähnlichkeitsfehler besteht in der Annahme des Beurteilers, die zu beurteilenden Personen hätten ähnliche und gleich ausgeprägte Verhaltensmerkmale wie er selbst.

Kontrastfehler
Der Kontrastfehler beruht auf der Tendenz des Beurteilers, der zu beurteilenden Person die seinem eigenen Wesen gegensätzlichen Merkmale zuzuschreiben.

1.2 Erwartungshaltung des Lehrers

- Sich-Selbst-Erfüllende-Prophezeiung
- Self-fulfilling-prophecy
- Pygmalion-Effekt (Rosenthal 1968/1971)
- Andorra-Effekt (Schiefele 1974)

Die Erwartungshaltung des Lehrers beeinflußt das Verhalten des Schülers.

Welche Bedeutung dem Problem der Lehrererwartung zukommt, zeigt die Fülle der Veröffentlichungen zu diesem Thema. Am bekanntesten ist wohl die Untersuchung „Pygmalion im Unterricht" von Rosenthal/Jacobsen. Sie schreiben im Vorwort: „Die Menschen tun häufiger das, was man von ihnen erwartet als das Gegenteil. Ein großer Teil unseres Verhaltens wird bestimmt durch von vielen Menschen geteilte Normen oder Erwartungen, die Voraussagen ermöglichen, wie ein Mensch sich in einer bestimmten Situation verhalten wird, selbst wenn wir diesen Menschen nie getroffen haben und wenig darüber wissen, wie er sich von anderen Menschen unterscheidet . . . Unsere Voraussage oder Prophezeiung ist möglicherweise selbst ein Faktor, der das Verhalten anderer Menschen bestimmt. Wenn wir zu der Erwartung veranlaßt werden, gleich einen liebenswürdigen Menschen kennenzulernen, kann unsere Behandlung beim ersten Treffen ihn tatsächlich zu einem liebenswürdigen

Menschen machen. Wenn wir zu der Erwartung veranlaßt werden, eine unangenehme Person zu treffen, nähern wir uns ihr vielleicht so voll Abwehr, daß wir sie zu einer unangenehmen Person machen."[1])

Bei seinem berühmten Versuch testete Rosenthal Schüler einer amerikanischen Grundschule. Er teilte den Lehrern mit, aufgrund seiner Untersuchungen könne er die Kinder herausfinden, von denen in der nächsten Zeit besondere Lernfortschritte zu erwarten seien. Dann nannte er den Lehrern Namen von Kindern, die rein zufällig aus der Anzahl der Untersuchten herausgegriffen worden waren. Nach einem Jahr überprüfte Rosenthal die Auswirkungen der manipulierten Lehrererwartungen. Es zeigte sich, daß die von ihm genannten Schüler im Vergleich zur Kontrollgruppe einen überdurchschnittlichen IQ-Gewinn aufwiesen.

Auch andere Untersuchungungen bestätigten die Existenz des Pygmalioneffekts. Er läuft in der Praxis nicht nach einem einfachen Ursache-Wirkung Modell ab, sondern entwickelt sich in mehreren Schritten:

1. Der Lehrer liest im Schülerbogen, daß ein Schüler im Unterricht besonders eifrig mitarbeitet.
2. Diese Erwartungshaltung wirkt sich auf sein Verhalten aus. Er zeigt sie in seiner Sprache, Mimik und Gestik. Meldungen dieses Schülers nimmt er sofort wahr, läßt ihm mehr Zeit, wiederholt die Frage oder gibt Hinweise.
3. Der Schüler übernimmt die Lehrereinstellung in seinem Selbstbild. Er verändert und korrigiert sein Verhalten und produziert das erwartete, das heißt, er beteiligt sich noch reger am Unterrichtsgeschehen.
4. Der Lehrer beobachtet die eifrige Mitarbeit und sieht seine Erwartung bestätigt.

Der Kreis ist damit geschlossen.

Bei diesem positiven Beispiel wird deutlich, wie sich die schriftliche Fixierung des Lehrerurteils zur self-fulfilling-prophecy (Sich-Selbst-Erfüllende-Prophezeiung) entwickeln kann. Gravierende Folgen hat dies bei einer negativen Festlegung, wenn der Schüler kaum die Chance besitzt, die Rolle eines „schwachen Schülers" oder eines „Klassenkasperls" abzulegen. Dies ist auch der Grund, weshalb einige Autoren jede negative Formulierung im Lehrerurteil als gefährliche Etikettierung und Stigmatisierung ablehnen. „Der sogenannte „labeling approach" nimmt an, daß schon die bloße Bezeichnung, die Diagnostizierung einer Schwäche, Störung oder Behinderung negative Wirkung haben kann."[2])

---

[1]) Rosenthal, R., Jacobsen, L., Pygmalion im Unterricht, Weinheim 1971, Seite 3.

[2]) Klauer, K., Handbuch der pädagogischen Diagnostik, Düsseldorf 1978, Seite 12.

Der Wirkungsgrad des Pygmalioneffekts hängt sicher von der Person des Lehrers und des Schülers ab. Brophy-Good[1]) unterscheiden in diesem Zusammenhang drei Typen von Lehrern:

- den proaktiven Lehrer
- den reaktiven Lehrer
- den überreaktiven Lehrer

„Der überreaktive Lehrer übertreibt seine Erwartungen, indem er frühzeitig attribuiert und stereotypisiert. Aus geringen Unterschieden zwischen Schülern macht er große Gegensätze . . . Er vergrößert Unterschiede, statt sie auszugleichen . . . Überreaktive Lehrer „machen" Unterschiede, sie produzieren Schülerkarrieren"[2])

Dieser Lehrertyp ist für die self-fulfilling-prophecy besonders anfällig.

Bei den Schülern spielt das Alter und die Selbsteinschätzung eine wesentliche Rolle für die Ausprägung und den Ablauf des Pygmalioneffekts.

---

[1]) Brophy, J. – Good, T., Die Lehrer- und Schüler-Interaktion, München 1976, Seite 160.
[2]) Schwarzer, C. und Schwarzer, R., Praxis der Schülerbeurteilung, München 1979, Seite 39.

2. Gewinnung diagnostischer Informationen

2.1 Einführende Bemerkungen

Die Gewirmung diagnostischer Informationen ist eine Voraussetzung für die Arbeit des Lehrers. Er kann nur dann pädagogisch sinnvoll handeln und effektiv unterrichten, wenn er seine Schüler kennt. Die Erhebung diagnostischer Informationen gehört zu den berufsspezifischen Aufgaben des Lehrers, „... weil die Möglichkeit der Langzeitbeobachtung ebenso wie die Möglichkeit des Arbeits-, Lern- und Sozialverhaltens nur dem Lehrer vorbehalten ist."[1])

Doch er muß auch seine Grenzen sehen. Große Anamnesen, Analysen und psychoanalytische Verfahren gehören in den Aufgabenbereich des Psycholo gen. Der Lehrer sollte sich auf Beobachtungen, Gespräche, Fragebogen und Tests beschränken.

Die diagnostischen Informationen dürfen nicht Selbstzweck bleiben. Sie liefern vielmehr die Grundlage für Erziehung und Unterricht. „Somit darf sich die pädagogische Diagnostik nicht mit der Feststellung von Unterschieden zwischen Schülern begnügen, sie muß Hinweise für erzieherisches Handeln geben. ... Aus der bloß beschreibenden wird eine erklärende und damit handlungsanweisende Diagnostik."[2])

Zur Gewinnung der diagnostischen Informationen gehören drei Schritte: Beobachtung – Beschreibung – Beurteilung.

2.2 Beobachtung – Beschreibung – Beurteilung

Beobachtung

„Ein guter Erzieher sein, ist fast gleichbedeutend mit ein guter Beobachter sein." (Innerhofer)

Was verstehen wir unter Beobachtung? In der Literatur finden wir folgende Definitionen:

„Beobachtung ist aufmerksame, planmäßige, methodische Sinneswahrnehmung." (Lexikon der Pädagogik, Herder 1970)

---

[1]) Klauer, K., Handbuch der pädagogischen Diagnostik, Düsseldorf 1978, Seite 11.

[2]) p.p.f. Projektgruppe, Diagnostik in der Schule, München 1973, Seite 97/98.

„Beobachtung ist die aufmerksame, insbesonders die methodisch durchgeführte Betrachtung eines Objekts, die zu einem Urteil über dieses führt. Beobachtung ist die wichtigste Methode jeder Erfahrungswissenschaft.“ (Der große Brockhaus)

„Beobachtung, das aufmerksame Wahrnehmen eines Objekts oder Vorgangs, ggf. unter Verwendung technischer Hilfsmittel. In den Erfahrungswissenschaften tritt neben die Alltags- oder Gelegenheitsbeobachtung als grundlegende Methode die systematische Beobachtung. Sie wird nach bestimmten methodischen Gesichtspunkten planmäßig durchgeführt.“ (Brockhaus Enzyklopädie 1967)

Was wir beobachten und wahrnehmen ist nie das „wahre“ Abbild der Wirklichkeit. Stets wählen wir unter den Reizen aus, die auf uns einströmen. Objektives Wahrnehmen ist nicht möglich. „. . . was wir in Lebenssituationen oder auch in Problemen wahrnehmen oder behalten, hängt von den Filtern ab, die wir selbst in die Situation mit einbringen. Wahrnehmend wählen wir aus. Unser Wahrnehmen ist wie das Erinnern selektiv. Vorurteile sind selektive Filter. . .“[1])

Unsere Beobachtung hängt von vielen Faktoren ab:

- von unseren Erfahrungen
- von unseren Erwartungen
- von unseren Interessen und Bedürfnissen
- von unserer momentanen Verfassung
- von unserer momentanen Einstellung und Werthaltung
- von unserem Gedächtnis
- von der Art, Intensität, Anzahl und Häufigkeit der Reize
- von der Begrenztheit unserer Wahrnehmungsfähigkeit

Beschreibung

Aus dem, was der Lehrer akustisch und visuell beobachtet, zieht er seine Schlußfolgerungen. Er sieht und hört, wie ein Kind sich häufig meldet, richtige Antworten gibt, Fragen stellt . . . und urteilt: „Der Schüler beteiligt sich mit großem Interesse am Unterrichtsgeschehen.“

Die Deutung des Gesehenen und Gehörten stellt bei den meisten Verhaltensweisen große Anforderungen an den Lehrer. Darum sollte „. . . die voreilige Schlußfolgerung (Inferenz) von der Beobachtung zur Beurteilung durch einen Zwischenschritt unterbrochen werden, in dem eine möglichst urteilsfreie Beschreibung des Verhaltens vorgenommen wird.“[2])

Doch auch dann ergeben sich noch Probleme. Heller bezeichnet die Beobachtungsdeskription als „das Kernstück der Beobachtungsmethode und zugleich ihren problematischsten Teil.“[3])

---

[1]) Silenius, A., Vorurteile in der Gegenwart, Frankfurt/Main 1966, Seite 20.
[2]) Schwarzer C., Praxis der Schülerbeurteilung, München 1979, Seite 43.
[3]) Heller, K. Leistungsbeurteilung in der Schule, Heidelberg 1974, Seite 237.

Auch wenn der Lehrer versucht „das Verhalten möglichst urteilsfrei zu gestalten“ schleichen sich doch häufig wertende und erklärende Aussagen ein. Die Formulierung „Thomas sitzt mit schmollendem Gesichtsausdruck da, weil seine Mannschaft verloren hat“, versucht das Beobachtete zu beschreiben, erklärt aber gleichzeitig. Vielleicht zeigt er diesen Gesichtsausdruck nur, weil er sich während des Spiels verletzt hat. Die Aussage „Anna lacht laut und beleidigend bei Stefans Antwort, um ihn zu ärgern“ ist zwar informativer, aber weniger objektiv als der Satz: „Anna lacht nach Stefans Antwort“.

Der Lehrer soll das Verhalten der Schüler stets so beschreiben, wie es beobachtbar ist (operationalisiert). Operationalisierte Verhaltensbeschreibung bedeutet dabei immer Konkretisierung, Präzisierung und Beschränkung auf das Wahrnehmbare. Dabei ist es zweitrangig, ob der Lehrer vorgegebene Verhaltenskategorien auf einer Liste ankreuzt oder frei protokolliert.

Beurteilung

Aufgrund der Beobachtungen kommt der Lehrer zu seinem Urteil. Er beschreibt dabei zusammenfassend und abstrahierend das Verhalten eines einzelnen Schülers und versucht, dessen persönliche Eigenart zu charakterisieren. Den Schüler „charakterisieren heißt, ihn mit solchen Begriffen kennzeichnen, daß er für Dritte in seiner Eigenart wieder erkennbar wird.“[1])

Dieser Bewertungsprozeß muß sich auf viele „nachweisbare“ Beobachtungsdaten stützen und möglichst bewußt und vorsichtig ablaufen. Die Schülerbeurteilung entwickelt sich zu einer immer wichtiger werdenden Aufgabe im Berufsfeld des Lehrers. Sie erfüllt dabei eine Förderungs- und Selektionsfunktion. Die Beurteilung zur Förderung „läßt sich als primär pädagogisches Anliegen von der pädagogischen Intension der Schule ableiten.“[2]) Die Beurteilung zur Selektion „. . . stellt eine Forderung der Gesellschaft an die Schule dar.[3])

Wegen der wachsenden Bedeutung der Schülerbeurteilung muß sie bestimmte diagnostische Gutekriterien erfullen (siehe Schwarzer 1979).

- „Verschiedene Lehrer sollen in ihrem Urteil übereinstimmen.
- Ein Urteil soll über einen bestimmten Zeitraum stabil bleiben. (sofern auch das Beurteilungsobjekt stabil bleibt.)
- Das Urteil soll auch wirklich dasjenige Schülermerkmal kennzeichnen, dessen Beurteilung beabsichtigt ist.“[4])

Das Lehrerurteil wurde in vielen Veröffentlichungen von den verschiedensten Seiten kritisiert. In den letzten Jahren mehren sich jedoch andere Stimmen.

---

[1]) Ulich, D., Urteile über Schüler, Weinheim 1973, Seite 27.
[2]) Kleber, E., Beurteilung und Beurteilungsprobleme, Weinheim 1976, Seite 27.
[3]) Kleber, E., Beurteilung und Beurteilungsprobleme, Weinheim 1976, Seite 27.
[4]) Schwarzer, C., Praxis der Schülerbeurteilung, München 1979, Seite 10.

„In neuerer Zeit wird allerdings deutlich, daß das Lehrerurteil eine gewisse Rehabilitierung erfährt.“[1])

Bei der Augsburger Längsschnittuntersuchung wurden etwa 2000 Schüler von 1967 bis 1971 untersucht. Dabei kamen die Autoren zu folgenden Ergebnissen:

- „Das Lehrerurteil ist differenziert.
- Das Lehrerurteil ist valide.
- Das Lehrerurteil enthält spezifische Informationen, die durch die anderen angewandten Meßverfahren nicht zu erreichen sind.“[2])

2.2.1 Aspekte der Beobachtung

- Verschiedene Arten der Beobachtung
  - Systematische und unsystematische Beobachtung
  - Offene Beobachtung
  - Beobachtung unter einem bestimmten Aspekt
  - Zeitstichprobentechnik
  - Änderung der Beobachterperspektive
- Die Doppelrolle des Lehrers als Beobachtender und Unterrichtender

Verschiedene Arten der Beobachtung

(vgl. Heller 1974, S. 235ff)

In der Literatur wird oft zwischen der systematischen und der unsystematischen Beobachtung unterschieden.

Die *systematische (standardisierte, kontrollierte, strukturierte) Beobachtung ist die eigentliche Form der wissenschaftlichen Beobachtung. Sie verlangt „genau festgelegte Beobachtungspläne (bezüglich Beobachtungssituation, Aspekt, Zeit und Dauer), ein Höchstmaß an Konzentration auf das zu Beobachtende, ein vorauslaufendes Beobachtungstraining, das die Beschreibung beziehungsweise Kodierung mit umfaßt und Zuverlässigkeits- wie Gültigkeitskontrollen.“[3])*

Die *unsystematische (freie, ungebundene, Gelegenheits-) Beobachtung* stellt weniger strenge methodische Anforderungen. Für den Schulalltag ist die Gelegenheitsbeobachtung die übliche Form. In den meisten Situationen reicht sie als Grundlage für das Handeln des Lehrers aus. Bei folgenschweren Urteilen oder bei schwierigen erzieherischen Problemfällen bietet sie zu wenig Zuverlässigkeit. Der Lehrer muß dann andere Formen der Beobachtung einsetzen.

Die Gelegenheitsbeobachtung kann durch bewußten und gezielten Einsatz verbessert werden.

---

1) Klauer, K., Handbuch der pädagogischen Diagnostik, Düsseldorf 1978, Seite 11.
2) Hanke, B., Schülerbeurteilung in der Grundschule, München 1980, Seite 255/256.
3) Heller, K., Leistungsbeurteilung in der Schule, Heidelberg 1974, Seite 235.

Bei der *offenen (nicht aspektgebundenen) Beobachtung* stellt sich der Lehrer z.B. folgende Aufgabe:

– „In der kommenden Woche beobachte ich die drei Kinder, die mir bisher am wenigsten aufgefallen sind und von denen ich noch keine Beobachtungsdaten habe.“

Bei der *Beobachtung unter einem bestimmten Aspekt* entschließt sich der Lehrer z.B. dazu:

– „In der kommenden Woche werde ich besonders auf Thomas achten. Ich möchte sehen, wie seine Streitereien mit den Mitschülern ablaufen.“

Eine für die Schule besonders geeignete Form stellt die *Beobachtung in standardisierten Situationen (situational sampling)* dar. Hier wird eine immer gleichbleibende Situation zur Beobachtung ausgewählt. In unseren Schulen eignen sich viele ständig wiederkehrende Unterrichtssituationen für besonders ergiebige Beobachtungen:

– Beobachtung von Schülern beim stillen Erlesen

. . .

(siehe Kapitel 2.5)

Eine andere Art der systematischen Beobachtung ist die *Zeitstichproben-technik (time sampling)*. Dabei setzt der Beobachter die Dauer des Abstands und die Anzahl der Beobachtungsphasen verbindlich fest. Zum Beispiel:

– „Ich beobachte in den nächsten zwei Wochen Ursula täglich von 9.30 Uhr bis 9.40 Uhr in der Pause.“

Häufig erweist sich eine *Änderung der Beobachterperspektive* als günstig. Dadurch kann der Lehrer Einsichten gewinnen, die völlig neu für ihn sind, z.B.:

– „Ich notiere mir nächste Woche von Michael, der mir bisher vor allem negativ aufgefallen ist, nur positive Verhaltensweisen.“

Die Doppelrolle des Lehrers als Beobachtender und Unterrichtender

Als weitere Schwierigkeit kommt hinzu, daß der Lehrer mitten im pädagogischen Feld steht. Er beobachtet und nimmt gleichzeitig aktiv am Unterrichtsgeschehen teil. Durch die Art, wie er als Lehrer den Unterricht gestaltet und strukturiert, erzeugt er teilweise jenes Verhalten, das er als Beobachter wahrnimmt. Besonders bei geplanten Verhaltensmodifikationen, bei denen die Änderung des Verhaltens einen Erfolg für den Erzieher bedeutet, neigen wir dazu, Veränderungen wahrzunehmen, die noch nicht eingetreten sind.

Diese Doppelrolle als Beobachtender und Unterrichtender sollten wir Lehrer uns stets bewußt machen. Anlaß mehr, unsere Beobachtungen kritisch zu kontrollieren.

Eine Möglichkeit hierzu bietet die *Selbstkontrolle*. Der Lehrer kann bestimmte Aspekte seines Verhaltens selbst überprüfen:

- Gibt es Kinder, die mir besonders sympathisch oder unsympathisch sind? Warum?
- Welche Kinder rufe ich am häufigsten auf? (Strichliste)
- Welche Kinder lobe oder ermahne ich am häufigsten? (Strichliste)
- Ist die Zahl der Ermahnungen pro Stunde vom Fach oder vom Wochentag abhängig? (Strichliste)
- Wie viele Fragen stelle ich im Verlauf einer Stunde? (Strichliste)
- Wie viele Impulse verwende ich im Verlauf einer Stunde? (Strichliste)
- Wirkt sich meine Stimmung auf den Einsatz von Lob, Tadel und Strafe aus?

Der Einsatz von Tonband- und Videogerät leistet hier oft wertvolle Dienste.

Die Selbstkontrolle erfaßt nur Teilgebiete des Lehrerverhaltens. Sie birgt auch immer die Gefahr des „Selbstbetrugs" in sich. Deshalb bietet sich die *Fremdkontrolle* als bessere Alternative an.

Wir Lehrer sind nicht gewöhnt, unsere Klassenzimmer für den Kollegen zu öffnen. Dabei haben wir hier die Möglichkeit, uns von einem Fachmann für Erziehung und Unterricht beraten zu lassen, der uns nicht benotet.

Viel häufiger sollten wir die Gelegenheit nützen, unsere Beobachtungen von einem Kollegen überprüfen zu lassen. Wir können ihn zum Beispiel bitten, einen verhaltensauffälligen Schüler eine Stunde lang zu beobachten. Beim anschließenden Gespräch vermag der Vergleich der gemachten Aufzeichnungen vielfach schon zur Klärung und Lösung des Problems beizutragen.

Da der Kollege nicht selbst aktiv am Unterricht teilnimmt, kann er viele Verhaltensmerkmale objektiver und zuverlässiger beobachten.

Umgekehrt bietet sich an, den Kollegen zu bitten, eine Unterrichtsstunde zu übernehmen. Man selber beobachtet dann in dieser Stunde die eigenen Schüler besonders intensiv. Allein der Wechsel des Standortes, sowohl räumlich als auch emotional, eröffnet völlig neue Perspektiven.

Wenn zwischen Lehrern ein vertrauensvolles Verhältnis besteht, ist es durchaus möglich, den Kollegen zu bitten, das eigene Verhalten im Unterricht zu beobachten.

Gezielte Fragen versprechen hier meist mehr Erfolg als offene Beobachtung:

- Wie oft stelle ich Fragen? (Strichliste)
- Wie oft setze ich Impulse ein? (Strichliste)
- Wie lauten die häufigsten Fragen, Impulse und Befehle?
- Verwende ich bestimmte Wörter auffallend oft?
- Habe ich besondere Angewohnheiten?
- Wie groß ist mein Wahrnehmungsfeld?
- Übersehe ich bestimmte Kinder?
- Wie oft lobe, tadle oder strafe ich? (Strichliste)

Da die Ausbildung der Lehrer kaum Beobachtertraining anbietet und da die Beratungsbesuche der Vorgesetzten meist auch Bewertungen beinhalten, sollten sich die Lehrer hier selbst helfen und freiwillig Kollegen als Beobachter in ihre Klassen bitten.

2.2.2 Schriftliche Fixierung der beobachteten Verhaltensweisen

- Beobachtungsbogen
- Schematische Dokumentation
  Beispiel für eine Klassenbeobachtung – Beispiel für eine Einzelbeobachtung – Beispiel eines Beobachtungsprotokolls mit Registrierung der Zeit – Beispiel für ein Diagramm
- Kategoriensystem
- Rating – Schätzskalen

Es gibt verschiedene Möglichkeiten, die beobachteten Verhaltensweisen zu notieren. Welche Form der Lehrer wählt, hängt von den Gegebenheiten des Einzelfalles ab:

- Von der Verhaltensweise, die er beobachten möchte
- Von der Bedeutsamkeit des Problems
- Von der Häufigkeit des Auftretens
- Von der Verhaltensdauer
- Von der unterrichtlichen Situation

Die folgenden Beispiele geben Anregungen für die Gestaltung von Beobachtungsbögen, schematischen Dokumentationen, Kategoriensystemen und Einschätzskalen.

Beobachtungsbogen

Am besten ist *der* Beobachtungsbogen, den der Lehrer nach seinen eigenen Praxiserfahrungen findet. Er sollte ökonomisch und situationsspezifisch sein, damit der Lehrer mit wenig Arbeitsaufwand konzentriert unterrichten und gleichzeitig alle Einzelheiten der Verhaltensweise beobachten kann. Wenn er die für ihn geeignetste Protokollform gefunden hat, sollte er das so entstandene Beobachtungsblatt vervielfältigen. Einige Verlage bieten auch fertige Formulare zur Schülerbeobachtung an.

Als günstig hat sich erwiesen, alle Beobachtungsblätter, Soziogramme, Strichlisten. . . in einem Schnellhefter DIN A4 aufzubewahren. Bei jeder Beobachtung muß das Datum, die Zeit und die äußere Situation angegeben werden. „Ein Beobachtungsschema, das einmal festgelegt wird, darf im Laufe einer Verhaltensbeobachtung nicht beliebig verändert werden.“[1])

---

[1]) Ammer, C., Veränderung von Schülerverhalten, München 1976, Seite 81.

Beispiel für ein Beobachtungsblatt:

Name: Michael S. Klasse/Gruppe: 3a

Fach: Heimat u. Sachkunde

Beobachtungsaspekt: Zusammenarbeit

Beobachtungssituation: Gruppenarbeit

Beobachtungsdatum: 27. 4. 82

Beobachtungsnummer: 24

Zeit:	Verhalten, in welcher Situation, Ereignisse, Besonderheiten vor dem Auftritt
8.20	macht Vorschlag für den Versuchsaufbau
8.23	hilft Klaus beim Aufschreiben

Der Zeitpunkt der schriftlichen Fixierung hängt von den Gegebenheiten ab. Das Verhalten eines Schülers beim stillen Erlesen (z.B.: Konzentration, Ausdauer, Lesetempo . . .) kann sicher gleich aufnotiert werden (begleitendes Stichwortprotokoll) . Häufig jedoch muß der Lehrer sich auf seine Erinnerung verlassen und die Beobachtungen nach dem Unterricht aufschreiben. Dabei sollte der Abstand von Beobachtungen und Dokumentation möglichst gering gehalten werden.

Schematische Dokumentationen

Verhaltensweisen, bei denen es um die *Häufigkeit* geht, deren Anfang und Ende klar abgegrenzt ist, können gut mit Hilfe von Strichlisten notiert werden. (Z.B.: Melden, Dazwischenrufen, Verlassen des Platzes . . .).

Für die Klassenbeobachtung eignen sich Listen, auf denen die Namen der Schüler alphabetisch aufgeführt sind.

Beispiel für eine Klassenbeobachtung:

Klasse: 3a Schuljahr: 1981/82

Fach: Mathe

Beobachtungssituation: Übungsstunde 1 × 1

Beobachtungsdatum: 8.2.82 Beobachtungszeit: 8.45 – 9.30

Verhalten: Melderverhalten. Meldet sich!

1. B[redacted] Klaus	𝍸	𝍸	|								11
2. E[redacted] Matthias	𝍸										5
3. D[redacted] Till	||										2
4. H[redacted] Thomas	𝍸	||									7

Beispiel für eine Einzelbeobachtung:

Name: Susi K. Klasse/Gruppe: 4a

Fach: D, M, D, HS, D

Beobachtungsdatum: 29.3.–2.4.82 Beobachtungszeit: 8.00 – 8.45

Verhalten: aggressives Verhalten

Kategorien:	Mo	Di	Mi	Do	Fr	gesamt
Beschimpfen	|||	|	||	||	𝍸	13
Zwicken	|||	||		|	||	8
Schlagen	||		|	|	|	5
gesamt	8	3	3	4	8	

Bemerkungen:

Bei manchen Verhaltensweisen ist die *Dauer* bedeutsamer als die Häufigkeit, z.B. bei der Zeit, die vergeht, bis ein Schüler zu arbeiten anfängt – bei der Zeit, die sich ein Schüler mit Dingen beschäftigt, die nicht zum Unterricht gehören – bei Wutausbrüchen . . . Für die Registrierung derartigen Verhaltens wird eine Uhr benötigt.

Beispiel eines Beobachtungsprotokolls mit Registrierung der Zeit:

Name: Petra H. Klasse/Gruppe: 3a

Fach: M, D, D, H u. S, M

Beobachtungsdatum: 24.5.–28.5.82 Beobachtungszeit: 9.45–10.30

Verhalten: Arbeitstempo – Zeit, die nach einem Arbeitsauftrag vergeht, bis Petra mit dem Schreiben beginnt.

Tag	Dauer/Minuten	gesamt	Bemerkungen
Mo	2' 4' 3'	9	sucht Heft
Di	4' 2' 2'	8	spitzt Bleistift
Mi	3' 2'	5	weiß nicht, was sie machen soll
Do	3' 1' 2'	6	
Fr	2' 2' 2' 4'	10	träumt

Bemerkungen:

Beim *Sozialverhalten* bieten sich verschiedene Diagramme an. Mit ihrer Hilfe lassen sich z.B. Kontaktaufnahme, aktive Beteiligung, Äußerung der Sympathie . . . darstellen.

Beispiel für ein Diagramm:

Kontaktaufnahme

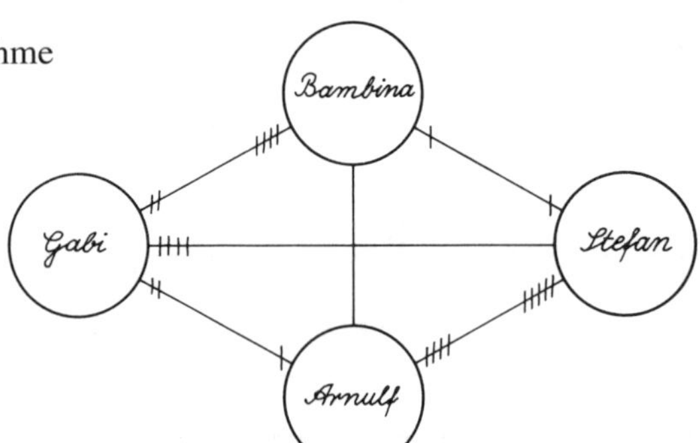

Kategoriensystem

Um beim Aufnotieren des Verhaltens Zeit zu sparen, ist es möglich, Kategoriensysteme zu verwenden, in denen die zu beobachtenden Verhaltensweisen bereits konkret vorformuliert sind. Dies können vom Lehrer selbst entwickelte oder vorgegebene Verhaltensskalen sein. In das Beobachtungsprotokoll wird dann nur ein Buchstabe oder eine Zahl für die Verhaltenskategorie eingesetzt.

Beispiel: Mitarbeit im Unterricht

Zahl:	*Verhaltenskategorie:*	*Abkürzung:*
1	Der Schüler meldet sich	M
2	Er stellt eine Frage	F
3	Er bringt einen Vorschlag zur Unterrichtsgestaltung	V
4	Er übernimmt freiwillig eine Aufgabe	A
5	...	
6	...	

Beispiel für ein Beobachtungsprotokoll nach einem Kategoriensystem:

Name: Thomas L. Klasse/Gruppe: 3a

Fach: D, M, HSK, D

Beobachtungssituation: Erarbeitender U.

Beobachtungsdatum: 10.5. – 14.5.82 Beobachtungszeit: 8.00 – 8.45

Verhalten: Mitarbeit im Unterricht

Mo	A M V M M F M
Di	F M F A M
Mi	V M F M M
Do	F M
Fr	A M M M M

Bemerkungen:

Die in Kapitel 3 angegebenen Verhaltenskategorien (mögliche Beobachtungen) können in diesem Sinne eingesetzt werden.

Raiting – Schätzskalen

Bei der Beurteilung von Schülerverhalten werden häufig Schätzskalen (Raitings) eingesetzt.

„Schätzskalen sind Mittel, die es erlauben, Beobachtungsergebnisse zu quantifizieren. Der Grad der Ausprägung eines Merkmals wird so eingeschätzt, daß er durch eine Zahl repräsentiert werden kann.“[1])

Die Meinungen der Gegner und Befürworter stehen diametral gegenüber.

Kontra

Coombs schreibt: „Alles in allem frage ich mich manchmal, ob solche bewertenden Raitings ihre Kosten wert sind – so billig sie auch zu haben sind. Sicher: Sie sind äußerst praktisch und garantieren auch dann noch „Ergebnisse“, wenn bei allen anderen Methoden nichts herauskommt.“

Sixtl vertritt die Meinung, daß das Raitingverfahren für die Beurteilung anderer Menschen nahezu unbrauchbar und nur geeignet ist, wenn das Urteilsverhalten des Beurteilers im Mittelpunkt des Interesses steht.

Pro

„Man kann auf Raitingverfahren in der pädagogischen Beurteilung komplexer ganzheitlicher Schülermerkmale nicht verzichten, insbesondere dann nicht, wenn es um den emotionalen Sozialbereich des Schülers geht.“[2])

Die Arten der Schätzskalen sind sehr unterschiedlich. Hier einige Möglichkeiten der graphischen Gestaltung:

1. Beispiel:

Arbeitstempo des Schülers

sehr flott	flott	gleichmäßig	langsam	zu langsam

2. Beispiel:

Wie schätzen Sie die Ängstlichkeit des Schülers ein?

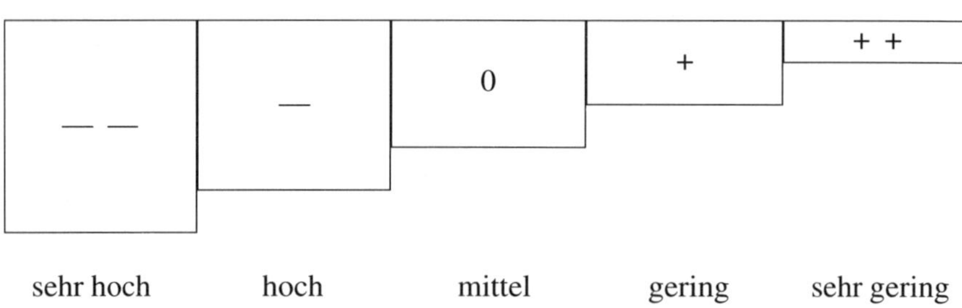

[1]) Schwarzer, C., Praxis der Schülerbeurteilung, München 1979, Seite 52.
[2]) Janowski, A., Beurteilungshilfen für Lehrer, Braunschweig 1981, Seite 7.

3. Beispiel:

Gewandtheit im Gebrauch der Sprache

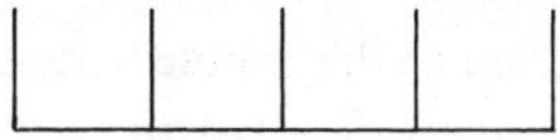

redegewandt 1 2 3 4 5 redegehemmt

4. Beispiel:

Gedächtnis

schwach  zuverlässig

5. Beispiel:
Ein Beispiel für Einschätzskalen, in denen die typischen Verhaltensweisen konkret beschrieben werden, stellen die „Beurteilungshilfen für den Lehrer" dar. (Janowski, A., Braunschweig 1981)

2.3 Notwendigkeit von Schülerbeobachtung und Schülerbeurteilung

Kinder sind in der Familie, im Kindergarten und in der Schule verschiedenen Erziehungseinflüssen ausgesetzt, die ihr Verhalten in entscheidender Weise bestimmen. Daraus ergibt sich die Notwendigkeit, Bedingungen und Merkmale zu untersuchen, die die Verhaltensweisen der Kinder prägen. Um erfolgreiche pädagogische Arbeit leisten zu können, ist dieses „Vorwissen" erforderlich.

Schülerbeobachtung und Schülerbeurteilung wird von Schulbehörden, Beratungslehrern, Erziehungsstellen, Eltern und den Schülern selbst in zunehmendem Maße Gewicht beigemessen. Sie läßt sich in dreifacher Hinsicht begründen:

- als eine Forderung der Gesellschaft
- als Grundlage für jedes pädagogische Handeln
- als Voraussetzung für eine effektive Unterrrichtsgestaltung.

„Die Schülerbeurteilung ermöglicht optimale Individualisierung und Differenzierung in der unterrichtlichen Betreuung und erzieherischen Förderung des einzelnen und der Gruppe".[1])

---

[1]) Schröder, H., Leistungsmessung und Schülerbeurteilung, Stuttgart 1974, Seite 200.

2.3.1 Forderung der Gesellschaft

- Forderung durch die amtlichen Bestimmungen
- Forderung der Eltern
- Forderungen, die von außen an die Schule herangetragen werden

Unsere moderne Gesellschaft ist eine Leistungsgesellschaft. In vielen wirtschaftlichen und schulischen Bereichen wird versucht, die Persönlichkeit eines Menschen möglichst in Zahlen für den Computer aufzuschlüsseln und auf dieser Grundlage eine Auslese zu treffen. Doch es zeigt sich, daß dadurch allein die differenzierte Persönlichkeit niemals erfaßt werden kann.

Forderung durch die amtlichen Bestimmungen

Bei der Einstellung in den Schuldienst verpflichtet der Staat den Lehrer zum Unterrichten und Erziehen. Es wird von ihm verlangt, daß er die Schüler prüft, beobachtet und beurteilt und diese Beurteilungen in Zeugnissen, Schülerbögen, Übertrittszeugnissen und bei Überweisungen in die Sonderschule schriftlich fixiert. Die amtlichen Bestimmungen hierzu können in Kap. 4 nachgelesen werden.

Der neue Lehrplan 1981 „stellt die Orientierung am Kind in den Mittelpunkt. Er erstrebt grundlegende Bildung. Dabei werden Eigenart und Lebenssituation des Grundschulkindes berücksichtigt, Hilfen zur allseitigen persönlichen Entfaltung und Selbstverwirklichung gegeben . . .“

Um diesen Anspruch erfüllen zu können, ist Schülerbeobachtung und -beurteilung eine unumgängliche Bedingung.

„Individuelle Förderung schließt die ständige, sorgfältige Beobachtung des Kindes und seiner Lernfortschritte ein“ (Lehrplan: Unterricht in der Grundschule).

Forderung der Eltern

Noch vor wenigen Jahrzehnten sah die Gesellschaft die Hauptaufgabe des Lehrers darin zu unterrichten, d.h. Kenntnisse und Fertigkeiten zu vermitteln. Seine Funktion als Beurteiler spielte kaum eine Rolle. Nicht gute Leistung und Beurteilung verhalfen zu höheren sozialen Positionen. Nur die gesellschaftliche Schicht, der die Eltern des Schülers angehörten, war hier ausschlaggebend. Durch die heutige soziale Mobilität ist der gesellschaftliche Aufstieg für jeden möglich. Voraussetzung ist der Nachweis entsprechender Zeugnisse. Deshalb hat das Interesse der Eltern an bildungspolitischen Maßnahmen und an der schulischen Laufbahn ihrer Kinder erheblich zugenommen. Sie wollen über Leistungsstand und Verhalten informiert werden. Die Eltern verlangen vom Lehrer, daß er sich intensiv mit ihrem Kind beschäftigt. Sie wollen differenzierte pädagogische Maßnahmen zur bestmöglichen Förderung ihres Kindes.

Forderungen, die von außen an die Schule herangetragen werden

Die Schule steht im „Spannungsfeld von Reproduktion und Innovation der Gesellschaft“[1])

Sie stellt Forderungen an Schülerbeurteilungen, die nur schwer miteinander in Einklang zu bringen sind:

- Die Schule soll qualifizieren
  In der Beurteilung muß die Eignung eines Schülers für eine bestimmte Schullaufbahn, oder sogar einen späteren Beruf ausgesprochen werden. Die Gesellschaft zieht den Leistungsnachweis und die Beurteilung heran, um Positionen in Verwaltung, Wirtschaft usw. mit den geeigneten Leuten zu besetzen.
- Die Schule soll integrieren
  Ihre Aufgabe besteht darin, die Schüler auf das Leben in der Gesellschaft vorzubereiten. Die Kinder müssen lernen, welche Merkmale und Maßstäbe für das soziale Zusammenleben gelten.
- Die Schule soll selektieren
  Aufgrund der Beurteilungen wird über den schulischen und späteren Werdegang des Kindes entschieden.
- Die Schule soll individuell fördern
  Jeder Schüler muß seine individuellen Fähigkeiten optimal entwickeln können.

Die selektive Funktion der Beurteilung gewinnt in der jetzigen Zeit mit ihrer hohen Arbeitslosenquote problematische Bedeutung.

2.3.2 Voraussetzung für pädagogisches Handeln

- in der Klasse
- mit dem einzelnen Schüler

In welchem Umfang und mit welchem Ergebnis der Lehrer das Verhalten der einzelnen Schüler beeinflussen kann, hängt von seiner Person und von vielen persönlichen Merkmalen des Schülers ab, z.B. von der gesundheitlichen Verfassung, der Intelligenz, dem sozialen Status der Familie, der Stellung zur Klasse und zum Lehrer.

Das Schülerverhalten wird nie von einer dieser Determinanten allein bestimmt, sondern hier wirken immer mehrere zusammen. Um dem Schüler individuelle pädagogische Hilfe geben zu können, muß der Lehrer bei der Suche nach den Ursachen für ein bestimmtes Verhalten möglichst viele Aspekte in Verbindung bringen. Hierzu ist intensive Beobachtung und vorsichtige, begründete Bewertung des Verhaltens wichtig.

---

[1]) Fend, H., Gesellschaftliche Bedingungen schulischer Sozialisation, Weinheim 1974.

Pädagogisches Handeln in der Klasse

Bei jüngeren Schülern ist das Verhalten ganz auf den Lehrer gerichtet, bei älteren dagegen wird es mehr gruppen- oder klassenorientiert. Die Klasse hat dann eine entscheidende Funktion.

Wenn der Lehrer das Fehlverhalten eines bestimmten Schülers abbauen will, muß er vorher durch ein Soziogramm und andere Beobachtungen folgende Fragen klären:

- Wo hat der Schüler im Klassenverband seinen Platz?
- In welchem Umfang wird er von den Mitschülern angenommen oder abgelehnt?
- Ist er in der Lage, die Aktivitäten anderer Schüler oder der ganzen Klasse zu beeinflussen?
- Inwieweit vermag er sich durchzusetzen?
- Hat er eine dominierende Rolle?

Die Klasse ist das soziale Feld, in dem sich ständig emotionale Beziehungsgeflechte entwickeln. Nur wenn der Lehrer sie kennt, kann er pädagogisch richtig handeln, d.h. die positive Wirkung der Klasse auf den einzelnen Schüler fördern (das Gefühl der Gemeinschaft, der Geborgenheit, der Solidarität) und den negativen Einfluß vermindern (Gefühl der Angst, der Unterdrükkung).

Durch richtig eingesetzte kooperative Arbeitsweisen, Rollenspiele sowie durch das Übertragen von Mitverantwortung und spezieller Aufgaben ist es dem Lehrer hier möglich, auf den einzelnen Schüler im Klassenverband positiv einzuwirken.

Pädagogisches Handeln mit dem einzelnen Schüler

Bei jedem pädagogischen Handeln muß sich der Lehrer bewußt machen, welchen Schüler er damit erreichen will. Es gibt keine pädagogische Maßnahme, die in jeder Situation und für jedes Kind geeignet ist. Der wirkungsvolle Einsatz von Lob, Ermutigung und Strafe durch Worte, Gestik oder Mimik hängt jeweils davon ab, wie genau der Lehrer den Schüler kennt. Deshalb sind Schülerbeobachtung und Schülerbeurteilung die Voraussetzung für pädagogisches Handeln.

Fast täglich sieht sich der Lehrer in Situationen, die außer sofortigen pädagogischen Maßnahmen *das persönliche Gespräch* mit dem einzelnen Schüler nötig erscheinen lassen.

Gelegenheiten dazu ergeben sich immer wieder im Schulalltag, in der Schülersprechstunde, die manche Lehrer mit großem Erfolg halten, auf Wanderungen, bei Busfahrten, auf dem Schulweg usw. Auf einer gegenseitigen Vertrauensbasis müssen Schüler und Lehrer zueinander finden, damit im Schüler das Gefühl geweckt wird: Hier hat jemand Zeit für mich, hört mir zu, bringt meiner Lage Verständnis entgegen und will mir helfen.

Beispielhaft sollen zwei Probleme aufgezeigt werden, mit denen der Lehrer häufig konfrontiert wird:

Ein Schüler sagt die Unwahrheit

Bevor der Lehrer eine Verhaltensänderung planen kann, (siehe Kap. 5), muß er versuchen, die Motive für die unerwünschte Verhaltensweise zu finden. Bei oberflächlicher Beobachtung besteht die große Gefahr, daß die Beobachtungslücken nach dem allgemeinen Eindruck ergänzt werden, was letztlich zu einer Typisierung des Urteils führt.

Nur intensive Schülerbeobachtung kann hier wichtige Aufschlüsse bringen:
- Beruht diese Verhaltensweise auf frühkindlichen Erfahrungen?
- Will der Schüler eine Schwäche verbergen?
- Hat er Angst aus Furcht vor Strafe?
- Will er einer Blamage ausweichen?
- Will er sich zum Mittelpunkt des allgemeinen Interesses machen?
- Hat er ein großes Geltungsbedürfnis?
- Fürchtet er um seine Position in der Klasse?

Je nach dem Ergebnis lassen sich unterschiedliche Rückschlüsse ziehen, die das Lehrerverhalten bestimmten.

Ein Schüler ist verzweifelt

Wir erleben immer wieder, daß das Selbstvertrauen der Schüler durch schlechte Noten erschüttert wird. Hier hat der Erzieher die wichtige Aufgabe, das Selbstwertgefühl des Kindes wieder aufzubauen. Dies ist nur möglich, wenn zwischen Lehrer und Schüler ein Vertrauensverhältnis besteht, der Lehrer seinen Schüler gut kennt und sich in ihn hineindenken kann.

Schüler mit geringem Selbstvertrauen zeigen oft ein übergroßes Bedürfnis nach Anerkennung. Sie sehnen sich nach Lob.

Im Gespräch unter vier Augen gilt es, Gründe für die Minderwertigkeitsgefühle des Schülers zu suchen. In Kenntnis der besonderen Fähigkeiten der Schüler wird es dem Lehrer nicht schwer fallen, einen Ansatzpunkt für den Aufbau eines neuen Selbstwertgefühls zu finden. Lob und Ermutigung auf anderen Gebieten müssen einen Ausgleich schaffen.

Häufig sind auch unrealistische Erwartungen der Eltern mit Schuld daran, wenn ein Kind Schwierigkeiten hat, sein Selbstwertgefühl zu finden. „Die Wichtigkeit eines angemessenen Selbstbewußtseins und einer adäquaten Selbsteinschätzung kann nicht genügend betont werden, und sie gehören zu den bedeutendsten entwicklungsmäßigen Leistungen des Kindes. Ist das Konzept des Selbst erst einmal festgelegt, werden alle Erfahrungen des Individuums durch dieses Selbstkonzept sorgfältig geprüft und gewertet. Wie weit jemand im Leben Freude, Glück und Erfolg findet, wird in der Tat weitgehend von der Angemessenheit seines Selbstbewußtseins mitbestimmt."[1])

---

[1]) Blackham, G., Der auffällige Schüler, Weinheim 1979, Seite 45.

2.3.3 Voraussetzung für die Unterrichtsgestaltung

- Voraussetzung für die Stoffauswahl
- Voraussetzung für die Methode

Zur effektiven Gestaltung des Unterrichts ist die genaue Schülerbeobachtung eine wesentliche Voraussetzung. Der Lehrer muß die Schüler kennen, damit er seinen Unterricht vom *Stoff* und der *Methode* her für sie am vorteilhaftesten gestaltet. Er richtet sich nach den Schülern, die wiederum von seinem Unterricht beeinflußt werden. So sind letztlich die Schülerbeobachtung und -beurteilung nicht nur Hilfe für die Schüler und Eltern, sondern auch für den Lehrer die Grundlagen für eine bessere Gestaltung seines Unterrichts.

Voraussetzung für die Stoffauswahl

Aufgrund der unterschiedlichen Interessen und Lernsituationen der einzelnen Schüler nehmen sie neuen Stoff verschieden schnell auf und verarbeiten ihn individuell. So ist eine Beobachtung des Schülers und eine Überprüfung seines Lernfortschrittes notwendig, bevor zum nächsten Thema übergegangen wird. Der Lehrer weiß auch, daß ein affektiver Bezug zum Thema das Ergebnis einer Arbeit oft wesentlich verändern kann. Bei einzelnen Kindern beeinflußt die wachsende Anspannung den Ermüdungsverlauf entscheidend. Die Stoffauswahl kann nur der Individuallage der Klasse angepaßt werden, wenn der Lehrer die Fähigkeiten, Interessen, Leistungsbereitschaft und Konzentration der einzelnen Schüler kennt. Manche Schüler brauchen vielleicht besondere Anschauungsmittel und Hilfen zur Überwindung von Lernschwierigkeiten. Schon bei der Unterrichtsvorbereitung sollte der Lehrer seine Schüler vor Augen haben, damit er die Stoffmenge und den Schwierigkeitsgrad richtig wählt.

Voraussetzung für die Methode

Im Verlauf jeder Unterrichtsstunde wird deutlich, welch wesentliche Voraussetzung die Schülerbeobachtung für den Unterrichtserfolg ist.

- Ein Lehrer kann seine Schüler nur motivieren, wenn er sie genau kennt und weiß, wodurch sie besonders angesprochen werden.
- Nur wenn der Lehrer die Sprache der Schüler kennt, kann er sich alters- und schichtspezifisch angemessen ausdrücken.
- Um abwechselnde, lustbetonte Tätigkeitsformen für die einzelnen Schüler zu finden, muß der Lehrer ihre Fertigkeiten und ihre Arbeitsweise kennen. Er muß wissen, inwieweit der einzelne Schüler bei einer bestimmten Tätigkeit Freude empfindet oder ob er überfordert ist.
- Der erfolgversprechende Einsatz einer Gruppen- oder Partnerarbeit ist nur nach der Erstellung eines Soziogramms möglich. Je ich-bezogener Kinder handeln, je sprechgehemmter sie sind, je weniger sie Anschluß an die Gemeinschaft haben, desto wichtiger ist für sie die kleine Lern-, Arbeits- oder Spielgruppe. Die sozialen Prozesse in der Lerngruppe können Verhaltensstörungen verhindern oder abbauen, wenn die soziale Situation günstig ist.
- Um bei schnellarbeitenden Schülern Leerlauf zu verhindern, muß eine Differenzierung vorgenommen werden. Der Lehrer kann diese Aufgaben für einzelne Kinder nur dann effektiv einsetzen, wenn er die Schüler durch intensive Beobachtung kennt.

- Zum Erreichen eines bestimmten Lernziels sind verschiedene Hilfen notwendig. Um dem Schüler hier wirklich individuell zu helfen, ihn weder zu überfordern noch zu unterfordern, muß seine Lernsituation bekannt sein.
- Lernzielkontrollen sollen jedem Schüler Erfolgserlebnisse vermitteln. Nur wenn der Lehrer das Sprachverständnis des Schülers kennt, weiß, wie er wahrnimmt und beobachtet, sich auch über seine Arbeitsweise und sein Arbeitstempo im klaren ist, kann er die Lernzielkontrollen richtig gestalten.

2.4 Indirekte Beobachtung

Die ersten Eindrücke, die ein Lehrer von seinen neuen Schülern bekommt, beruhen auf direkten Beobachtungen. Sie betreffen die äußere Erscheinung der Kinder, ihr Temperament, die Mitarbeit, die Aufgeschlossenheit usw.

Mit diesen ersten Beobachtungen werden nur einzelne Merkmale erfaßt und nicht das Kind in seiner Gesamtpersönlichkeit. Hier sind indirekte Beobachtungen Hilfsquellen, auf die der Lehrer immer wieder zurückgreifen kann. Sie richten sich auf die gesamte Klasse und geben dem Lehrer die Möglichkeit, alle Schüler unter verschiedenen Aspekten kennenzulernen. Ihre Auswertung kann auch zu einem späteren Zeitpunkt erfolgen.

Möglichkeiten zur indirekten Beobachtung der Schüler sind:

2.4.1 Arbeiten der Schüler
2.4.2 Schülerfragebogen
2.4.3 Soziogramm
2.4.4 Tests
2.4.5 Gespräche mit Kontaktpersonen

2.4.1 Arbeiten der Schüler

Alles was der Schüler schreibt, zeichnet oder malt, sagt etwas über ihn aus. Auch ohne Graphologe zu sein, kann der Lehrer aus der Größe und Richtung der Buchstaben sowie aus dem Schreibdruck Schlüsse ziehen. Besonders Veränderungen im Schriftbild werden ihm auffallen. Die Art, wie ein Lernzielkontrollblatt ausgefüllt wurde, zeigt oft, ob das Kind entspannt war oder unter großem Druck stand. Die Gestaltung eines Arbeitsblattes erlaubt häufig Aussagen über das Selbstbewußtsein des Schülers.

Es ist hier nicht der Ort, ausführlich auf die Bedeutung von Schülerarbeiten für die Urteilsbildung einzugehen. Zwei Punkte seien nur kurz herausgegriffen:

1. Bilder

Die Bilder, die ein Kind malt, können den Zugang zu seiner Persönlichkeit öffnen. Farbgebung, Einteilung des Blattes, Differenziertheit der Darstellung, Größenverhältnisse usw. lassen auf das Selbstbewußtsein, die Grundstimmung, das Gruppengefühl . . . des Schülers schließen. Manche Themen wie zum Beispiel Baum- und Menschendarstellungen, „Meine Familie als Tiere“ eignen sich besonders gut. Wer sich mit der Deutung von Kinderzeichnungen näher beschäftigen möchte, kann folgende Bücher lesen: Brehm-Gräser, L., „Familie in Tieren“, München 1975 oder „Mama ist ein Elefant“ – Die Symbolwelt der Kinderzeichnungen von Gmelin, O., Stuttgart 1978.

2. Aufsätze

Schüleraufsätze spiegeln in hervorragendem Maß Verhaltensmerkmale der Schülerpersönlichkeit wider. Sie enthalten Aussagen über die Phantasie, das Selbstverständnis, die Grundstimmung, das Sozialverhalten . . . des Kindes. Somit bilden sie oft den Anlaß für ein Gespräch mit dem Schüler oder für die Planung einer Verhaltensmodifikation.

Auch hier bieten sich viele Themen an, z.B.:
- Streit mit . . .
- Wie ich einmal Angst hatte
- Wie ich einmal gelogen habe

. . .

Aussagekräftig sind auch Phantasieaufsätze wie:
- Wenn ich unsichtbar wäre
- Wenn ich fliegen könnte
- Wenn ich zaubern könnte
- Die Geldbörse, die nie leer wurde

. . .

2.4.2 Schülerfragebogen

Als Hilfe zum Kennenlernen des Schülers wird von manchen Erziehern gern der Schülerfragebogen verwendet. Besonders, wenn der Lehrer eine Klasse neu übernimmt, kann er auf diese Weise ohne großen Zeitaufwand von allen Schülern der Klasse sich gleichzeitig erste Informationen verschaffen. Aber auch bei einer späteren Befragung während des Schuljahres liefern die Schülerfragebogen dem Lehrer wertvolle Aufschlüsse.

Die Zusammenstellung der Fragen für einen derartigen Bogen kann unter verschiedenen Aspekten erfolgen, z.B.:
- Fragebogen zum allgemeinen ersten Kennenlernen
- Angstfragebogen
- Fragebogen über die Einstellung zur Schule
- Fragebogen zum Selbstkonzept
- Fragebogen zur Leistungsmotivation
- Fragebogen zur Ursachenerklärung von Erfolg, bzw. Mißerfolg
- Fragebogen über besondere Interessen und Neigungen
- Fragebogen zur Erledigung der Hausaufgaben

Fragebogen mit dieser oder ähnlicher Thematik sind in der Reihe Deutsche Schultests im Beltz-Verlag erschienen. Sie setzen zum größten Teil eine gewisse Entwicklungsreife voraus, die den Grundschülern oft noch fehlt. Die meisten vorgegebenen Tests sind daher erst ab der vierten Jahrgangsstufe einsetzbar. Eine unbedingte Voraussetzung für die Verwendung jedes Fragebogens ist es, daß die Schüler dem Lehrer Vertrauen entgegenbringen. Sie müssen wissen, daß diese Fragebögen nichts mit Leistungsmessung zu tun haben und die Beantwortung nur für den Lehrer bestimmt ist. Die Schüler sollen auch erfahren, daß er diese Informationen braucht, um den einzelnen besser verstehen und ihm im Bedarfsfall helfen zu können. Eine genaue Anleitung zum Ausfüllen der Bögen ist erforderlich, eventuell mit Beispiel. Die Ergebnisse wird der Lehrer mit seinen Beobachtungen und mit den Ergebnissen anderer Verfahren, z.B. des Soziogramms vergleichen, um zu einer gerechten Beurteilung zu kommen.

Die folgenden Fragen sind als Beispiele und Anregung für die Gestaltung eines klassenindividuellen Fragebogens gedacht.

Fragebogen für die zweite Klasse

Kreuze die richtige Antwort an!

1.	Wie viele Brüder hast Du?	0 1 2 3
2.	Wie viele Schwestern hast Du?	0 1 2 3
3.	Wie viele ältere Geschwister hast Du?	0 1 2 3
4.	Wie viele jüngere Geschwister hast Du?	0 1 2 3
5.	Verstehst Du Dich mit Deinen Geschwistern gut?	ja nein
6.	Spielst Du oft mit ihnen zusammen?	ja nein
7.	Hast Du ein eigenes Zimmer?	ja nein
8.	Hast Du ein Haustier?	ja nein
9.	Wenn ja, welches?	ja nein

....

10.	Spielst Du in Deiner Freizeit am liebsten allein?	ja nein
11.	Spielst Du lieber mit Freunden?	ja nein
12.	Hast Du viele Freunde in der Klasse?	ja nein
13.	Schreibe die Namen Deiner besten Freunde auf!	

....

14.	Mögen Dich die meisten Mitschüler gern?	ja nein
15.	Spielst Du oft mit Deinen Freunden zusammen?	ja nein
16.	Bist Du im Sportverein?	ja nein
17.	Lernst Du ein Instrument spielen?	ja nein
18.	Gehst Du meistens gern in die Schule?	ja nein
19.	Malst und bastelst Du gerne?	ja nein
20.	Machst Du Deine Hausaufgaben sehr ungern?	ja nein

Fragebogen für die 3. und 4. Klasse

Beantworte die folgenden Fragen mit ja oder nein oder mit Stichwörtern! Schreibe keine ganzen Sätze!

1. Wie viele Geschwister hast Du? .... Brüder .... Schwestern
2. Hast Du ältere Geschwister? ja nein
3. Hast Du jüngere Geschwister? ja nein
4. Wohnen bei Euch noch andere Verwandte? ja nein
5. Verstehst Du Dich meistens gut mit Deinen Geschwistern? ja nein
6. Streitet Ihr Euch häufig? ja nein
7. Hast Du ein eigenes Zimmer? ja nein
8. Wann gehst Du im allgemeinen schlafen? ....
9. Wann stehst Du im allgemeinen auf? ....
10. Welches Unterrichtsfach interessiert Dich am meisten? ....
11. Gibt es ein Fach, das Du gar nicht magst? ja nein
12. Hältst Du Dich für einen guten Schüler? ja nein
13. Hast Du viele Freunde in der Klasse? ja nein
14. Bist Du häufig mit ihnen zusammen? ja nein
15. Wirst Du oft von den Mitschülern geärgert? ja nein
16. Glaubst Du, daß die Mitschüler Dich mögen? ja nein
17. Möchtest Du gerne Klassensprecher sein? ja nein
18. Findest Du, daß in der Schule viel von Dir verlangt wird? ja nein
19. Arbeitest Du gerne mit anderen Kindern zusammen? ja nein
20. Wo machst Du Deine Hausaufgaben? ....
21. Machst Du Deine Hausaufgaben in der Regel freiwillig? ja nein
22. Womit beschäftigst Du Dich am liebsten in Deiner Freizeit? ja nein

    ....
23. Welche Sportart betreibst Du am liebsten? ....
24. Bist Du im Sportverein? ja nein
25. Schaust Du Dir täglich eine oder mehrere Sendungen im Fernsehen an? ja nein
26. Liest Du gerne? ja nein
27. Welches Buch hat Dir besonders gut gefallen?

    ....
28. Spielst Du ein Musikinstrument? ja nein
29. Wenn ja, welches? ....
30. Wofür gibst Du Dein Taschengeld hauptsächlich aus?

    ....

Fragebogen zum Thema Hausaufgaben

Kreuze die zutreffende Antwort an!

- ☐ Ich mache sie gerne.
- ☐ Ich mache sie, weil ich muß.
- ☐ Ich mache sie überhaupt nicht gerne.
- ☐ Ich würde sie nicht machen, wenn sie nicht nachgeprüft würden.
- ☐ Ich würde sie auch machen ohne Nachkontrolle.
- ☐ Ich mache sie sofort nach der Schule.
- ☐ Ich mache sie nach dem Essen.
- ☐ Ich mache sie nachmittags vor dem Spielen.
- ☐ Ich mache sie abends nach dem Spielen.
- ☐ Ich mache sie irgendwann einmal.

Wo machst Du Deine Hausaufgaben?

- ☐ In der Küche
- ☐ Im Wohnzimmer
- ☐ In meinem Zimmer
- ☐ Mal da, mal da

Hast Du ein eigenes Zimmer?	ja	nein
Gefällt Dir Dein Zimmer?	ja	nein
Bist Du ungestört in Deinem Zimmer?	ja	nein

Wie lange brauchst Du für Deine Hausaufgaben?

- ☐ Eine halbe Stunde
- ☐ 45 Minuten
- ☐ Eine ganze Stunde
- ☐ Länger als eine Stunde
- ☐ Kürzer als eine halbe Stunde

Fragebogen zum Thema Angst

Kreuze, wo es möglich ist, die richtige Antwort an!
Bei den anderen Fragen antworte in Stichwörtern!

1. Hast Du während des Unterrichts oft Angst, etwas Falsches zu antworten? ja nein
2. Fürchtest Du, von den Mitschülern ausgelacht zu werden? ja nein
3. Spürst Du besondere Angst vor Proben oder Prüfungen? ja nein
4. Versprichst Du Dich in der Schule oft vor Aufregung? ja nein
5. Bist Du nervös, wenn Du etwas an die Tafel schreiben sollst? ja nein
6. Hast Du beim Einsammeln der Hausaufgaben oft Bedenken, ob Du sie wirklich richtig gemacht hast? ja nein
7. Träumst Du manchmal von schlechten Noten? ja nein
8. Zittert Deine Hand manchmal vor Aufregung beim Schreiben? ja nein
9. Vergißt Du zeitweise etwas, das Du sicher am Abend vorher konntest? ja nein
10. Hast Du manchmal Angst vor einem Lehrer? ja nein
11. Warum fürchtest Du Dich?

    ....

12. Hast Du manchmal Angst vor Mitschülern? ja nein
13. Glaubst Du, daß Deine Mitschüler besser sind als Du? ja nein
14. Möchtest Du in der Klasse gern ein Amt haben, z.B. Klassensprecher sein? ja nein
15. Suchst Du Hilfe bei Erwachsenen, wenn andere Kinder Dich ärgern? ja nein
16. Fürchtest Du Dich, wenn Du mit einer schlechten Note nach Hause kommst? ja nein
17. Wirst Du dafür bestraft? ja nein
18. Träumst Du manchmal unheimliche Dinge? ja nein
19. Gibt es etwas, wovor Du Dich besonders fürchtest? ja nein
20. Wenn ja, was ist das?

    ....

21. Macht es Dir etwas aus, wenn Du abends allein zu Hause bist? ja nein
22. Willst Du abends bei Licht einschlafen? ja nein
23. Kannst Du nach unheimlichen Filmen einschlafen? ja nein

2.4.3 Das Soziogramm

Soziometrische Verfahren werden in unseren Schulen häufig zur Gewinnung diagnostischer Informationen eingesetzt. Die Soziometrie, als deren Begründer der Arzt und Sozialforscher J.L. Moreno gilt, hat sich zu einem bedeutsamen Spezialgebiet der Soziologie entwickelt. Sie ist ein „messendes und darstellendes Verfahren der innergrupplichen (zwischenmenschlichen) Beziehungen."[1])

Hier wird der Versuch unternommen, die sozialen Beziehungen festzustellen und deren Ursachen aufzudecken. So gewinnt man Anhaltspunkte für eine günstige Zusammenarbeit und ein gutes Zusammenleben.

Dabei geht es nicht nur um die strukturellen Probleme der Klasse, sondern auch um den einzelnen Schüler, dessen Verhalten durch soziale Faktoren mitbestimmt wird.

Durch das Soziogramm eröffnen sich neue Möglichkeiten, die Schülerbeobachtung zu ergänzen und zu vertiefen. Die Bedeutung des Soziogramms liegt darin, daß die sozialen Strukturen graphisch dargestellt und bei der Auswertung in Zahlenwerten ausgedrückt werden können. Hier kann der Lehrer auf einen Blick die sozialen Beziehungen in seiner Klasse erkennen.

Engelmayer greift folgende Varianten des Soziogramms heraus:
1. das soziographische Beschreibungsschema von R. Lochner
2. das soziometrische Soziogramm von J.L. Moreno
3. den soziographischen Test von H.E. Bullis-K. Seelmann
4. das soziocharakterologische Soziogramm von E. Wartegg
5. die soziologische „Karte der Klasse", Karte milieusoziologischer Auffälligkeiten von O. Engelmayer

Für die Thematik des Buches ist es von Bedeutung welche zusätzlichen Informationen der Lehrer über einen bestimmten Schüler dadurch erhalten kann. Dies hängt zum großen Teil von der Art der soziometrischen Befragung ab.

Die Fragen sollten sich in jedem Fall aus einer bestimmten Situation des Schullebens ergeben, z.B . neue Sitzordnung, Bildung von Arbeits- oder Spielgruppen. Es werden sich immer reale Situationen finden lassen. Fiktive Wahlen haben nur wenig Wert (z.B. Wen würdest Du zu Deiner Geburtstagsparty einladen, wenn Du allein darüber bestimmen dürftest?)

Folgende Fragen bieten sich häufig an:
- Neben wem möchtest Du am liebsten im Unterricht (in Deutsch, Mathematik, Musik) sitzen?
- Wer ist in der Klasse Dein bester (zweitbester) Freund?
- Mit welchem Kind aus der Klasse spielst Du am liebsten?
- Mit welchen Kindern möchtest Du in der Gruppe sitzen?
- Mit welchem Kind aus der Klasse arbeitest Du am liebsten zusammen?

---

[1]) Engelmayer, O., Das Soziogramm in der modernen Schule, München 1978, Seite 9.

– Wen wählst Du zum Klassensprecher?
– Wen lädst Du zur Geburtstagsfeier ein?

Von einigen Lehrern werden auch negative Wahlen durchgeführt, z.B.
– Gibt es jemanden, mit dem Du nicht gerne in einer Arbeitsgruppe sein würdest?
– Mit wem würdest Du nicht gerne in einer Spielgruppe sein? –

Bei diesen negativen Wahlen ist Vorsicht geboten. Eventuelle Ablehnungen werden dadurch manchmal erst bewußt. Keinesfalls sollte der Lehrer auf einer Beantwortung der Frage bestehen, wenn der Schüler nicht antworten möchte.

Um die Ursachen für die positiven und negativen Wahlen zu erfahren, wird häufig nach einer Begründung für die Wahl gefragt:
– Gib an, warum Du dieses Kind gewählt hast!

Hier lassen sich vor allem jüngere Kinder von der momentanen Gefühlssituation bestimmen. Sie sind zu einer Differenzierung kaum fähig. Der Lehrer sollte deshalb auch hier nicht auf eine Beantwortung dringen.

Bei jeder Wahl müssen die Kinder unbeeinflußt und geheim wählen können. Sie wird am besten schriftlich durchgeführt. Eine genaue Erklärung des Vorhabens sollte vorausgehen, damit die Kinder sicher wissen, worum es geht. Der Hinweis, daß alle Kinder der Klasse gewählt werden können, sollte nicht fehlen.

In der Regel läßt man mindestens zwei Partner wählen. Die Reihenfolge der Gewählten muß bei der Ausarbeitung des Soziogramms beachtet werden.

Die Ergebnisse der Befragung können in verschiedenen graphischen Formen dargestellt werden. Eine der einfachsten Arten ist die Fixierung mit Hilfe von „Balken“ in einer Schülerliste.

1. Beispiel:

Soziogramm 1981/82 Kl. 4c

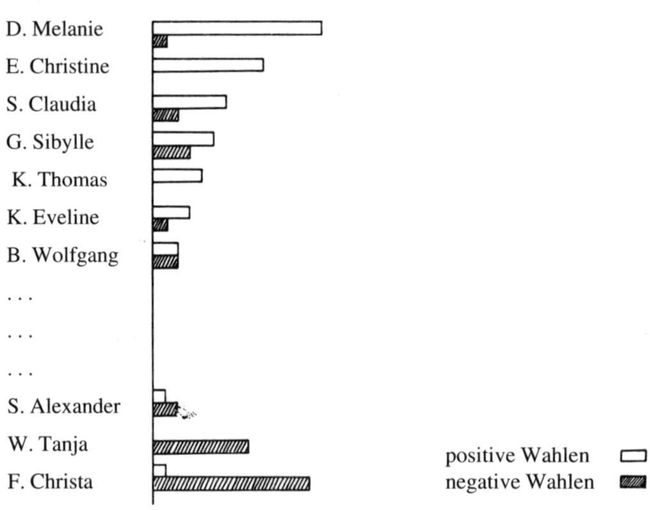

Bei der soziometrischen Tabelle werden die Namen der Schüler in gleicher Reihenfolge in senkrechter und waagrechter Anordnung eingetragen. In die sich ergebenden Spalten notiert der Lehrer die positiven und negativen Wahlen mit Plus- bzw. Minuszeichen und die Reihenfolge der Wahl durch Ziffern.

2. Beispiel:

Gewählter / Wähler	1 F. Anselm	2 G. Bergold	3 A. Birker	4 K. Dorn	5 P. Eisen	6 L. Frank	7 H. Günther	usw
1. F. Anselm			1+				1+	
2. G. Bergold			1+		1 –			
3. A. Birker	1–			2+	2+			
4. K. Dorn		2–				2+		
5. P. Eisen		1+					1–	
6. L. Frank			1–					
7. H. Günther						2+		
usw.								
Gewählt an								
1. Stelle	1	1	2	–	–	–	1	
2. Stelle	–	–	–	1	1	2	–	
Abgelehnt an								
1. Stelle	–	–	1	–	1	–	1	
2. Stelle	–	1	–	–	–	–	–	

Aus der Gesamtübersicht im unteren Teil der Tabelle ist die soziometrische Position jedes einzelnen Schülers ersichtlich. Aus der Numerierung geht die Intensität der Zu- bzw. Abneigung hervor.

Bei der Darstellung der Ergebnisse können auch graphische Symbole verwendet werden.

3. Beispiel:

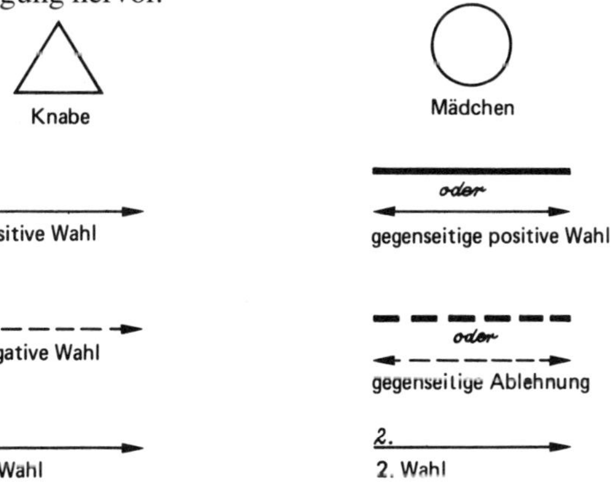

Oft kennzeichnet man die positiven bzw. negativen Wahlen auch mit unterschiedlichen Farben (+ rot, – schwarz)

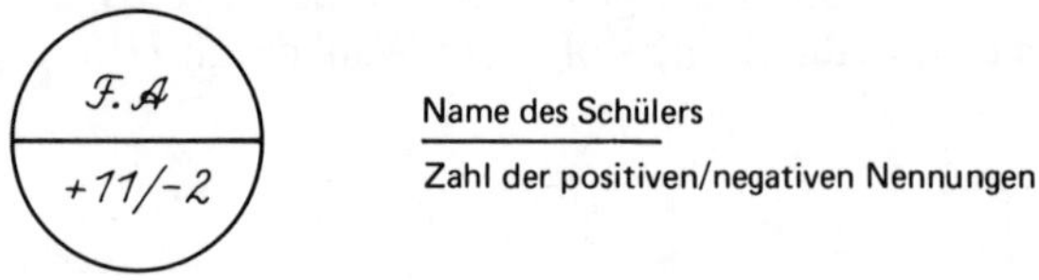

Aus der graphischen Darstellung ergeben sich häufig folgende typische Positionen:

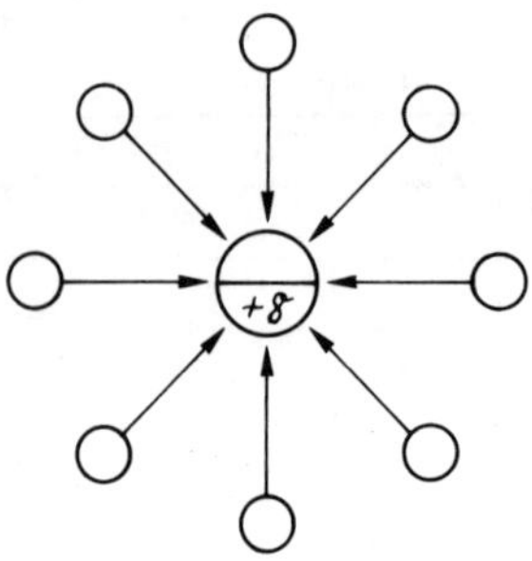

Der „Star“

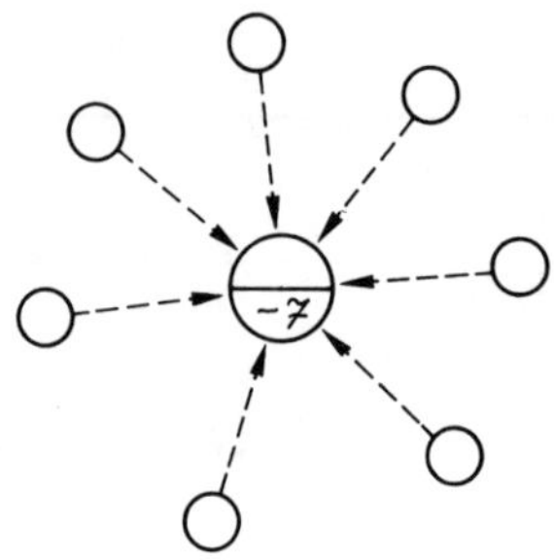

das „schwarze Schaf“

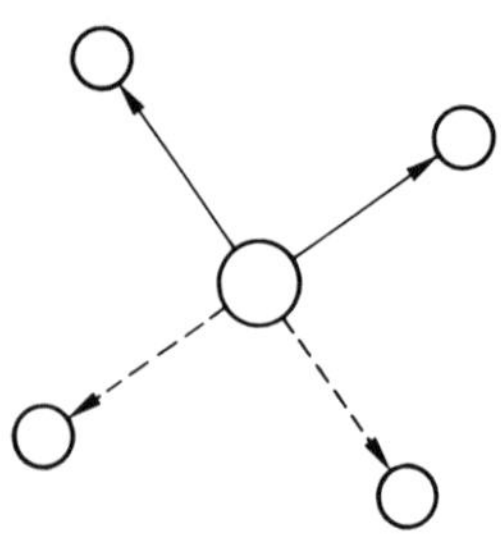

der Außenseiter

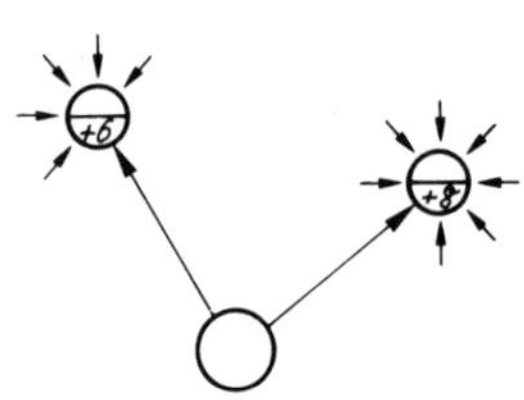

der Mitläufer

4. Beispiel:

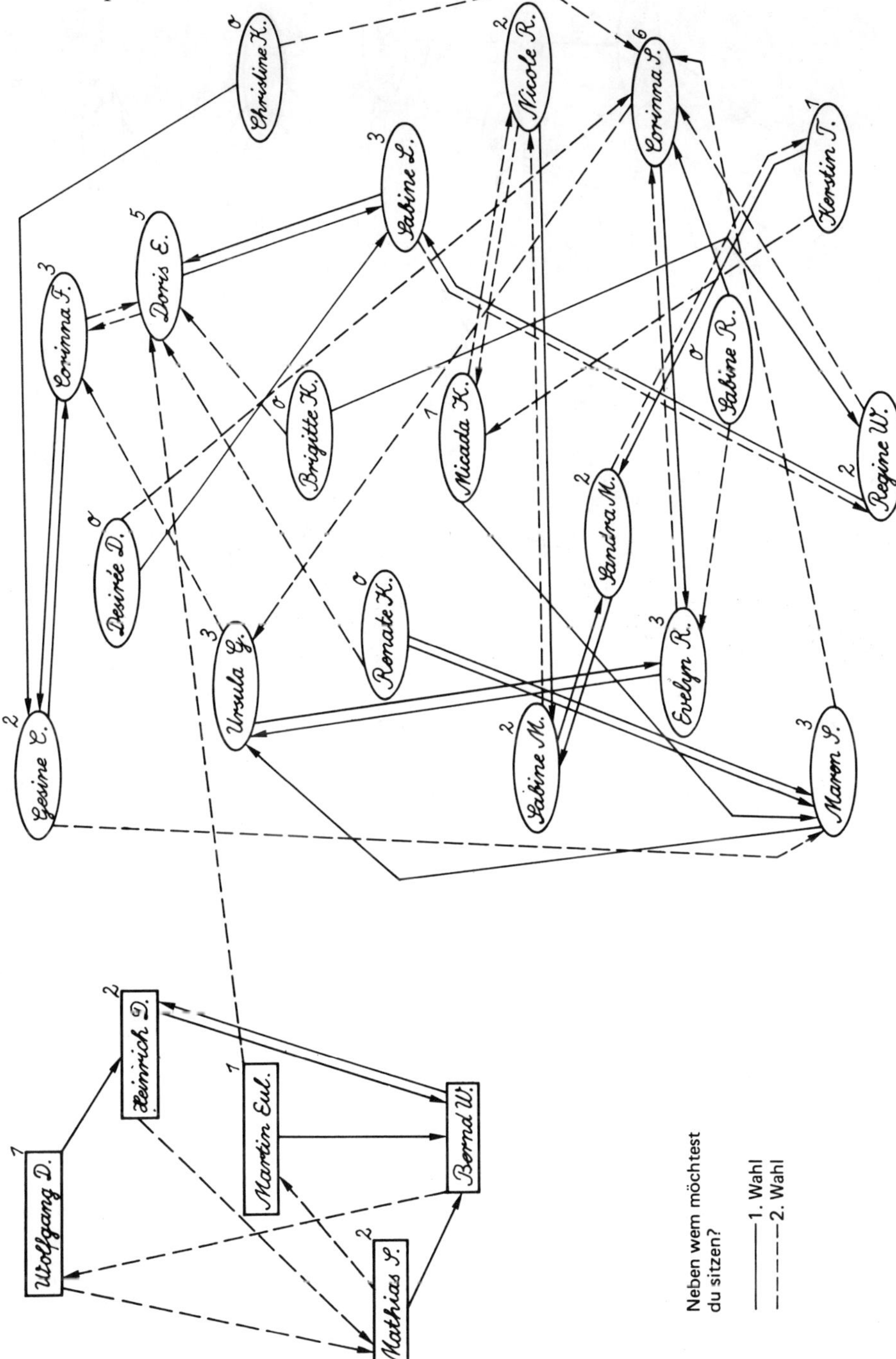
Christine K.
Nicole R.
Corinna S.
Kerstin T.
Sabine L.
Doris E.
Corinna F.
Brigitte K.
Micada K.
Sabine R.
Regine W.
Sandra M.
Desirée D.
Renate K.
Ursula G.
Evelyn R.
Gesine E.
Sabine M.
Maren S.
Heinrich D.
Wolfgang D.
Martin Eul.
Bernd W.
Mathias S.
Neben wem möchtest du sitzen?
1. Wahl
2. Wahl

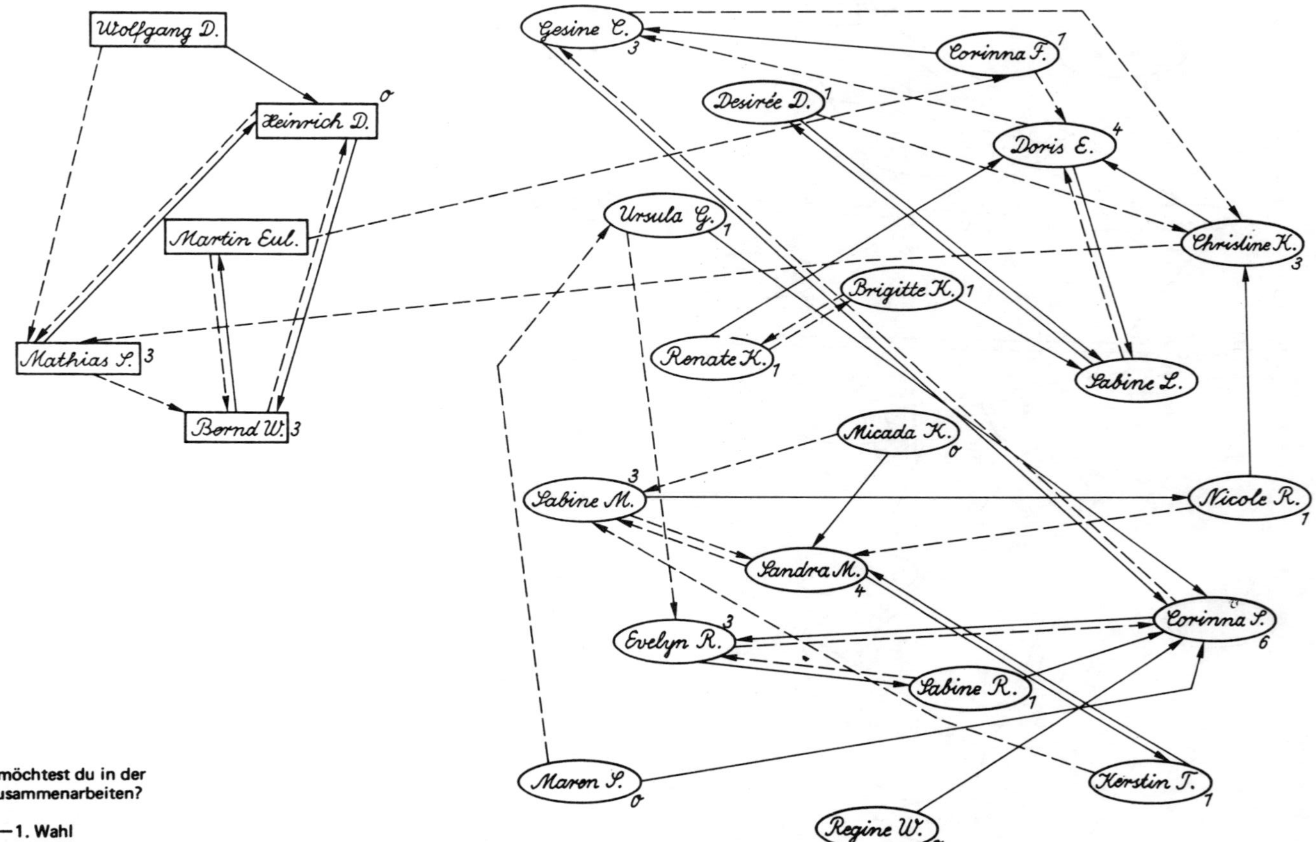

Mit wem möchtest du in der Gruppe zusammenarbeiten?

——— 1. Wahl
– – – 2. Wahl

2.4.4 Tests

Die Kritik am Lehrerurteil führte in den letzten Jahren zu vermehrtem Einsatz von Tests in der Schule. Klauer vermutet, diese Kritik sei nicht ganz uneigennützig gewesen:

„Psychologen haben viel dazu beigetragen, das Vertrauen in das Urteil des Lehrers zu erschüttern. Vielfach ist zwar der Eindruck entstanden, dies sei nicht ganz uneigennützig geschehen, waren es mitunter doch dieselben Psychologen, die eifrig für Tests als bessere Alternativen eintraten und für sich und ihre Produkte warben. Es wäre aber verfehlt anzunehmen, daß dem keine Berechtigung entsprochen hätte.“[1])

Durch Verwendung von Tests meinte man, Fehler im Lehrerurteil ausschalten und es objektiver gestalten zu können. Für die Testgläubigkeit gab es einige Gründe:

„Ein wichtiger Grund für das hohe Ansehen, das Tests bei vielen genießen, ist, daß sie gewissermaßen wissenschaftlich sanktioniert sind als treffsichere Meßinstrumente zur präzisen, quantitativen Registrierung von grundlegenden Persönlichkeitseigenschaften, die Nichtpsychologen nicht oder nur schwer zugänglich sind. Neben der globalen Wirkung eines solchen Nimbus der Psychologie beim Laien, ist es aber vor allem die formalisierte Theorie der Gütekriterien für Tests: Die Testtheorie, die die Gewichtigkeit des Tests absichert.“[2])

Die *Gütekriterien* für formelle Tests sind:

1. *Objektivität* (= die Ergebnisse dürfen nicht von der individuellen Person des Untersuchers abhängen)
2. *Reliabilität* (= Zuverlässigkeit, die Messung muß genau sein)
3. *Validität* (= Gültigkeit, der Test muß tatsächlich das Merkmal messen, das er zu messen beansprucht).

Die Testeuphorie hat einer gewissen Ernüchterung Platz gemacht, nachdem an der Verwendung von Tests in der Schule in zunehmendem Maße Kritik geübt wird:

Die Tests stempeln den Schüler frühzeitig ab, sie gewinnen zu großen Einfluß auf den Unterricht, sie formen ein einseitiges Menschenbild und sie stehen in Widerspruch zu der pädagogischen Zielsetzung der Schule.

Sheldon schreibt: „Es ist meine Überzeugung, daß das psychometrische Modell, selbst wenn es ordnungsgemäß verwendet wird, nicht nur nutzlos, sondern in der Tat antagonistisch, das heißt destruktiv, innerhalb des pädagogischen Prozesses ist.“[3])

Wir meinen, daß Tests, wenn man sich ihrer Gefahr bewußt ist, eine von vielen Möglichkeiten sind, Schüler objektiver zu beurteilen.

---

[1]) Klauer, K., Handbuch der pädagogischen Diagnostik, Düsseldorf 1978, Seite 10.
[2]) ppf Diagnostik in der Schule, München 1973, Seite 65.
[3]) Zit. ppf. Diagnostik in der Schule, München 1973, Seite 91.

Meist wird zwischen Persönlichkeitstests (z. B. Intelligenztest, Motivationstest, Angsttest...) und Schulleistungstests (Lesetest, Rechtschreibtest, Rechentest...) unterschieden.

Persönlichkeitsmerkmale, von denen der Lehrer nur wenig Beobachtungsdaten hat, können durch Tests erfaßt werden. Ein Fragebogen zum Selbstkonzept enthält z. B. Aussagen, wie ein Schüler sich selbst, sein Kontaktbedürfnis, seine Beliebtheit, seine Fähigkeiten und seine äußere Erscheinung einschätzt. Wenn der Lehrer so erfährt, daß ein Schüler ein sehr ungünstiges Selbstkonzept hat, kann er versuchen, ihm zu helfen.

Da beim Einsatz von Intelligenztests in der Schule rechtliche Bedenken bestehen, sollte der Lehrer sich vorher die Einwilligung der Erziehungsberechtigten einholen.

Schulleistungstests zeigen die Plazierung des Einzelschülers und der Klasse im Vergleich mit einer größeren Anzahl Gleichaltriger. Alle deutschsprachigen Tests können bei folgender Adresse bezogen werden:

Beltz-Testgesellschaft, Postfach 1120, 6940 Weinheim

Im folgenden werden Tests angeführt, die sich für die Schülerbeurteilung in der Grundschule eignen. (Alle Beltz-Verlag)

Titel	Alter Klasse	Testdauer in Minuten
Schulleistungstests *Mehrfächertests*		
Allgemeiner Schulleistungstest für die 2. Klassen AST 2 Autor: O. Rieder	Die letzten drei Monate der 2. Klasse	90 Minuten
Allgemeiner Schulleistungstest für die 3. Klassen AST 3 Autor: F. Fippinger	2. Halbjahr der 3. Klasse	90 Minuten
Allgemeiner Schulleistungstest für die 4. Klassen AST 4 Autor: F. Fippinger	Im 2. Halbjahr der 4. Klasse	90 Minuten
Kombinierter Schultest KS 3, 4, 5 Autor: G. Mietzel	3. bis 5. Schuljahr aller Schularten	5 Stunden 39 Minuten Aufteilung auf 4 Tage
Lesetests		
Lesetests für die 2. Klassen LT 2 Autoren: E. Samtleben, F. Biglmaier und K. Ingenkamp	Die letzten 6 Monate der 2. Klasse	Knapp 62 Minuten
Diagnostischer Lesetest für die 2. und 3. Klassen DLT 2/3 Autoren: Herbert Geuß und Gerhard Schlevoigt	2. und 3. Klasse	Etwa 45 Min.
Diagnostischer Lesetest zur Frühdiagnose DLF 1–2 Autor: R. Müller	Ende 1. bis 2. Klasse	2 bis 5 Minuten

Titel	Alter Klasse	Testdauer in Minuten
Rechtschreibtests		
Test Grundanforderungen Rechtschreiben für die 1. und 2. Klasse Autoren: P. Rathenow und D. Peh	Ende der 1. bis Mitte der 2. Klasse	Etwa 35 Min.
Rechtschreibtest für die 1. Klassen RST 1 Autoren: P. Rathenow unter Mitarbeit von U. Raatz	1. Klassen an Grundschulen	25 bis 45 Min.
Diagnostischer Rechtschreibtest für 1. Klasse Autor: R. Müller	Ende der 1., Anfang der 2. Klasse	30 bis 45 Min.
Diagnostischer Rechtschreibtest für die 2. Klassen DRT 2 Autor: R. Müller	Ende der 2., Anfang der 3. Klasse	25 bis 45 Min.
Diagnostischer Rechtschreibtest für die 3. Klassen DRT 3 Autor: R. Müller	Ender der 3., Anfang der 4. Klasse	25 bis 45 Min.
Diagnostischer Rechtschreibtest für 4. und 5. Klassen DRT 4–5 Autor: R. Meis	Mitte der 4. und 5. Hauptschulklasse, der 1. Klasse von Realschulen und Gymnasien	45 Minuten
Grundwortschatz Rechtschreibtest für 4. und 5. Klassen Autor: P. Birkel	Die letzten drei Monate in 4. Klassen Grundschule, die ersten drei Monate in 5. Klassen Hauptschule	Kurzformen 15 bis 20 Min., Langformen 40 bis 45 Min.
Westermann Rechtschreibtest für 4. und 5. Klassen Autor: P. Rathenow	Mitte und Ende der 4. Klasse und Anfang der 5. Klasse	30 bis 40 Min.
Rechentests		
Mathematiktest für 2. Klassen Autoren: G. Feller in Zusammenarbeit mit K. Hugow	Ende des 2., Anfang des 3. Schuljahres	80 Minuten
Diagnostischer Rechentest für 3. Klassen DRE 3 Autoren: K. Samstag, A. Sander und R. Schmidt	Die letzten 4 Monate der 3. Klasse und der Anfang der 4. Klasse	70 Minuten
Einschulungstests		
Frankfurter Schulreifetest FST Autoren: H. Roth, G. Schlevoigt, F. Süllwold und G. Wicht	Schulanfänger	Etwa 70 Min. einschließlich 15 Min. Pause
Kettwiger Schulreifetest KST Autor: R. Meis	Kinder im Alter von 5;9 bis 7;2 Jahren	40 Minuten, reine Testzeit 29 Minuten
Reutlinger Test für Schulanfänger RTS Autor: H. Kratzmeier	Schulanfänger	30 bis 35 Min.

Titel	Alter Klasse	Testdauer in Minuten
Weilburger Testaufgaben für Schulanfänger WTA Autoren: H. Hetzer, L. Tent	Schulanfänger	Etwa 90 Min., davon reine Testzeit 75 Minuten
Mannheimer Schuleingangs-diagnostikum MSD Autoren: R. Jäger, E. Beetz, R. Erler und R. Walter	Schulanfänger	45 bis 50 Min.
Duisburger Vorschul- und Einschulungstest DVET Autor: R. Meis	Kinder im Alter zwischen 4 und 7 Jahren	55 Minuten, reine Testzeit 35 Minuten
Göppinger sprachfreier Schuleignungstest GSS Autor: A. Kleiner	Schulanfänger	
Kieler Einschulungsverfahren KEV Autoren: S. Fröse, R. Mölders und W. Wallrodt	Schulanfänger	Elterngespräch etwa 15 Min., Unterrichtsspiel etwa 75 Min., Einzelunter-suchung max. 20 Minuten
Intelligenz- und spezielle Eignungstests		
Kognitiver Fähigkeitstest für 1. bis 3. Klassen KFT 1–3 Autoren: K. Heller und H. J. Geisler	1. bis 3. Grundschul-klassen	Etwa 45 bis 60 Minuten
Bildertest für 1. und 2. Klassen BT 1–2 Autoren: H. Horn, E. Schwarz unter Mitarbeit von G. Vieweger, R. Kühn und R. Heck-Möhling	1. und 2. Klassen	Etwa 110 Min.
Bildertest für 2. und 3. Klassen BT 2–3 Autor: K. Ingenkamp	Letztes Vierteljahr der 1. Klasse, in der 2. und in der 3. Klasse	47 Minuten, reine Testzeit 37 Minuten
Heidelberger Intelligenztest für 1. und 2. Klassen HIT 1–2 Autor: H. Kratzmeier	1. und 2. Klassen	90 bis 100 Min.
Heidelberger Intelligenztest für 3. und 4. Klassen HIT 3–4 Autor: H. Kratzmeier	3. und 4. Klassen	90 bis 100 Min.
Kombinierter Lern- und Intelligenztest KLI 4–5 Autor: H. Schröder	4. und 5. Klassen	Etwa 150 Min.
Grundintelligenztest Skala 1 CFT 1 Autoren: R. B. Catell, R. H. Weiß und J. Osterland	Kinder von 5 bis 9 Jahren	45 bis 60 Min., reine Testzeit 16 bis 20 Min.
Grundintelligenztest Skala 2 CFT 2 Autoren: R. B. Catell und R. H. Weiß	Kinder und Jugendliche von 9 bis 15 Jahren	Etwa 50 Min., reine Testzeit 25 Minuten

Titel	Alter Klasse	Testdauer in Minuten
Bildungs-Beratungstest für 3. und 4. Klassen BBT 3–4 Autor: K. Ingenkamp	3. und 4. Klasse der Grundschule	90 Minuten, davon 59 Min. reine Testzeit
Frankfurter Denkaufgaben für 3.–6. Klassen FDA 3–6 Autor: J. Wendeler	3. bis 6. Klassen	reine Testzeit 45 bis 60 Min.
Aufgaben zum Nachdenken AzN4+ Autoren: E. Hylla und B. Kraak; Neubearbeitung 1968 von H. Horn und E. Schwarz. Neueichung 1976 von R. Kühn	Im letzten Drittel der 4. Klasse und Anfang der 5. Klasse	110 Minuten
Frankfurter Analogietest für 4. bis 6. Klassen FAT 4–6 Autoren: H. Belser, H. Anger und R. Bargemann	4. bis 6. Klasse Grund- und Hauptschule, Realschule, Gymnasium	60 Minuten, davon reine Testzeit 30 Minuten
Bildungs-Beratungstest (konvergentes Denken) für 4. bis 6. Klassen BBT 4–6 Autoren: K. Ingenkamp, B. Wolf, H. Christmann, U. Lißmann, A. Knapp und H. Haenisch	4. bis 6. Klassen alle Schularten	90 Minuten, davon 58 Minuten Testzeit
Test zum divergenten Denken (Kreativität) für 4. bis 6. Klasse TDK 4–6 Autor: U. Mainberger	4. bis 6. Schuljahr, alle Schularten	45 bis 50 Min., 39 Minuten reine Testzeit
Kognitiver Fähigkeitstest für 4. bis 13. Klassen KFT 4–13 Autoren: K. Heller, A.-K. Gaedike und H. Weinläder	4. bis 13. Klassen, alle Schultypen	etwa 3 Schulstunden, reine Testzeit 100 Minuten
Konzentrationstests		
Konzentrationstest für das 1. Schuljahr KT 1 Autoren: R. Möhling und U. Raatz unter Mitarbeit von K. Ruchti	1. Schuljahr Grundschule	1 Minute
Konzentrationstest für 3. und 4. Klassen KT 3–4 Autoren: R. Heck-Möhling unter Mitarbeit von J. Reinhard und J. Boehle	3. und 4. Klassen	45 Minuten, reine Arbeitszeit 20 Min.
Fragebogen		
Persönlichkeitsfragebogen für Kinder zwischen 9 und 14 Jahren Autoren: W. Seitz und A. Rausche	Kinder von 9 bis 14 Jahren	
Problemfragebogen für 11- bis 14jährige PF 11–14 Autoren: K. Westhoff, C. Geusen-Asenbaum, D. Leutner und M. Schmidt	11- bis 14jährige	45 bis 90 Min.

Titel	Alter Klasse	Testdauer in Minuten
Fragebogen Kooperation und Wettbewerb für 4. bis 8. Klassen FKW 4–8 Autoren: K.-E. Littig und M. von Saldem	4. bis 8. Klassen; alle Schularten	Etwa 20 Min.
Landauer Skalen zum Sozialklima für 4. bis 13. Klassen LASSO 4–13 Autoren: M. von Saldem und Dr. K.-E. Littig	4. bis 13. Klassen; alle Schularten	Etwa 60 Min.
Anstrengungsvermeidungstest AVT Autoren: B. Rollett und M. Bartram	5. bis 9. Klasse	Etwa 20 Min.
Angstfragebogen für Schüler AFS Autoren: W. Wieczerkowski, H. Nickel, A. Janowski, R. Fittkau und W. Rauer	3. bis 10. Schuljahr	Etwa 30 Min.

2.4.5 Gespräche mit Kontaktpersonen

Die Notwendigkeit der Kommunikation zwischen allen Erziehungspartnern eines Kindes ist unbestritten. Eltern, Lehrer, Erzieherinnen, Gruppenleiter, alle Personen, die an der Erziehung eines Kindes beteiligt sind, sollten gemeinsam an ihrer verantwortungsvollen Aufgabe arbeiten. Im Bayerischen Gesetz über das Erziehungs- und Unterrichtswesen (BayEUG) steht dazu: „Die gemeinsame Erziehungsaufgabe, die Schule und Erziehungsberechtigte zu erfüllen haben, erfordert eine von gegenseitigem Vertrauen getragene Zusammenarbeit“. (Art. 52 (1))

Der Schüler verbringt den größten Teil seiner Kindheit mit einem Personenkreis, den der Lehrer kaum kennt. Diese Kontaktpersonen erleben das Kind täglich in völlig anderen Situationen als der Lehrer. Sie lernen es so vielleicht von einer anderen Seite kennen und verstehen. Gegenseitige Information aller Erzieher ist deshalb zum Kennenlernen des Kindes und zur Abstimmung von Erziehungszielen und -maßnahmen notwendig.

Möglichkeiten für Gespräche ergeben sich bei den vorgeschriebenen Elternsprechtagen, Elternabenden und den Sprechstunden. Darüber hinaus bieten schulische Veranstaltungen, Ausflüge und gesellige Abende Gelegenheiten, mit den Eltern ins Gespräch zu kommen. Hausbesuche sind am besten geeignet, dem Lehrer Einblick in das häusliche Erziehungsmilieu zu verschaffen. Doch greifen die Lehrer selten auf diese Möglichkeit zurück, da die Eltern eventuell mißtrauisch werden und sich beobachtet und kontrolliert fühlen könnten. Allgemeine Informationen über das Kind können auch schriftlich, z.B . in Form eines Fragebogens zu Beginn des Schuljahres, eingeholt werden.

Gespräche mit Eltern

Das Kind macht seine ersten Erfahrungen in der Familie. Hier prägen in erster Linie die Eltern die Atmosphäre und bestimmen die Regeln des Zusammenlebens. Die Einstellung des Kindes zu seinen Mitmenschen beginnt sich zu entwickeln. Das Verhalten der Eltern steht beispielhaft für alle menschlichen Beziehungen. Auch die Familienkonstellation spielt eine wichtige Rolle. Aber oft sind sich die Eltern über die Bedeutung ihrer eigenen Rolle nicht ganz im klaren. Gewisse Haltungen der Eltern wirken sich auf das gesamte Leben des Kindes aus:

- Welche Erwartungen setzen die Eltern in ihr Kind?
- Welche Erziehungsziele haben sie sich gesetzt?
- Wie versuchen sie, diese zu verwirklichen?
- Wie sehen die Eltern das Problem der Strafe?
- Stimmen die Eltern bei der Erziehung überein?
- Wie stehen die Eltern zur Schule und zum Lehrer?
- Wie beurteilen sie ihn?
- Unterstützen sie seine Erziehungsmaßnahmen oder lehnen sie sie ab?

Eine gründliche Kenntnis darüber, wie das Leben des Schülers im Elternhaus abläuft, ist zum Verständnis der Verhaltensweisen eines Kindes unabdingbar. Die Gespräche mit den Eltern liefern meist vielfältige Informationen, die dem Lehrer den Zugang zum Kind erleichtern. Wichtig ist, daß ein echtes Gespräch entsteht und die Eltern sich frei aussprechen können. Einige grundsätzliche Regeln sind die Voraussetzung für ein fruchtbares Gespräch mit den Erziehungsberechtigten:

1. Gründliche Vorbereitung auf seiten des Lehrers
2. Einstellen auf den Gesprächspartner
3. Nicht inquisitorisch vorgehen
4. Den Eltern genügend Zeit einräumen, sich zu den angeschnittenen Fragen zu äußern
5. Emotionen möglichst ausschalten
6. Zu große Lehreraktivität vermeiden
7. Aktiv zuhören und auf Argumente eingehen
8. Aufrichtig bleiben

Besondere Schwierigkeiten, zu einem offenen Gespräch zu finden, gibt es häufig bei den Eltern, deren Kinder Probleme haben. Einige wollen das Fehlverhalten ihrer Kinder verdrängen, vertuschen oder beschönigen, weil sie fürchten, dafür verantwortlich gemacht zu werden.

Bereits in der Anfangsphase des Gespräches, muß der Lehrer versuchen, die Abwehrhaltung der Eltern abzubauen. Sie sollen erkennen, daß es hier nicht um die Suche nach einem Schuldigen geht, sondern darum, wie man gemeinsam dem Kind helfen kann. Hier hängt es vom Geschick des Lehrers ab, ob die Eltern zu einem offenen Gespräch bereit sind oder sich verschließen. Gerade beim Problemkind sollte der Lehrer sich unbedingt darum bemühen, daß die Eltern die Schwierigkeiten des Kindes aus ihrer Sicht darstellen. Hier wird dann deutlich, wie weit ihr Verständnis geht und wie sie bereit sind, bei der Lösung mitzuhelfen.

Fragen an die Eltern

Die folgenden Fragen können teilweise beim 1. Elternabend in Form eines Fragebogens schriftlich von den Erziehungsberechtigten beantwortet werden. Dabei ist es günstig, ihn so zu gestalten, daß die Eltern das Zutreffende nur ankreuzen oder kurz beantworten müssen.

1. Elternabend der Klasse . . . . . am . . . .

Liebe Eltern,
Sie kennen Ihr Kind am besten. Bitte geben Sie mir einige notwendige Informationen, damit ich Ihr Kind kennenlerne. Selbstverständlich ist die Beantwortung der Fragen freiwillig.
(Kreuzen Sie bitte das Zutreffende an!)

Ist Ihr Kind ein Einzelkind? ☐ ja ☐ nein
Wie viele Geschwister hat es? ☐
. . .

Diese Fragen eignen sich aber auch als Grundlage für jedes Gespräch.
- Ist Ihr Kind ein Einzelkind?
- Wie viele Geschwister hat es?
- Wie alt sind die Geschwister?
- Sind es Buben oder Mädchen?
- Versteht sich Ihr Kind mit den Geschwistern?
- Sind Sie alleinerziehende Mutter?
- Sind Sie alleinerziehender Vater?
- Arbeiten Sie als Mutter ganztags, halbtags?
- Leben Großeltern oder Verwandte mit im Haus?
- Gibt es besondere Belastungen in der Familie (Krankheit, Arbeitslosigkeit . . .)
- Wie ist der Tagesablauf des Kindes?
- Welche kleinen täglichen Pflichten hat Ihr Kind?
- Hilft es freiwillig mit?
- . . .

- Gibt es zu Hause Probleme mit dem Kind?
- Wenn ja, welche?
- Was erzählt das Kind zu Hause von der Schule?
- Wie sieht es die Mitschüler oder die Lehrer?
- Fühlt es sich vom Lehrer akzeptiert?
- Sieht es ihn als Helfer?
- . . .

- Wann und wo erledigt Ihr Kind die Hausaufgaben?
- Arbeitet es selbständig oder benötigt es Hilfe?
- Wie lange arbeitet es täglich?

- Beginnt es ohne Aufforderung?
- Muß es immer wieder angehalten werden?
- Zeigt es großen Ehrgeiz?
- Wie reagiert es auf gute und schlechte Noten?
- ...

- Spielt es häufig allein?
- Womit beschäftigt es sich am liebsten (Hobby)?
- Zeigt es beim Spielen Ausdauer?
- Mit welchen Mitschülern spielt es?
- Spielt es mit Kindern aus der Nachbarschaft?
- Wird es von den Mitschülern akzeptiert oder häufig abgelehnt?
- Welche Rolle nimmt es bei Gruppenspielen ein?
- Kann es verlieren?
- Wird es aggressiv?
- Hat es Sinn für Gerechtigkeit?
- ...

- Wie lange schläft das Kind?
- Wann geht es zu Bett?
- Wieviel Taschengeld bekommt Ihr Kind?
- ...

2.4.6 Gespräche mit Kollegen

Die Kontaktpersonen, mit denen der Lehrer am häufigsten zusammentrifft, sind Kollegen. Sie kennen das Kind vielleicht schon von vergangenen Schuljahren, wissen von früheren Schwierigkeiten und konnten seine Entwicklung verfolgen. Oft haben sie auch Gelegenheit, den Schüler vor dem Unterricht, in den Pausen, in den Gängen und im Treppenhaus zu beobachten. Wenn der Lehrer bei einem Kollegen nachfragt, wird dieser indirekt um Mithilfe gebeten. Gerade bei schwierigen Fällen wird er gern dazu bereit sein.

Einige wichtige Aspekte für die Schülerbeurteilung können durch ein Gespräch mit den Kollegen beleuchtet werden.

- Zeigte das Kind schon früher Schwierigkeiten?
- Seit wann waren diese zu beobachten?
- Wie äußerten sie sich?
- War eine Besserung zu merken?
- Wie ist das Verhalten in anderen Unterrichtsfächern?
- Welchen Lehrer scheint das Kind am ehesten zu akzeptieren?
- Mit welchen Mitschülern harmoniert es am besten?
- Welche besonderen Fähigkeiten zeigen sich?
- Wie verhält es sich beim Stundenwechsel?
- Wie verhält es sich seinen früheren Lehrkräften gegenüber?
- ...

Der Lehrer wird die Fragen aufgreifen, bei denen seine Beobachtungen noch unvollständig sind. Die Beobachtungen mehrerer Lehrer führen dann schneller dazu, daß die Ursache für auffälliges Verhalten gefunden wird. Oft erscheinen früher unbedeutende Beobachtungen nach einem Gespräch mit den Kollegen in einem anderen Licht.

2.5 Direkte Beobachtung

Die indirekten Beobachtungen durch Schülerfragebögen, Soziogramme und Gespräche sind für jede Beurteilung unumgängliche Hilfsmittel. Doch zur richtigen Einschätzung der Schülerpersönlichkeit bedarf es selbstverständlich der direkten Beobachtung. Der Lehrer muß die Schüler intensiv, umfassend und kontinuierlich beobachten. Um zielgerichtet beobachten zu können, ist eine klare Aufgabenstellung erforderlich, z.B. Reaktion auf Impulse.

- Welche Schüler sprechen sofort (teilweise, gar nicht) darauf an?
- Welche Schüler brauchen gezielte Fragen, um sich an der mündlichen Arbeit zu beteiligen?

Konzentrationsfähigkeit bei den verschiedenen Fächern, bei Gruppen- oder Partnerarbeit.

- Wie verhält sich der Schüler in seinen Lieblingsfächern im Vergleich zu den anderen?

Durch die gezielten Beobachtungen lernt der Lehrer die Kinder kennen und erhält wertvolle Hinweise für seine Unterrichtsarbeit. Um möglichst umfassende Informationen über einen Schüler zu bekommen, muß unterschiedliches Verhalten in verschiedenen Situationen beobachtet werden. In der Literatur werden häufig zwei Beobachtungsrichtungen unterschieden:

1. Nonverbales Verhalten
   (Motorik, Mimik, Gestik, Bewegungskoordination . . .)
2. Verbales Verhalten
   (Artikulation, Syntax . . .)

2.5.1 Beobachtungen im Unterricht

Deutsch

- Klare Ausdrucksweise der eigenen Gedanken
- Sachlich klare Ausdrucksweise
- Phantasievolle Ausdrucksweise
- Fähigkeit, logisch zu argumentieren
- Erkennen von Denkfehlern
- Äußern von originellen Beiträgen
- Schnelles Verstehen der gestellten Aufgaben

- Gefühl für Gerechtigkeit
- Sicherheit im richtigen Gebrauch der Sprache
- Besondere sprachliche Fähigkeiten beim Erlebnisaufsatz
- Vertreten der eigenen Meinung gegenüber den Mitschülern und dem Lehrer
- Selbständige, zielsichere Bearbeitung von Aufsatzthemen
- Sicherheit im Rechtschreiben
- Neigung zu Flüchtigkeitsfehlern
- Arbeitstempo, Arbeitsausführung, anhaltendes Gedächtnis für einmal eingeprägte Wortbilder
- Kritische Äußerung bei Konfliktsituationen
- Redegewandtheit
- Ausdrucksvoller Vortrag
- Empfinden für Stimmungen in Gedichten
- Selbständige Sinnentnahme bei einem Sachlesestück
- Eigene Meinungsbildung über ein Lesestück
- Aufgreifen von Impulsen
- Besonderes Interesse an Märchen (Sagen, Fabeln . . .)
- Beobachtung beim stillen Lesen
  - Lesetempo
  - Konzentriertes Durchlesen bis zum Ende
  - Sofortiger Arbeitsbeginn
  - Selbständige Bearbeitung der Arbeitsaufträge
  - Häufiges Aufschauen während des Lesens

Mathematik

- Selbständiges Durchschauen schwieriger Sachverhalte
- Notwendige zusätzliche Erklärungen
- Neigung zu schnellem, aber flüchtigem Rechnen
- Übertragen von Erkenntnissen auf analoge Sachverhalte
- Übertragen von gefundenen Wegen auf neue Sachverhalte
- Selbständiges Suchen nach Lösungswegen
- Selbständiges Lösen der gestellten Aufgaben
- Erfassen von logischen Gedankenfolgen in einer Sachaufgabe
- Erkennen von logischen Fehlern
- Gute Zahlvorstellung
- An Anschauung gebundene Zahlvorstellung
- Erkennen von Rechenvorteilen
- Schnelligkeit beim Kopfrechnen
- Rasche Auffassung von Sachverhalten
- Fähigkeit zur mündlichen Darstellung komplizierter Sachverhalte
- Suchen nach mehreren Lösungswegen
- Planvolles Vorgehen bei komplizierten Aufgaben
- Verständnis für schematische Darstellungen
- Verständnis für Schaubilder (Diagramme . . .)
- Spezielle Leistungsbereitschaft im Fach Mathematik

- Schwankung der Leistungsbereitschaft im Laufe des Vormittags
- Ablenkbarkeit durch äußere Störungen
- Auffälliger Konzentrationsabbau im Laufe einer Unterrichtsstunde
- Entmutigung durch Mißerfolge
- Ansporn zu größerer Leistungsbereitschaft durch Mißerfolge
- Zeichen von großer Freude bei einem erarbeiteten Erfolg
- Saubere Arbeitsausführung
- Vertrauen auf die eigenen mathematischen Fähigkeiten
- Fehler durch ungenaues Arbeiten

Heimat- und Sachkunde

- Interesse am neuen Stoff
- Interesse an bestimmten Fachbereichen
- Lernbereitschaft im Verlauf der Unterrichtsstunde
- Lernbereitschaft im Verlauf des Unterrichtsvormittags
- Interesse an Versuchsplanung und deren Durchführung
- Erhöhte Beteiligung am Unterricht bei konkreten Gegenständen
- Besondere Entmutigung durch einen Mißerfolg

- Scharfe und genaue Beobachtung
- Verständnis für neue Sachverhalte
- Erkenntnis der wesentlichen Punkte
- Hypothesenbildung bei Versuchen
- Fragen nach Ursache und Wirkung
- Auffassungsgabe bei schematischen Zeichnungen (Tafeln ...)
- Geschick bei der Durchführung von Versuchen
- Wahrnehmung der wesentlichen Vorgänge
- Ziehen von Schlußfolgerungen aus den Beobachtungen
- Selbständige Gewinnung von Erkenntnissen
- Richtige Wiedergabe eines Sachverhalts
- Besonders gutes Gedächtnis für Zeichnungen, Filme, Bilder ...

- Bereicherung des Unterrichts durch eigene Beiträge
- Verhalten beim Vorführen von Unterrichtsfilmen
- Ablenkbarkeit
- Gleichmäßige Mitarbeit
- Selbständiges Lösen von Arbeitsaufträgen
- Genaue Bearbeitung von Arbeitsaufträgen
- Zuverlässige Arbeitsausführung
- Gestaltung der Arbeitsmappe

- Verhalten bei Leistungsprüfung (mündlich, schriftlich)
- „Blockierung" bei direkten Fragen
- Stotterndes Antworten trotz Wissen

– Verunsicherung durch Kritik der Mitschüler
– Bestehen auf der eigenen Meinung trotz Kritik

Musische Fächer

– Zu hohe Einschätzung des eigenen Leistungsvermögens beim Sport
– Fehlendes Selbstvertrauen beim Geräteturnen
– Gewandte Bewegungen gut koordiniert
– Helfende Erklärungen für weniger sportlich geschickte Kinder
– Übung mit einem schwächeren Schüler
– Kameradschaftlichkeit beim Spiel
– Rücksichtnahme auf Leistungsschwächere
– Intoleranz gegenüber Kindern mit körperlichen Schwächen
– Trösten eines enttäuschten oder traurigen Mitschülers
– Aufnehmen von schwachen Schülern in die eigene Gruppe
– Verzicht auf eigenen Vorteil zugunsten anderer
– Versuch, Schwächen zu überspielen
– Große Ausdauer bei sportlichen Wettkämpfen
– Persönlicher Einsatz für die Gruppe
– Sehr großer Ehrgeiz
– . . .

– Interesse beim Umgang mit Orff-Instrumenten
– Rhythmische Sicherheit beim Zusammenspiel
– Freude am Chorgesang
– Verständnis für Stimmungen in verschiedenen Musikstücken
– Erkennen eines bestimmten Taktes
– Fähigkeit, einfache Melodien richtig nachzusingen
– Besondere Leistungsbereitschaft beim Üben eines Instruments
– Begeisterungsfähigkeit für musische Tätigkeiten
– Versuch, andere Schüler miteinzubeziehen
– Beteiligung an Interessengruppen

– Freude beim Malen und Zeichnen
– Empfinden für Farben und Formen
– Geschickter Umgang mit Wasserfarben (Tusche . . .)
– Einfallsreichtum – Phantasie
– Originelle Beiträge
– Mangel an eigenen Ideen
– Sinn für Blattaufteilung
– Liebe zum Detail
– Besonders korrekte Arbeitsweise
– Großzügige Arbeitsweise
– Konzentriertes Arbeiten an einem Bild
– Besonderes Interesse für Holzarbeiten

Die Beobachtung muß sich auch auf das Verhalten bei den verschiedenen *Sozialformen des Unterrichts* erstrecken. Die Forderung nach einem Wechsel

der Sozialformen innerhalb einer Unterrichtsstunde ist gerade in den letzten Jahren betont worden. Dafür sprechen wichtige Gründe:
- Das Interesse der Schüler wird wach gehalten
- Bestimmte Sozialformen sind für manche Unterrichtsgebiete besonders geeignet
- Da die Kinder unterschiedlich geartet sind, können sie sich bei den verschiedenen Sozialformen individuell entwickeln.

Hier bieten sich dem Lehrer viele Beobachtungsmöglichkeiten. Dabei sind Dauer, Intensität und Verfestigungsgrad der Verhaltensweisen zu beobachten. Anschließend werden einige mögliche Beobachtungen aufgeführt. Zum großen Teil gelten sie für verschiedene Sozialformen.

Frontalunterricht

- Dauer der Aufmerksamkeit
- Aufmerksamkeit bei Blickkontakt
- Mitarbeit aus Interesse an der Sache
- Zeichen von innerer Unruhe (Nägel beißen . . .)
- Platzwahl des Schülers
- Unterschiedliche Aufnahmebereitschaft im Laufe des Vormittags
- Aktive Mitarbeit
- Aufmerksamkeit ohne aktive Mitarbeit
- Besondere Ermüdungserscheinungen im Laufe einer Unterrichtsstunde
- Nebeninteressen (Spielen mit . . .)
- Ruhiges Sitzen

Gespräche im Kreis

- Vertreten der eigenen Meinung
- Bestehen auf der eigenen Meinung trotz Kritik
- Verunsicherung durch Kritik
- Einhalten der gemeinsam aufgestellten Gesprächsregeln
- Versuch, andere von der eigenen Meinung zu überzeugen
- Eingehen auf den Diskussionsbeitrag des Mitschülers
- Heftige Reaktion bei geringfügigen verbalen Angriffen
- Freie, ungezwungene Sprechweise
- Geschickte Darstellung des eigenen Standpunktes
- Aufmerksamkeit beim Zuhören
- Blickkontakt mit dem Gesprächspartner
- Ausredenlassen des Partners
- Vermeiden von Zwischenrufen
- Beim Thema bleiben können
- Eingestehen von eigenen Fehlern
- Persönlicher Angriff des Gesprächspartners
- Achtung der Meinung anderer
- Schweigen können
- Bemühen um ein Schlußergebnis

Gruppen- und Partnerarbeit

- Freude an der Gruppenarbeit
- Zeichen von Sympathie und Antipathie
- Freiwillige Übernahme der Gruppenführung
- Freiwilliges Übernehmen der Aufgabe eines Schriftführers
- Versuch, die Gruppenführung an sich zu reißen
- Gutes Zuhören und Eingehen auf Argumente
- Grundsätzliches Ablehnen der Gegenargumente
- Versuch, die Gruppenarbeit zu stören
- Unterstützung eines verbal schwachen Schülers
- Situationsgerechtes Steuern des Verhaltens
- Darauf bestehen, angehört zu werden
- ...

Stillarbeit

- Zielstrebiges Bearbeiten der Arbeitsaufträge
- Selbständige Arbeitsweise
- Sicherheit beim Umsetzen der Fragen
- Schnelles Arbeitstempo
- Wunsch nach Bestätigung der eigenen Ergebnisse
- Flüchtiges, unkonzentriertes Arbeiten
- Wiederholtes Nachfragen
- Notwendigkeit der mehrmaligen Erklärung der Arbeitsaufträge
- Die Suche nach verschiedenen Lösungswegen
- Schnelles Kapitulieren bei Schwierigkeiten
- Sofortiger Arbeitsbeginn

2.5.2 Besondere Beobachtungen außerhalb des Unterrichts

Außerhalb des Unterrichts nimmt die freie Beobachtung den größeren Raum ein. Sie muß möglichst objektiv das Verhalten eines oder auch mehrerer Schüler erfassen. In diesem Bereich kommt den Gelegenheitsbeobachtungen eine besondere Rolle zu. Hier ergibt sich für einen aufmerksamen Lehrer eine Vielzahl von Beobachtungsmöglichkeiten. Gerade weil sich der Schüler außerhalb des Unterrichts oft unbeobachtet glaubt, zeigt er Verhaltensweisen, die den Lehrer überraschen können. Von den vielfältigen Beobachtungen werden im Folgenden einige typische Beispiele herausgegriffen:

Beobachtungen außerhalb des Unterrichts
Vor dem Unterricht

- Aufhängen der Kleidungsstücke
- Behandlung der Kleidungsstücke
- Aggressives Verhalten gegenüber Mitschülern (verbal, körperlich)

- Verstecken der Sachen von Mitschülern
- Tempo beim An- und Ausziehen
- Stille Beschäftigung (Lesen, Zeichnen)
- Spiele mit anderen Kindern
- Einhalten der vereinbarten Verhaltensregeln für diese Zeit
- Hausaufgabenvergleich mit dem Banknachbarn
- Beschäftigung mit schulischen Dingen
- Suchen von Kontakt mit dem Lehrer
- Gespräch mit dem Banknachbarn
- Beschäftigung mit Spielzeug (Comics, Sammelbilder . . .)
- „Auffälliges" Verhalten, um Aufmerksamkeit zu erreichen
- . . .

In der Pause

- Zugehörigkeit zu einer festen Spielgruppe
- Versuch, Anschluß an eine Gruppe zu finden
- Häufiges Alleinsein in der Pause
- Ablehnung durch die Mehrzahl der Mitschüler
- Verbringen der Pause mit dem gleichen Partner
- Kontakt zu Schülern anderer Klassen
- Beteiligung an (wilden, ruhigen . . .) Spielen
- Akzeptieren der Spielideen anderer Mitschüler
- Aggressives Verhalten bei gemeinsamen Spielen
- Einhalten der Pausenordnung
- Kontakt mit der aufsichtführenden Lehrkraft
- Einbeziehen von Außenseitern in das Spiel
- Häufige Beteiligung an Auseinandersetzungen (verbal, körperlich)
- Durchsetzungsvermögen bei Auseinandersetzungen
- Hilfe für schwächere Schüler bei Streitereien
- Häufige Verwicklung in kleinere Unfälle
- . . .

Bei Ausflügen und Unterrichtsgängen

- Teilen der mitgebrachten Sachen mit anderen
- Verträglichkeit mit den Mitschülern
- Vermeidung von Auseinandersetzungen
- Übernahme der Führungsrolle bei Spielen
- Kontakthäufigkeit mit gleichgeschlechtlichen oder anders geschlechtlichen Schülern
- Umgang mit Geld (Süßigkeiten . . .)
- Anschluß an Mitschüler
- Annahme von Außenseitern
- . . .

Bei Sportfesten und Schulfeiern

- Kontakt zu gleichaltrigen (älteren, jüngeren) Schülern
- Entwickeln von eigenen Spielideen
- Einfallsreichtum bei der Planung des Unternehmens
- Phantasievolle, originelle Ideen
- Versuch, sich in den Mittelpunkt zu rücken
- Rücksichtnahme auf andere Schüler
- Provokationen anderer Schüler
- Übernahme von Arbeiten
- Hilfe bei der Organisation
- Zuverlässige Erfüllung der übertragenen Aufgaben
- Großer persönlicher Einsatz
- Hilfe bei den Aufräumungsarbeiten
- Freude über Erfolg der Mitschüler
- Trösten bei Mißerfolgen
- ...

3. Verhaltensmerkmale der Schülerpersönlichkeit

3.1 Einführende Bemerkungen

Artikel 131 der Verfassung des Freistaates Bayern nennt die obersten Bildungsziele. Von ihnen lassen sich allgemeine Lernziele ableiten, wie sie auch in der Präambel des Lehrplans für die Grundschule 1981 genannt werden:

Sprachbeherrschung – Kreatives Handeln – Bereitschaft, Leistung zu erbringen – Selbstverantwortung – Hilfsbereitschaft – Selbstvertrauen – Verantwortung übernehmen – Toleranz üben – Konflikte friedlich lösen – Geschicklichkeit beim Gebrauch der Hände und des Körpers.

An diesen allgemeinen Lernzielen sind die Verhaltensmerkmale der Schülerpersönlichkeit im folgenden Kapitel orientiert:

3. Verhaltensmerkmale der Schülerpersönlichkeit
3.1 Einführende Bemerkungen
3.2 Allgemeines Lernverhalten
3.2.1 Der Schüler begegnet Neuem
3.2.2 Der Schüler verarbeitet die Eindrücke
3.2.3 Der Schüler behält Gelerntes
3.3 Lernbereitschaft
3.3.1 Der Schüler ist bereit, Leistung zu erbringen
3.3.2 Der Schüler beteiligt sich am Unterricht
3.3.3 Der Schüler läßt sich nicht ablenken
3.3.4 Der Schüler erledigt seine Arbeiten
3.4 Individual- und Sozialverhalten
3.4.1 Der Schüler hat Kontakt mit anderen
3.4.2 Der Schüler sieht sich selbst
3.4.3 Der Schüler erlebt die Schulsituation
3.5 Besonderheiten der körperlichen und gesundheitlichen Verfassung
3.5.1 Der Schüler hat manuelles Geschick
3.5.2 Der Schüler beherrscht seinen Körper
3.5.3 Der Schüler zeigt Auffälligkeiten

Bei jedem Punkt werden zunächst die dazugehörenden Verhaltensmerkmale erläutert. Konkrete, gut beobachtbare, typische Verhaltensweisen sind als mögliche Beobachtungen schriftlich fixiert. Die möglichen Beurteilungen stellen Formulierungshilfen für Zeugnisse und Gutachten dar.

3.2 Allgemeines Lernverhalten

Betrachten – Beobachten
Einstellen auf Neues – Auffassen von Neuem
Verbalisieren – Sprachliche Differenziertheit
Kreativität – Intellektuelle Beweglichkeit
Behalten

Eine wesentliche Grundlage des allgemeinen Lernverhaltens ist die Intelligenz. Dieser Begriff wird sehr verschieden definiert, z.B. als Fähigkeit zur Kombination (Ebbinghaus) , als Fähigkeit, Schwierigkeiten in neuen Situationen zu meistern (Stern), als geistige Struktur, die im Lauf der Entwicklung zu einem vollkommenen Gleichgewicht gelangt (Piaget), als kognitive Ziele (Gordon), als psychische Auswirkung cerebralen Erregungsgeschehens bei der Lösung neuer Probleme (Rohracher) oder auch im engeren Sinn als Begabung. Von der Vielseitigkeit der Begriffsauslegung ist es verständlich, daß es zur Feststellung der Intelligenz viele verschiedene Verfahren (= Intelligenztests) gibt. Sie überprüfen unter anderem die sprachlichen Fähigkeiten, die Mengenauffassung, das Erkennen von Gemeinsamkeiten durch Vergleiche, das Gedächtnis, die Vorstellungsgabe, das Unterscheidungsvermögen, den Zahlbegriff, das Erkennen von Gegensätzen, das Planungsvermögen und das Verstehen von Gegensatzanalogien und Sprichwörtern. Dabei muß man sich im klaren sein, daß Intelligenz nicht direkt beobachtet werden kann. Was wir sehen, ist die Leistung der Intelligenz – das Auffassen, das Begreifen und die weiterführende Verarbeitung des „Erfaßten“.

Die Durchführung eines Intelligenztests für die ganze Klasse ist sehr zeitraubend. Außerdem werden viele Bereiche des allgemeinen Lernverhaltens gar nicht erfaßt, z.B. die Frage „Wie begegnet der Schüler Neuem?“. Die Aufgabe des Lehrers geht also bei weitem darüber hinaus, nur die Intelligenz seiner Schüler festzustellen. Für die Schulleistung sind andere Faktoren von ebenso großer Bedeutung.

Die Leistung hängt auch stark von dem Interesse ab, das der Schüler dem gestellten Arbeitsgebiet entgegenbringt. Gilt seine Vorliebe z.B. mathematischen Problemen, wird er von Anfang an dem Fach Mathematik gegenüber aufgeschlossener sein, als der Schüler, dessen Neigungen auf sprachlichem Gebiet liegen. Besonders auffällig ist dies beim sprachlichen Ausdruck. Ein Teil der Kinder steht dieser Arbeit mit Abneigung gegenüber, während andere von sich aus hier gute, freiwillige Beiträge leisten.
Für die Beobachtung und Beurteilung der kognitiven Fähigkeiten zeichnen sich drei Schwerpunkte ab:

- Wie begegnet der Schüler Neuem?
- Wie verarbeitet er das Beobachtete gedanklich und sprachlich?
- Ist er fähig, das Aufgenommene zu behalten?

3.2.1 Der Schüler begegnet Neuem

Das Kind ist von Natur aus neugierig und will den Sachen auf den Grund gehen. Wie oft ärgern sich Mütter darüber, wenn Kinder ein neues Spielzeugauto zerlegen, um zu sehen, wie es funktioniert. Dieses natürliche Interesse an den Dingen wird leider schon oft im Vorschulalter von den Erwachsenen ungewollt zerstört. Das Kind fragt und die Mutter beachtet die Frage nicht, weil sie gerade mit etwas anderem beschäftigt ist. Noch einmal versucht der Sohn sein Glück, wird aber wieder von der Mutter zurückgewiesen. Wenn das Kind diese schlechten Erfahrungen öfter macht, kann es seine Fragehaltung langsam verlieren. Das natürliche Interesse der Kinder wird durch Gleichgültigkeit verdrängt.

Hier darf auch nicht übersehen werden, daß unsere Kinder heute durch Radio und Fernsehen ständig neuen Eindrücken begegnen. Sie werden von den Bilderfolgen im Fernsehen stundenlang „berieselt“, schauen gar nicht mehr genau hin und beschäftigen sich gedanklich kaum noch mit dem Gesehenen. Da so viele Eindrücke nicht mehr verarbeitet werden können, reagiert das Kind nur noch auf besonders starke Reize, wie extrem laute Musik und grelle Farben. Daher muß die Schule wieder zum bewußten Sehen und Beobachten erziehen. Es ist notwendig, daß der Lehrer genau weiß, wie seine Schüler neue Eindrücke aufnehmen.

Mögliche Beobachtungen

- Der Schüler beobachtet einen Versuch im Sachunterricht genau und ausdauernd.
- Der Schüler beobachtet die Einzelheiten eines Versuches.
- Er nimmt nur einen kleinen Teil des Versuchsaufbaues wahr.
- Er erkennt, daß leichte Stoffe in dem Schmutzwasser schwimmen, während die schweren sich unten absetzen.
- Er untersucht die Teile einer Blüte mit großer Sorgfalt.
- Er erkennt bei einem Versuch Zusammenhänge.
- Er beobachtet gründlich und lang andauernd.
- Er verliert nach kurzer Zeit das Interesse an der Beobachtung.
- Er erfaßt nach kurzer Beobachtung die wesentlichen Zusammenhänge.
- Er erkennt mit einem Blick Farben und Formen der Mengenlehreplättchen.
- Er ist fähig, eine Melodie richtig nachzusingen.
- Er sieht sofort einen Rechenvorteil.
- Er erliest ein neues Lesestück und kann anschließend Fragen gut beantworten.
- Er versteht den Witz einer vorgelesenen Geschichte.
- Er kann aus einem Sachlesestück das Wesentliche auffassen.
- Er faßt schnell auf, worauf es ankommt.
- Er sieht auf einem Bild alle Details.
- Er bemüht sich, Wörter, die ihm nicht ganz klar sind, aus dem Zusammenhang heraus zu verstehen.

- Er schaut ruhig und konzentriert Filme und Bilder an.
- Er beginnt einen Versuch planvoll.
- Er wendet sich willig neuen Aufgaben zu.
- Er ermüdet leicht beim Beobachten.

Mögliche Beurteilungen

- Mit Freude geht er auch an die Lösung schwieriger Aufgaben heran.
- Er beobachtet gründlich und faßt sicher auf.
- Er ist vielseitig interessierbar und beobachtet genau.
- Er faßt rasch auf, beobachtet gründlich und denkt selbständig.
- Die Beobachtung des Schülers ist allseitig.
- Mit Interesse geht er an neue Aufgaben heran.
- Er beobachtet allseitig und gründlich.
- Sein Interesse ist leicht zu wecken.
- Der Schüler faßt zwar schnell, aber oft zu oberflachlich auf.
- Das Bemühen um genaue Beobachtung und rasche Auffassung ist spürbar.
- Der Schüler zeigt vielseitiges Interesse.
- Der Schüler beobachtet noch nicht genau und ausdauernd genug.
- Zahlen und Formen werden besonders sicher aufgefaßt.

...

3.2.2 Der Schüler verarbeitet die Eindrücke

Immer wieder passiert es uns in der täglichen Schularbeit, daß alle Schüler dasselbe gesehen, beobachtet, gehört oder erlebt haben und doch ist das Ergebnis bei den einzelnen Kindern ganz unterschiedlich. Die Begründung liegt darin, daß die Menschen die Eindrücke verschieden verarbeiten. Hier spielen die unterschiedlichen Typen eine große Rolle. Ein visuell veranlagter Mensch wird von Bildern und Filmen immer besonders beeindruckt sein und das Gesehene auch besser behalten. Darüber hinaus ist die Verarbeitung des gewonnenen Eindrucks abhängig vom Sprachvermögen. Kinder, die gewandt im Gebrauch der Sprache sind, werden uns ihren Eindruck immer vorteilhafter vermitteln als Kinder, die Schwierigkeiten bei der Artikulation haben.

Hinzu kommt die unterschiedliche Kreativität. Manche Kinder zeigen einen erstaunlichen Einfallsreichtum bei der Lösung von neuen Problemen, wogegen andere einen oder mehrere Denkanstöße brauchen. Die intellektuelle Beweglichkeit ist zum Teil angeboren, aber doch auch beeinflußbar. Durch Sachverhalte, die beim Kind Erstaunen und Erregung auslösen, wird es zu neuen kreativen Handlungen angeregt. Wie Erziehung überhaupt, ist auch Erziehung zur Kreativität nicht planbar, denn „Kreativität hängt nicht allein von der Erbmasse noch primär von Umwelt und Erziehung ab. Sie ist in erster Linie das Produkt des eigenen Ich"[1]). Diesen Selbsterziehungsprozeß zu unterstützen, ist die Aufgabe der Schule.

---

[1]) Matusek, P., Kreativität als Chance, München, Zürich, Seite 7.

Der Lehrplan für die Grundschule weist wiederholt darauf hin, daß die Stufe der Verarbeitung, zu der die Wiederholung, Sicherung und Übung gehören, wieder in den Mittelpunkt des Unterrichts rücken muß.

„Der Grundwortschatz erlaubt eine Konzentration des Rechtschreibunterrichts auf die intensive Einübung ausgewählter Wörter, die erfolgversprechender als eine lediglich oberflächliche Behandlung möglichst vieler Wörter ist" . . . „Die Schüler müssen die Rechenvorgänge verstehen und durch regelmäßiges Üben und Wiederholen Sicherheit gewinnen. Abwechslungsreiche Aufgabenstellungen und vielfältige Übungsformen stehen im Dienst des beweglichen rechnerischen Denkens".[1])

Mögliche Beobachtungen

- Der Schüler beobachtet ein physikalisches Experiment und kann erklären, was er sieht.
- Er kann ohne Stocken den wesentlichen Inhalt eines kurzen Sachlesestükkes wiedergeben.
- Er spricht deutlich.
- Er verfügt über einen großen Wortschatz.
- Er bringt plausible Hypothesen bei einer physikalischen Frage.
- Er hat viele gute Ideen bei der Inhaltsbesprechung eines Lesestückes.
- Er hat viele gute Ideen bei der Vorbereitung einer kleinen Adventsfeier.
- Er hat eine verständliche, bildhafte Ausdrucksweise.

. . .

- Der Schüler steht Sachinformationen kritisch gegenüber.
- Er erfaßt den Zusammenhang von Körperbau und Lebensraum beim Eichhörnchen.
- Er versteht die Querschnittszeichnung durch eine Tulpenblüte.
- Er hat Schwierigkeiten, die Zeichnung zu durchschauen.
- Er ist beim Stellenwertsystem an Anschauung gebunden.
- Er kann eine Sachaufgabe analysieren und folgerichtig durchdenken.
- Er bemüht sich, eine Aufgabe auf verschiedene Weise zu lösen.
- Er zeigt Phantasie beim Aufsatzschreiben.
- Er erkennt Parallelen bei der Verhaltensweise von verschiedenen Tieren (z.B. bei allen Winterruhern).
- Er zeichnet phantasievoll.
- Er kann sich nur drei Glieder einer Zahlenkette merken.
- Er löst auch komplexere Aufgaben, indem er sie in Einzelschritte zerlegt.
- Er kann Einzelheiten nach übergeordneten Gesichtspunkten einteilen.
- Er kann bei der Erarbeitung von Niederschriften die wesentlichen Punkte herausarbeiten.
- Er versucht, einmal erarbeitete Regeln auf neue Sachverhalte zu übertragen.

---

[1]) Lehrplan für die Grundschule. Amtsblatt des Bayerischen Staatsministeriums für Unterricht und Kultus. München am 16. Juli 1981.

- Er kann ein Arbeitsblatt, dessen Lösung aus dem vorher besprochenen Stoff klar sein sollte, ohne fremde Hilfe ausfüllen.
- Er erkennt logische Fehler in Aussagen und Texten.

...

Mögliche Beurteilungen

- Der Schüler denkt sachlich und nüchtern.
- Logische Zusammenhänge werden gut erkannt.
- Der Schüler ist bestrebt, sich ein eigenes Urteil zu bilden.
- Die Gewandtheit im Gebrauch der Sprache und der reiche Wortschatz sind überdurchschnittlich.
- Das Vorstellungsvermögen des Schülers ist noch stark an Anschauung gebunden.
- Im Urteilen scheint er oft unsicher und schließt sich der Mehrheit der Kinder an.
- Sein gutes Allgemeinwissen beruht auf dem Interesse, das er den Sachstoffen entgegenbringt.
- Er verfügt über mathematische Fähigkeiten.
- Die rege Phantasie zeigt sich besonders beim schriftlichen Ausdruck.
- Der Schüler braucht einige Zeit, um neue Eindrücke zu verarbeiten, prägt sie sich dann aber gut ein.
- Seine Phantasie ist beherrscht.
- Er zeigt sich im mündlichen und schriftlichen Ausdruck noch oft gehemmt.
- Er arbeitet vor allem in Mathematik selbständig und sicher und schließt folgerichtig.
- Sein besonderes Interesse im Sachunterricht gilt allen Themen aus dem Fachbereich Biologie.
- Seine Phantasie ist blühend.
- Im mündlichen Gebrauch der Sprache ist er recht gewandt.
  Seine Fähigkeiten sind überwiegend produktiv.
- Der Schüler kann das Wesentliche vom Unwesentlichen unterscheiden.
- Die Kreativität des Schülers ist ausgeprägt.

...

3.2.3 Der Schüler behält Gelerntes

Unter Gedächtnis versteht man die Fähigkeit, sich etwas unwillkürlich oder durch bewußtes Lernen zu merken. Es ist ein Bestandteil der individuellen Begabung. Das Kind merkt sich von Natur aus Einzelheiten aufgrund seiner persönlichen, subjektiven Auswahl. Was es sich dabei einprägt, ist oft nicht das Wesentliche des Sachverhalts. Wir müssen uns also bemühen, dem Schüler die wichtigen Informationen durch bestimmte didaktische und methodische Schritte so nahe zu bringen, daß er sie aus dem Stoffangebot auswählt und sich einprägt. Bei Erinnerungen an frühere Geschehnisse spielt die enge Verbindung mit einer konkreten Situation eine große Rolle. Gefühlsbetonte Erlebnisse, Bedürfnisse, Interessen und Erfolge scheinen das Behalten zu fördern. Wir versuchen also, Eindrücke dieser Art zu vermitteln.

Früher war die Schulung des Gedächtnisses ein wesentlicher Bestandteil des Unterrichts, so wie es heute noch in den Koranschulen der Fall ist. Auswendiglernen gilt als die Unterrichtsmethode. In den letzten Jahren maß man dem Training des Gedächtnisses kaum Wert zu. Das Lernen von Gedichten zum Beispiel galt als überflüssig. Heute hat man sich wieder zu der Einsicht durchgerungen, daß die Schulung der Merkfähigkeit ein wesentlicher Bestandteil der Intelligenzförderung ist. Die Übung, eine wichtige Grundlage beim Trainieren des Gedächtnisses, ist wieder in den Mittelpunkt des Unterrichts gerückt. Wenn wir Gedächtnisleistungen beobachten, stellen wir fest, daß die Merkfähigkeit in verschiedenen Bereichen sehr unterschiedlich ausgeprägt sein kann, z.B. auf graphischem, plastischem, mathematischem, musikalischem und auf musisch-pantomimischem Gebiet. Keines dieser Teilgebiete darf bei der Beobachtung außer acht gelassen werden.

Mögliche Beobachtungen

- Er erinnert sich bei der Nacherzählung an jede Kleinigkeit.
- Er merkt sich Fremdwörter gut und verwendet sie richtig.
- Er prägt sich Sachstoffe gut ein.
- Er erinnert sich genau an ein einmal gesehenes Bild.
- Er prägt sich eine graphische Darstellung gut ein.
- Er merkt sich Zahlenfolgen gut.
- Der Schüler erkennt einmal Gesehenes wieder.
- Der Schüler merkt sich ein kurzes Gedicht nach einmaligem Hören.
- Er schreibt die mehrmals geübte Nachschrift auswendig.
- Er gewinnt beim Memory-Spiel.
- Er kann das neugelernte Lied am nächsten Tag auswendig.

...

Mögliche Beurteilungen

- Der Schüler verfügt über ein zuverlässiges (genaues, gründliches, umfangreiches, sicheres, ungenaues, lückenhaftes) Gedächtnis.
- Verse und Gedichte kann er sich besonders gut merken.
- Er besitzt ein gutes Gedächtnis für Zahlen.
- Auf visuellem Gebiet besitzt er ein gutes Gedächtnis.
- Der Schüler verfügt über ein gutes Kurzzeitgedächtnis.
- Da dem Schüler der Überblick noch fehlt, merkt er sich nur viele Einzelheiten.
- Der Schüler kann sich auf sein Gedächtnis immer verlassen.
- Neue Eindrücke werden langsam verarbeitet, prägen sich dann aber sicher ein.
- Sein Gedächtnis bleibt auch in Prüfungssituationen zuverlässig.

- Was der Schüler mechanisch geübt hat, prägt sich in seinem Gedächtnis gut ein.
- Sachverhalte, die ihn interessieren, kann er auch nach längerer Zeit genau wiedergeben.

...

3.3 Lernbereitschaft

Die intellektuelle Beweglichkeit macht einen Teil des Schulerfolges aus. Trotz guter Begabung leisten aber viele Schüler weniger, als eigentlich von ihnen zu erwarten wäre. Kinder sind in der Regel lernbereit, wollen etwas leisten und sich anstrengen. Doch wir alle kennen in unseren Klassen Schüler, die keine Lernbereitschaft mehr zeigen. Wodurch wurde sie gestört?

Die Ursachen können im persönlichen, familiären und schulischen Bereich liegen. Jeder Entwicklungsschub, jede Veränderung der Familiensituation, jeder Lehrerwechsel bringt Probleme mit sich. Das Kind ist durch die neuen Umstände verunsichert. Dies wirkt sich oft negativ auf die Lernbereitschaft aus.

Hier muß auch das Schlagwort „Streß“ aufgegriffen werden. Das Kind, so wird vielfach argumentiert, sei durch die Stoffülle überlastet und überfordert. Dadurch wird seine prinzipiell vorhandene Lernbereitschaft gestört. Durch Anhäufung von Stoff allein können aber keine massiven Störungen entstehen. Sie werden erst durch Angst vor schlechten Noten und Bestrafung ausgelöst und häufig so manifest, daß eine positve Einstellung zum Lernen nur schwer wieder gewonnen werden kann.

Für die Lernbereitschaft ist auch die Atmosphäre bedeutsam, die in einer Klasse herrscht. Diese wird einerseits von der Lehrerpersönlichkeit und ihrem Führungsstil, andererseits aber von den unterschiedlichen jahrelang eingeübten sozialen Verhaltensweisen der Kinder geprägt. Eine Atmosphäre des Vertrauens, der Ermutigung und der emotionalen Zuwendung läßt viele Schwierigkeiten erst gar nicht entstehen und beeinflußt die Einstellung zum Lernen positiv. Da die Lernbereitschaft durch zahlreiche Störungen beeinträchtigt werden kann, sollten wir zumindest eine Lernblockierung durch ein gereiztes soziales Klima in unseren Klassen verhindern.

3.3.1 Der Schüler ist bereit, Leistungen zu erbringen

Die Voraussetzung für den Lernprozeß ist eine Neugier- und Fragehaltung. „Wo die Motive fehlen, wird die Welt nicht angesprochen und bleibt stumm“.[1]) Dies gilt auch für das Lernen in der Schule. Die Motivforschung hat

---

[1]) Schiefele, H., Motivation im Unterricht, München 1963, Seite 10.

gezeigt, wie wichtig die Aufbereitung des Unterrichtsstoffes für die Motivation ist, vor allem, wenn der Lerngegenstand keinen unmittelbaren Aufforderungscharakter besitzt. Ein zündender Einstieg in ein neues Thema kann starkes Interesse und Begeisterung hervorrufen. Wir wissen, daß man einige Schüler leicht motivieren kann, während andere nur schwer ansprechbar sind.

Die Leistung, die ein Kind erbringt, hängt von vielen Faktoren ab. Die Motivaktivierung spielt dabei eine entscheidende Rolle.

Mögliche Beobachtungen

- Der Schüler meldet sich freiwillig für ein Referat (Protokoll . . .).
- Er bringt ein Buch zum Sachunterricht mit.
- Er bringt Material für den Schaukasten mit.
- Er bringt Blumen für den Pflanzentisch mit.
- Er bringt sein Meerschweinchen in den Unterricht mit.
- Er sammelt passende Zeitungsausschnitte.
- Er rechnet zusätzliche Übungsaufgaben.
- Er schreibt ein Erlebnis auf.
- Er zeigt Freude über ein neues Sachunterrichtthema.
- Er interviewt seinen Großvater für den Geschichtsunterricht.
- Er beschäftigt sich in der Pause mit ausgestellten Büchern.
- Er übt unaufgefordert vor dem Unterricht die Nachschrift.
- Er wiederholt die Reckübung mehrmals.
- Er möchte bei der Schlußfeier ein Gedicht aufsagen.
- Er möchte der Klasse seinen Aufsatz vorlesen.
- Er will der Klasse von seinem neuen Buch erzählen.
- Er übernimmt freiwillig die Aufgaben des Protokollführers bei der Gruppenarbeit.
- Er bringt brauchbare Vorschläge für den Versuchsaufbau.
- Er äußert Bedauern, weil eine Stunde ausfällt.
- Er experimentiert zu Hause mit Magneten.
- Er leiht sich von der Schule einen Stabmagnet.
- Er mißt die Länge seines Schattens zu verschiedenen Tageszeiten.
- Er legt eine Sachmappe als Geschenk für seinen Vater an.
- Er sucht vielfältige Hypothesen bei einem Problem.
- Er sucht bei mathematischen Aufgaben nach mehreren Lösungswegen und begnügt sich nicht mit dem ersten besten.
- Er kritisiert Aussagen in einem Lesestück.
- Er erledigt die übertragenen Aufgaben prompt.

. . .

Mögliche Beurteilungen

- Der Schüler ist stets bereit, Leistungen zu erbringen.
- Er bereichert den Unterricht durch vielfältige Beiträge.
- Er zeigt stets gleichbleibendes Interesse.
- Er bemüht sich, seine Leistungen zu verbessern.

- Er versucht, den Anforderungen der Schule auszuweichen.
- Er ist leicht zu motivieren.
- Die Freude am Lernen ist oft spürbar.
- Der strebsame Schüler bemüht sich um gute Leistungen.
- Der Schüler geht freudig auch an die Lösung schwieriger Aufgaben heran.
- Durch großen Einsatz gelingt es dem Schüler, gute Leistungen zu erreichen.
- Der aufgeschlossene Schüler folgt dem Unterricht mit Interesse.
- Mit großer Begeisterung übernimmt er bei Theaterstücken Rollen.
- Besonderes Interesse zeigt er auf musischem Gebiet.
- Für mathematische Aufgaben ist er leicht zu motivieren.
- Sein Interesse gilt besonders dem Sport.
- Am Schulchor nimmt er mit großer Freude teil.
- Sein Leistungswille ist zeitweise noch schwankend.

...

3.3.2 Der Schüler beteiligt sich am Unterricht

In jedem Zeugnis steht eine Bemerkung über die Mitarbeit im Unterricht. Häufig wird dabei auf die Beteiligung am Unterrichtsgespräch eingegangen. Das Verhalten bei schriftlichen oder praktischen Arbeiten findet gesondert Erwähnung.

Die Gesprächsbereitschaft kann unterschiedlich ausgeprägt sein. Einige Kinder ergreifen häufig das Wort, andere nur selten. Darüber hinaus beeinträchtigen eine schlechte Motivaktivierung, Konzentrationsschwächen und Störungen des Selbstbewußtseins die Beteiligung am Gespräch.

Zahlreiche Schüler folgen dem Unterrichtsgespräch ausschließlich oder überwiegend passiv, obwohl sie konzentriert bei der Sache sind. Bei schriftlichen Arbeiten treten meist keine Probleme auf. Dagegen haben sie beim Unterrichtsgespräch Angst, sich zu blamieren und vielleicht ausgelacht zu werden. Ihnen fehlt noch die Erfahrung, daß jeder etwas Falsches sagen darf, ohne gleich negative Folgen befürchten zu müssen. Diese Hemmungen stehen einer Gesprächsbereitschaft entgegen. Sie können durch Schaffung einer vertrauensvollen Atmosphäre und vor allem durch eine strikte Einhaltung der verschiedenen Gesprächsregeln gemildert werden.

Mögliche Beobachtungen

- Der Schüler meldet sich, weil er etwas nicht verstanden hat.
- Er stellt eine für den Unterrichtsverlauf wichtige Frage.
- Er übt Kritik an einer aufgestellten Hypothese.
- Er geht auf Argumente des Vorredners ein.
- Er meldet sich ... mal in einer Stunde.
- Er unterbricht den Lehrer.

- Er unterbricht einen Mitschüler.
- Nach einer falschen Antwort meldet er sich die ganze Stunde nicht mehr.
- Er schreit vor.
- Nach einem Lob meldet er sich ununterbrochen.

...

Mögliche Beurteilungen

- Mit kritischem Interesse (lebhaft, mit großem Interesse, mit regem Interesse, mit lebhaftem Interesse ...) beteiligt er sich am Unterricht.
- Der Schüler beteiligt sich rege am Unterrichtsgeschehen.
- Er folgt dem Unterricht mit Interesse (mit nachhaltiger Aufmerksamkeit ...).
- Er nimmt rege Anteil am Unterricht.
- Der Schüler beteiligt sich rege (aktiv, mit treffenden Beiträgen, nur selten aktiv ...) am Unterrichtsgespräch.
- Gesprächsregeln einzuhalten, fällt ihm häufig noch schwer.
- Zuverlässig beteiligt er sich am mündlichen Unterricht.
- Die Mitarbeit muß noch gleichmäßiger werden.
- Sein Arbeitseinsatz ist groß.
- Der Schüler arbeitet lebhaft (mit regem Interesse ...) im Unterricht mit.

...

3.3.3 Der Schüler läßt sich nicht ablenken

Verschiedene psychologische Theorien definieren den Konzentrationsbegriff unterschiedlich. Häufig verwendet man Aufmerksamkeit und Konzentration synonym. Die fixierende Aufmerksamkeit wird teilweise mit Konzentration gleichgesetzt oder als deren höchste Forrn angesehen. Diese steht dann im Gegensatz zur fluktuierenden Aufmerksamkeit. Folgende Aspekte müssen beim Konzentrationsbegriff gesehen werden: eine gewisse Reife, die Möglichkeit der Übung der Aufmerksamkeit, die Einengung der Bezugsobjekte, das Fixieren eines Gegenstandes und die willkürliche Steuerung.[1])

Selbstvertrauen, Interesse an einem Gegenstand und der Wille, etwas zu leisten, steigern die Intensität des Aufmerkens. Widerwille, Ermüdung, Über- oder Unterforderung zählen zu den Störfaktoren der Konzentrationsleistung. Die Kinder sollen lernen, ihre Aufmerksamkeit bewußt auf einen Gegenstand zu lenken und sich damit einen angemessenen Zeitraum zu beschäftigen.

Viele Schüler sind leicht ablenkbar oder ermüden zu rasch. Aufmerksamkeit kann aber geschult und gesteigert werden. Eine konsequente Beobachtung in verschiedenen Situationen ist nötig, um mit einzelnen Schülern oder mit der ganzen Klasse ein geeignetes Konzentrationstraining durchführen zu können.

---

[1]) Mierke, K., Konzentrationsfähigkeit und Konzentrationsschwäche, 3. Aufl. Stuttgart 1966, Seite 21ff.

Mögliche Beobachtungen

- Der Schüler arbeitet weiter, obwohl sein Nachbar spielt.
- Er malt ein Bild, ohne aufzublicken.
- Er hört einer Geschichte aufmerksam bis zum Ende zu.
- Er schreibt seinen Aufsatz, ohne auf die anderen Kinder zu achten.
- Er erschrickt, als er angesprochen wird, weil er in seine Arbeit vertieft ist.
- Er ermahnt seinen Nachbarn, ihn nicht zu stören.
- Während einer Rechenübung will er . . . mal mit seinem Nachbarn Kontakt aufnehmen.
- Er schaut . . . mal auf die Uhr.
- Er schaut . . . mal zum Fenster hinaus, weil es schneit.
- Er schaut . . . mal auf beim stillen Erlesen eines Textes.
- Er hat die Argumente des letzten Redners nicht gehört.
- Er verliert den Gesprächsfaden.
- Er hört nicht zu.
- Er meldet sich, hat aber die Antwort vergessen, wenn er aufgerufen wird.
- Beim Werken arbeitet er ohne Unterbrechung an einem Werkstück.

. . .

Mögliche Beurteilungen

- Alle Arbeiten werden mit gleichmäßiger Konzentration erledigt.
- Er kann sich gut konzentrieren (ausdauernd).
- Er läßt sich leicht von seiner Arbeit ablenken.
- Seine Konzentration ist leicht störbar (fluktuierend, stark begrenzt, schwankend, ausdauernd, noch ohne Beständigkeit).
- Er leidet unter einer großen Konzentrationsschwäche.
- Er muß immer wieder zu zielstrebiger, konzentrierter Arbeit angehalten werden.
- Es fällt ihm noch schwer, sich zu konzentrieren. Dadurch leidet seine Aufmerksamkeit im Unterricht.
- Bei schriftlichen Arbeiten fehlt ihm noch die nötige Konzentration.
- Es fällt ihm schwer, ausdauernd und konzentriert zu arbeiten.
- Aufmerksamkeit und Sorgfalt bei den schriftlichen Arbeiten leiden oft unter seiner schwankenden Konzentration.
- Seine schwankende Konzentration beeinträchtigt . . .
- Seine Aufmerksamkeit kann im Klassenverband nur kurze Zeit erregt werden.

. . .

3.3.4 Der Schüler erledigt seine Arbeiten

Das Arbeitsverhalten eines Kindes steigert oder beeinträchtigt seine Leistung. Folgende Fragen sind hier von Bedeutung:

- Wird der Schüler dem geforderten Arbeitstempo gerecht?
- Arbeitet er ausdauernd?

– Arbeitet er sorgfältig und genau?

Eine gute Konzentration beeinflußt besonders die Ausdauer und das Arbeitstempo eines Schülers positiv. Auf Sorgfalt und Genauigkeit wurde teilweise in den letzten Jahren weniger Wert gelegt. Dies hat sich geändert. So findet die Pflege einer sauberen Schrift heute wieder mehr Beachtung. Eine gut leserliche Handschrift ist die Voraussetzung für eine schriftliche Kommunikation. Die Freude am Schreiben und an der sauberen Gestaltung sollten auch deshalb bewußt gefördert werden, da dies zur ästhetischen Erziehung beiträgt. Übersichtliches und genaues Arbeiten ist eine Fertigkeit, die den Zugang zu fachspezifischen Arbeitstechniken erleichtert. Zahlenkolonnen, die nicht präzise untereinander stehen, können schlecht addiert werden.

Ein solides Arbeitsverhalten bildet letztlich ein Fundament für leichteres und damit erfolgreiches Lernen.

Mögliche Beobachtungen

- Beim Hefteintrag wird er als erster (zweiter . . .) fertig.
- In der vorgesehenen Zeit schafft er nur die Hälfte der Mathematikaufgaben.
- Die Mathematikaufgaben löst er in der Hälfte der vorgesehenen Zeit.
- Er unterstreicht alle Ergebnisse sorgfältig.
- Auf seinem Block arbeitet er genauso sorgfältig wie im Heft.
- Er arbeitet mit dem Zirkel sehr genau.
- Er teilt sein Blatt übersichtlich ein.
- Sein Heft hat Eselsohren.
- Er hat Flecken im Hausheft.
- Er zieht in allen Heften einen Rand.
- Seine Arbeitsgeräte sind in Ordnung.
- Er vergißt, sein Lineal zu benützen.
- Er verziert seinen Eintrag.
- Seine Schultasche ist übersichtlich eingeräumt.
- Das Fach unter seiner Bank ist aufgeräumt.
- Er beachtet den Pausengong nicht und rechnet weiter.
- Er übt außerhalb des Unterrichts den Weitwurf.
- Er will beim Weitsprung weitere Versuche machen.
- Er probiert so lange verschiedene Rechenwege, bis er eine Sachaufgabe lösen kann.

. . .

Mögliche Beurteilungen

- Schriftliche Arbeiten führt der Schüler selbständig und ansprechend aus.
- Hefte und Mappen gestaltet er übersichtlich.
- Auf schriftliche Arbeiten muß er noch größere Sorgfalt verwenden.

- Er arbeitet sachgerecht und selbständig.
- Schulische und häusliche Arbeiten erledigt er selbständig und mit großer Sorgfalt.
- Auf schriftliche Arbeiten muß er wieder mehr Sorgfalt verwenden.
- Er bemüht sich erfolgreich um sauberes Arbeiten.
- Die Sorgfalt bei schriftlichen Arbeiten darf nicht nachlassen.
- Er arbeitet sehr sauber, aber noch viel zu langsam.
- Alle schriftlichen Arbeiten erledigt er flott, selbständig und sauber.
- Schriftliche Arbeiten fertigt er selbständig und flink, aber noch zu wenig sorgfältig an.
- Er muß versuchen, sein Arbeitstempo zu steigern.
- Er muß noch lernen, zügiger zu arbeiten.
- Bei Dauerleistung ermüdet er rasch.

. . .

3.4 Individual- und Sozialverhalten

Kontaktaufnahme – Kontaktfreudigkeit – emotionale Ansprechbarkeit – Initiative – soziale Intelligenz – Sensibilität – Offenheit.

Hilfsbereitschaft – solidarisches Handeln – soziales Engagement – Kameradschaft.

Verhalten in der Gruppe – Führerrolle – Dominanz – Kommunikationfähigkeit – Initiative.

Verhaltensstörung – Aggression – Streitlust – Angst – Beherrschtheit – Ausgeglichenheit.

Unsere Gesellschaft ist eine Leistungsgesellschaft. Als Hauptaufgaben der Schule werden die Wissensvermittlung, das Einüben von Arbeitstechniken und die Vorbereitung auf den Beruf angesehen. Trotz gut gemeinter Ansätze kommt die Erziehung zu sozialem Handeln immer noch zu kurz. In vielen Reden werden die Ideale der Zusammenarbeit beschworen. Dennoch wird der Mitschüler häufig als Konkurrent gesehen. Aggressionen der Schüler gegen sich und andere nehmen zu. Schulangst und Prüfungsangst sind weit verbreitet. Statistiken zeigen, daß die Zahl der Kinder mit Verhaltensstörungen steigt.

Erst seit einiger Zeit können wir in unserer Gesellschaft einen Wandel feststellen. So heißt es im Lehrplan für die Grundschule[1]):

> „Der Lehrplan räumt deshalb dem Erzieherischen Vorrang ein und stellt die Orientierung am Kind in den Mittelpunkt . . . Dabei werden Eigenart und Lebenssituation des Grundschulkindes berücksichtigt, Hilfen zur all-

---

[1]) Lehrplan für die Grundschule, Amtsblatt des Bayerischen Staatsministeriums für Unterricht und Kultus, München am 16. Juli 1981.

seitigen persönlichen Entfaltung und Selbstverwirklichung gegeben und Wege zu verantwortlichem Leben und Wirken in der Gemeinschaft aufgezeigt."

Für die Schule bringt dies die Hoffnung, daß die sozialen Erziehungsaufgaben endlich den Platz erhalten, der ihnen zusteht.

In unserer Klasse sitzen keine reinen Verstandeswesen, sondern Menschen in ihrer Ganzheit, mit ihrer Körperlichkeit, mit ihren Gefühlen und ihren vielfältigen sozialen Beziehungen. Für das weitere Leben des Kindes ist die Entwicklung des Selbstwertgefühls wichtiger als die Wissensvermittlung in einem Fach. Das soziale Lernen in der Schule übertrifft in seiner Bedeutung für die Gesellschaft das Einüben intellektueller Fertigkeiten. In der Klasse kann der Schüler Möglichkeiten der Kontaktaufnahme, der Zusammenarbeit, der Hilfe und der Auseinandersetzung mit anderen trainieren. Doch das Individual- und Sozialverhalten hat nicht nur diese zukunftsweisende Komponente für den Heranwachsenden und sein Leben in der Gesellschaft. Es beeinflußt auch wesentlich den Verlauf der Schulzeit. Die Einstellung zur Schule hängt in hohem Maße davon ab, ob ein Schüler sich wohlfühlt und ohne Angst ist. Das Angenommensein durch Mitschüler und Lehrer entscheidet oft über ein Schulschicksal. Leistungen und Lernerfolg hängen vom Individual- und Sozialverhalten ab. Viele Störungen beim allgemeinen Lernverhalten (siehe 3.2) und bei der Lernbereitschaft (siehe 3.3) haben ihre Ursachen und Wurzeln in diesem Bereich. Trainingsprogramme zur Förderung der Konzentration helfen wenig, wenn die Gedanken des Schülers den ganzen Vormittag nur um den Punkt – niemand mag mich – kreisen. Hier liegt oft der Schlüssel zur Änderung des Verhaltens.

All dies begründet die Notwendigkeit der intensiven Beobachtung des Individual- und Sozialverhaltens durch den Lehrer. Diesen Beobachtungen stehen oft große Schwierigkeiten entgegen. Viele Kinder haben sich im Laufe der Jahre einen Panzer zugelegt, unter dem sie ihre wahren Gefühle ängstlich verbergen. Oft spielt ein Schüler den Selbstsicheren, um seine Unsicherheit zu tarnen. Deshalb fällt die Beschreibung des Schülerverhaltens auf diesem Gebiet besonders schwer. Die richtige Beurteilung des Individual- und Sozialverhaltens ist jedoch Voraussetzung, um dem Schüler erfolgreich helfen zu können.

3.4.1 Der Schüler hat Kontakt mit anderen

Jeder Lehrer kennt die Situation, daß ein neues Kind in die Klasse kommt. Meist fühlt sich dieser Schüler etwas unbehaglich in der neuen Umgebung, unter seinen neuen Mitschülern. Er versucht, Kontakte mit den anderen Schülern aufzunehmen. Als Gemeinschaftswesen wollen und brauchen wir diese Kontakte. Je nachdem, wie seine Erfahrungen mit den ersten Bezugspersonen, den Geschwistern, den Kindern der Nachbarschaft und im Kindergarten waren, fallen die Versuche, Kontakte aufzunehmen, unterschiedlich aus. Manche Kinder sind in der Gefahr, sich zu Einzelgängern zu entwickeln und verhalten sich vorsichtig, ängstlich, schüchtern und zurückhaltend. Andere gehen offen auf ihre neuen Mitschüler zu oder wirken aufdringlich und ungeschickt bei dem Versuch, Kontakt herzustellen. Der Lehrer wird feststellen, wie unterschiedlich die Kontaktfreudigkeit der einzelnen Schüler ausgeprägt ist. Möglichkeiten zu beobachten, welche Kontakte der Schüler mit anderen hat, sind in den Kapiteln 2.4 und 2.5 besprochen.

Mögliche Beobachtungen

- Der Schüler sitzt vor Unterrichtsbeginn allein am Platz.
- Er ist vor Unterrichtsbeginn von anderen Kindern umringt.
- Er erzählt einer Gruppe von Schülern einen Witz.
- Er bittet einen Mitschüler um Hilfe beim Anziehen.
- Er fragt, ob ein Mitschüler neben ihm sitzen möchte.
- Er wirbt um Stimmen bei der Klassensprecherwahl und erhält viele (wenige, einige . . .) Stimmen.
- Er streichelt einen Mitschüler, der sich verletzt hat.
- Er gibt seinem Nachbarn zur Versöhnung die Hand.
- Er ergreift die Partei für einen Mitschüler (schwächeren, stärkeren).

. . .

- Der Schüler fragt, ob er bei einer Gruppe mitspielen darf und wird (nicht) aufgenommen.
- Er spielt mit Mädchen (Buben, Älteren, Jüngeren, Gleichaltrigen).
- Er wird beim Wettspiel als letzter (als erster . . .) gewählt.
- Er fordert einen Mitschüler (ausländischen Schüler, Außenseiter, beliebten Schüler . . .) zum Mitspielen auf.
- Er organisiert ein Fußballspiel am Nachmittag.
- Er lädt Kinder zum Spielen (Geburtstag, Übernachten . . .) zu sich ein.

. . .

- Er verteilt Süßigkeiten an seine Mitschüler (Klassenstar, Außenseiter . . .).
- Er teilt eine Schokolade mit dem Banknachbarn.
- Er verschenkt ein kleines Spielzeug an seinen Freund.

. . .

- Er hat einen ständigen (wechselnde, keine . . .) Begleiter für den Schulweg.
- Er sucht einen Partner (Mädchen, Klassenstar . . .) für den Schulweg.

. . .

- Der Schüler erzählt dem Lehrer vom Wochenende.
- Er zeigt dem Lehrer Fotos vom Urlaub.
- Er schenkt dem Lehrer ein Bild.
- Er bietet dem Lehrer Süßigkeiten an.
- Er möchte dem Lehrer die Tasche tragen.
- Er setzt sich beim Kreisgespräch neben den Lehrer.
- Er verpetzt Mitschüler beim Lehrer.
- Er beschwert sich über Mitschüler beim Lehrer.

. . .

Dies ist nur ein kleiner Teil aus der Fülle von möglichen Beobachtungen. Sie helfen dem Lehrer, die, Kontaktfreudigkeit des Kindes zu beurteilen. Doch gerade hier muß er behutsam vorgehen, um nicht zu Fehlurteilen zu gelangen.

Mögliche Beurteilungen

- Der Schüler ist sehr kontaktfreudig.
- Er findet leicht Anschluß.
- Dem Schüler fällt es leicht (schwer), Kontakt mit seinen Mitschülern aufzunehmen.
- Mit Erwachsenen nimmt er leicht Kontakt auf.
- Infolge seiner Anpassungsfähigkeit gelingt es ihm leicht, Kontakte aufzunehmen.
- In der Klassengemeinschaft hat er zahlreiche positive Kontakte.
- Der positive Einfluß des Schülers auf die Klassengemeinschaft ist spürbar.
- Soziale Kontakte knüpft er nur zögernd.
- Es ist ihm noch nicht gelungen, positive Kontakte in der Klasse aufzubauen.

Hilfsbereitschaft

Häufig wird über die mangelnde Hilfsbereitschaft der „heutigen Jugend“ geklagt. „Zu meiner Zeit sind die Kinder in der Straßenbahn noch aufgestanden und haben ihren Platz angeboten, wenn ein Erwachsener kam“ – Diesen Satz kann man oft von älteren Menschen hören. Der Egoismus und die Rücksichtslosigkeit der Kinder und Jugendlichen werden angeprangert. Doch genauso oft hören wir positive Beispiele: Schulen sammeln für SOS-Kinderdörfer, Schüler übernehmen Patenschaften für Kinder in der Dritten Welt, oder für ein Altersheim in der Nachbarschaft. Auch in unseren Klassen erleben wir täglich spontane Hilfsbereitschaft und solidarisches Handeln. Die Hilfe für den Schwächeren, für den Mitmenschen ist ein wesentlicher Bestandteil des sozialen Verhaltens. Sie ist Voraussetzung für ein Leben in der Gemeinschaft. Daher muß die Schule Erziehung zur Hilfsbereitschaft als eine ihrer wichtigsten Aufgaben ansehen.

Mögliche Beobachtungen

- Der Schüler unterstützt die Argumente eines Mitschülers.
- Er spendet einer guten Leistung eines Mitschülers Beifall.
- Er wählt einen schwächeren Schüler in seine Mannschaft.
- Er tröstet einen traurigen Schulkameraden.
- Er ergreift für einen Mitschüler das Wort.
- Er unterstützt einen Mitschüler, der sich gegen falsche Vorwürfe wehren muß.
- Er gibt einem Mitschüler Ratschläge, wie er seine Leistung im Springen verbessern kann.

...

- Er leiht einem Mitschüler, ohne zu zögern, seine Filzstifte.
- Er schenkt einem Mitschüler ein Zeichenblatt.
- Er bietet seine Hilfe an beim Tafelputzen (Aufräumen, Bildaufhängen).
- Er gibt von seinem Pausebrot, wenn der Mitschüler die Brotzeit vergessen hat.
- Er bringt einem erkrankten Mitschüler die Arbeitsaufgaben.
- Er überläßt beim Ballspiel einem schwächeren Schüler den Ball.
- Er tröstet (streichelt, umarmt ...) einen Mitschüler.
- Er besorgt für die ganze Klasse Spielgeld von der Bank.
- Er hilft beim Aufstellen der Turngeräte.
- Er erkennt, wenn ein Mitschüler bei einer Rauferei seine Hilfe braucht.
- Er hilft einem Mitschüler, der hingefallen ist.
- Er klopft ihm den Schmutz von seiner Jacke.
- Er sucht die verlorene Mütze eines Mitschülers.

...

- Er erklärt einem Mitschüler eine nicht verstandene Textaufgabe.
- Er fragt einen Mitschüler vor Unterrichtsbeginn ab.
- Er bietet einem schwächeren Mitschüler an, mit ihm gemeinsam Hausaufgaben zu machen.
- Er läßt den langsamer arbeitenden Banknachbarn abschreiben.
- Er deckt seine Arbeit zu, wenn der langsamere Nachbar nicht mitgekommen ist.

...

Mögliche Beurteilungen

- Er übernimmt freiwillig Aufgaben für die Klassengemeinschaft.
- Im Klassenverband wird er wegen seiner spontanen Hilfsbereitschaft allgemein anerkannt.
- Zu seinen Mitschülern verhält er sich stets hilfsbereit.
- In der Klasse bietet er häufig seine Hilfe an.
- Er zeigt auffallendes soziales Engagement.
- Häufig bietet er einfühlsam seine Hilfe an.
- Mitschüler, die seine Hilfe brauchen, unterstützt er gern.

...

Zusammenarbeit

Teamwork gilt als eine anzustrebende Form der erfolgreichen Arbeit. Die Grundlagen für die Zusammenarbeit mit mehreren Partnern werden in der Schule gelegt. Hier erlebt der Schüler, daß bei einer Wortfeldarbeit die Gruppe zusammen mehr Wörter findet als der einzelne.

Er lernt Möglichkeiten kennen:

- Wie man seine Meinung formuliert.
- Wie man dem Partner richtig zuhört.
- Wie man Arbeit plant und aufteilt.
- Wie man miteinander umgeht.

Die Techniken und Regeln der Zusammenarbeit müssen besprochen werden. Verstehen und beherrschen kann sie der Schüler aber nur, wenn er sie täglich trainiert. Hier entscheidet sich, ob er im späteren Leben bereit und fähig sein wird, mit anderen zusammenzuarbeiten.

Das Verhalten und der Unterricht des Lehrers bestimmen zum großen Teil die Atmosphäre in der Klasse, in der sich die Kinder gegenseitig bei der Arbeit helfen oder jedes geschriebene Wort abdecken, damit es der Nachbar nicht sehen kann.

Mögliche Beobachtungen

- Der Schüler zeigt Freude an der Gruppenarbeit.
- Er beteiligt sich aktiv an der Gruppenarbeit.
- Er sorgt dafür, daß jeder seine Meinung sagen kann.
- Er sagt offen seine Meinung.
- Er zeigt sich aufgeschlossen für die Meinung anderer.
- Er hört den Mitschülern aufmerksam zu.
- Er vertritt seinen Standpunkt, auch wenn er mit seiner Meinung allein steht.
- Er läßt sich durch Kritik nicht verunsichern.
- Er spricht frei und ungezwungen vor den Mitschülern.
- Er überzeugt die Gruppe von seiner Meinung.
- Er läßt andere nicht zu Wort kommen.
- Er will sich unbedingt Gehör verschaffen.

...

- Er übernimmt die Führerrolle.
- Er bestimmt, wer welche Rolle übernimmt.
- Er fordert einen Mitschüler auf, sich auch etwas zu überlegen.
- Er übernimmt freiwillig Aufgaben für die Gruppe.
- Er übernimmt den attraktiven Teil der Aufgaben.
- Er ergreift die Initiative bei der Arbeit.
- Er meldet sich als Gruppensprecher.
- Er plant mit anderen ein Vorhaben.
- Er stellt persönliche Interessen zurück.
- Er sorgt für Gerechtigkeit in der Gruppe.
- Er hält sich an vereinbarte Regeln.
- Er macht verschiedene Vorschläge.
- Er zeigt offen seine Sympathie.
- Er drückt seine Gedanken und Gefühle auch mit Gesten aus.
- Er ist am guten Abschneiden seiner Gruppe interessiert.

...

- Er arbeitet auch in der Gruppe allein.
- Er nimmt nicht am Gruppengeschehen teil.
- Er spielt mit dem Bleistift, während die Mitschüler arbeiten.

- Er versucht die Gruppe durch Witze (Unfug . . .) von der Arbeit abzuhalten.
- Er gibt seine Gedanken der Gruppe nicht preis.
- Er zeigt demonstratives Desinteresse.
- Er ist beleidigt und macht nicht mehr mit.

. . .

Mögliche Beurteilungen

- Der Schüler ordnet sich willig in die Klassengemeinschaft ein.
- Der Schüler versteht sich gut mit seinen Mitschülern und ist sehr beliebt.
- In der kleinen Gruppe erzielt er bessere Leistungen als im Klassenverband.
- In der Gruppe ergreift er gern die Initiative.
- Bei den Mitschülern ist er wegen seines vernünftigen Verhaltens beliebt.
- Der Schüler beteiligt sich stets aktiv an der Gruppenarbeit.
- Der Schüler arbeitet gern mit anderen zusammen.
- Bei der Gruppenarbeit übernimmt er gern die führende Rolle.
- Der Schüler ist zu seinen Schulkameraden und zu Erwachsenen stets höflich.
- Wegen seiner Ausgeglichenheit ist er in der Gruppe sehr beliebt.

Konfliktverhalten

Täglich erleben wir in unseren Klassen Konflikte. Einige Kinder raufen in der Pause – Klaus beschuldigt Hans, seinen Malbecher umgestoßen zu haben, dieser bestreitet es entschieden – Uli beschwert sich beim Lehrer, daß er sich immer meldet und nie drankommt.

Die Zahl der Beispiele läßt sich beliebig erweitern. Wenn Menschen zusammen leben, kommt es zu Auseinandersetzungen. Es wäre falsch, diese Tatsache bei Grundschülern zu leugnen oder zu verniedlichen, um eine „heile Welt" vorzutäuschen. Der Lehrplan für die bayerischen Grundschulen schreibt dazu: „Das Kind soll schon in der Grundschule erfahren, daß es unterschiedliche Standpunkte gibt, mit denen man sich auseinandersetzen muß. Dabei soll die Bereitschaft geweckt und gefördert werden, Toleranz zu üben und Konflikte friedlich zu lösen. So werden Voraussetzungen für die Daseinsbewältigung in einer oft spannungsreichen Umwelt geschaffen und die Kinder in die demokratische Lebensordnung eingeführt."[1])

In der Schule müssen die Kinder lernen, wie man Konflikte angemessen austragen kann. Hier können sie üben, Aggressionen zu beherrschen und zu verarbeiten.

Die Zunahme der Gewalt bei Auseinandersetzungen, beim Umgang mit Andersdenkenden zeigt, wie bedeutsam diese Aufgabe der Schule für die Gesell-

---

[1]) Lehrplan für die bayerische Grundschule, München 1981, KMBL S. 550.

schaft ist. Obwohl der Lehrer Konfliktverhalten häufig erlebt, ist es für ihn oft schwer, die Situation richtig zu beurteilen. Er sieht zwar, wie zwei Schüler miteinander raufen, doch weiß er nicht, wie es zu dem Streit kam. Die sich häufig widersprechenden Äußerungen der Kinder erschweren eine klare Beurteilung des Konflikts.

Mögliche Beobachtungen

- Der Schüler ermahnt Mitschüler, eine Rauferei zu beenden.
- Er schlichtet einen Streit durch überzeugende Argumente.
- Er beschwert sich, wenn er sich ungerecht behandelt fühlt.
- Er beschwert sich beim Lehrer, wenn dieser seiner Meinung nach einen Mitschüler ungerecht behandelt.
- Er beschwert sich beim Lehrer über einen Mitschüler.
- Er verpetzt einen Mitschüler beim Lehrer.
- Er lacht einen Mitschüler aus, der eine falsche Antwort gibt.
- Er reagiert verbal unbeherrscht.
- Er ruft einem Mitschüler Schimpfnamen nach.
- Er boxt einen anderen Schüler.
- Er schlägt wild um sich.
- Er versetzt einem am Boden liegenden Mitschüler Fußtritte.
- Er beteiligt sich an einer Rauferei.
- Er versteckt die Hausschuhe (Federmäppchen . . .) eines Mitschülers.
- Er mischt sich in jede Auseinandersetzung ein.
- Er kritzelt in das Heft seines Nachbarn.
- Er zerstört die Bastelarbeit eines Mitschülers.
- Er zerreißt die Zeichnung eines Mitschülers.
- Er wehrt sich nicht, als er von einem Mitschüler eine Ohrfeige bekommt.
- Er läuft weg, wenn eine Auseinandersetzung droht.

. . .

Mögliche Beurteilungen

- Bei Auseinandersetzungen bemüht er sich stets, einen Ausgleich herzustellen.
- Er bemüht sich, Streitereien durch Argumente zu beenden.
- Wenn er sich ungerecht behandelt fühlt, reagiert er verbal aggressiv.
- Er ist häufig an Raufereien beteiligt.
- Bei Konflikten in der Klasse, setzt er sich für die Rechte der Schwächeren ein.
- Er ist bereit, auch andere Meinungen gelten zu lassen.
- Er versucht, Konflikte verbal zu lösen.
- Bei Streitereien verliert er leicht die Beherrschung.
- Es fällt ihm noch schwer, sich an die Regeln des Schullebens zu halten.
- Er hat ein ausgeprägtes Gerechtigkeitsgefühl.
- Wenn er sich ungerecht behandelt fühlt, ist er beleidigt.

3.4.2 Der Schüler sieht sich selbst

Wenn ein Kind in die Schule kommt, hat es bereits ein relativ stabiles Bild von sich selbst. Sechsjährige Erfahrungen haben bei den Kindern das Selbstgefühl unterschiedlich entwickelt. Bei einem langersehnten Einzelkind kann die Umwelt, die jeden neuen Schritt des Kindes mit Begeisterung registrierte, zu großer Selbstsicherheit oder sogar zu Selbstüberschätzung geführt haben. Ganz anders dagegen sind die Erfahrungen eines Kindes, das erlebt hat, wie es durch die Geburt der Geschwister von seiner Rolle als bewunderte Hauptperson der Familie verdrängt wurde und wie es nun Aufmerksamkeit und Zuwendung der Eltern mit anderen teilen muß. Dadurch kann sich Selbstunsicherheit entwickelt haben. Die Entwicklung des Selbstwertgefühls der Kinder wird stark von der Situation und der Atmosphäre in der Familie geprägt. Das Selbstgefühl der Eltern beeinflußt das des Kindes in einem großen Maße.

Ähnlich verhält es sich mit der Grundstimmung. Auch hier ist die prägende Kraft des elterlichen Vorbildes groß. Einige Kinder sind fast immer ausgeglichen und froh. Sie begegnen der Welt mit Optimismus und Vertrauen. Andere stehen der Umwelt pessimistisch gegenüber. Ihre Stimmung ist meist mißmutig und gedrückt.

Eine dritte Gruppe schwankt zwischen diesen Extremen hin und her. Diese Kinder sind unausgeglichen und ihre Laune kann sich im Laufe eines Vormittages mehrmals ändern.

Die Grundstimmung eines Kindes beeinflußt seine Einstellung zur Schule. Der ausgeglichene Schüler geht an Probleme und Schwierigkeiten, die die Schule mit sich bringt, ganz anders heran als der pessimistische. Es ist schwer für den Lehrer, die negative Grundstimmung eines Kindes zu verändern. Doch er sollte sich bemühen, die krassen Auswirkungen abzumildern. Dazu ist es notwendig, daß er die Stimmung des einzelnen Schülers kennt.

Mögliche Beobachtungen

- Der Schüler betritt das Schulhaus fröhlich pfeifend.
- Er lacht mit seinen Mitschülern über einen Witz.
- Er zeigt, daß er sich über ein Lob freut.
- Er hupft vor einem Spiel vor Begeisterung auf und ab.
- Er feuert seine Mitschüler lautstark an.
- Er umarmt nach einem gewonnenen Spiel seine Mannschaftskameraden.
- Er erzählt freudestrahlend, daß er ein neues Fahrrad bekommen hat.
- Er erzählt freudig, daß er am Wochenende bei seinem Freund übernachten darf.
- Er äußert Begeisterung bei der Ankündigung eines Ausflugs (Theaterbesuch, Wanderung . . .).
- Er schlägt ein neues Spiel vor.
- . . .
- Er sitzt mit schmollendem Gesichtsausdruck da, weil seine Mannschaft verloren hat.

- Er erzählt mürrisch, wie langweilig das Wochenende war.
- Er betritt das Schulhaus mit einem mißmutigen Gesicht.
- ...

Mögliche Beurteilungen
- Der selbstbewußte Schüler läßt sich auch durch vorübergehende Mißerfolge nicht entmutigen.
- Die Stimmungen des Schülers schwanken stark.
- Die Lernbereitschaft des Schülers hängt von seiner jeweiligen Stimmung ab.
- Der Schüler ist stets fröhlich (froh, ausgeglichen, ernst, launenhaft, ausgelassen, gedrückt, mißmutig ...).
- Der Schüler zeigt stets gute Laune.
- Häufig ist der Schüler mißmutig und niedergedrückt.
- Der Schüler läßt sich schnell entmutigen.
- Auch bei kleinen Mißerfolgen reagiert er mit großer Niedergeschlagenheit.
- An alle Aufgaben geht er mit großem Ernst heran.
- Der Schüler ist sehr selbstbewußt.
- Allen Schwierigkeiten begegnet er mit großem Selbstbewußtsein.
- Er muß noch lernen, sich mehr zuzutrauen.
- Er muß noch mehr Selbstbewußtsein entwickeln.
- Das mangelnde Selbstbewußtsein des Schülers verhindert bessere Leistungen.

Stellung in der Klasse

Das Bild, das der Schüler von sich selbst hat, ist mitbestimmend für seine Stellung in der Klasse. Kinder, die unsicher sind und das Gefühl haben – ich bin ein Versager – ich kann gar nichts – niemand mag mich – gelten in der Klasse wenig. Dadurch wird ihre Unsicherheit vergrößert, und ihre Position verschlechtert sich noch mehr. Selbstsichere Kinder imponieren ihren Kameraden, werden bewundert und entwickeln sich häufig zu Klassenstars. Auf diese Weise steigt ihr Selbstwertgefühl und es fällt ihnen noch leichter, führende Rollen in der Klasse zu übernehmen.

Wir müssen uns darüber klar sein, daß es in unseren Klassen eine Rangordnung gibt und alle Kinder in höherem Ansehen stehen möchten. Daher strebt jeder eine Rolle an, die viel Prestige verleiht, sei es als Klassensprecher, als bester Schüler oder als bester Sportler. Selbst der Klassenkasperl ist nur das Ergebnis eines verfehlten Versuchs, auf irgendeine Art Geltung zu erlangen.

Der Verlust einer herausragenden Stellung in der Klasse kann für das Kind genauso schwerwiegend sein, wie ein beruflicher Abstieg bei Erwachsenen.

Weitere Gedanken zur Stellung des Kindes in der Klasse sind im Kapitel 2.4.3 „Das Soziogramm“ – zu finden.

Mögliche Beobachtungen

- Der Schüler erhält viele (keine, . . .) Stimmen bei der Klassensprecherwahl.
- Mehrere Kinder möchten neben ihm sitzen.
- Er bestimmt, was in der Pause gespielt wird.
- Er bestimmt, wer mitspielen darf.
- Die Mitschüler gehorchen sofort, als er befiehlt, einen Streit zu beenden.
- Er wird zu vielen (wenigen, . . .) Geburtstagsfeiern eingeladen.
- Er wird als erster (letzter . . .) bei einem Spiel gewählt.
- Er ist vor dem Unterricht von mehreren Schülern umringt.
- Er steht in der Pause allein.
- Er drängt andere Schüler beim Aufstellen beiseite.
- . . .

Mögliche Beurteilungen

- In der Klassengemeinschaft nimmt er eine führende Stellung ein.
- Seine Aufgaben als Klassensprecher nimmt er pflichtbewußt wahr.
- Er wehrt sich heftig, wenn seine führende Stellung in der Klasse angegriffen wird.
- Wegen seines hilfsbereiten Verhaltens ist er in der Klassengemeinschaft geschätzt.
- Bei der Gruppenarbeit übernimmt er die führende Rolle.

3.4.3 Der Schüler erlebt die Schulsituation

Die Medien zeichnen oft ein erschreckendes Bild der heutigen Schule.

„5 Schülerselbstmorde nach den Zeugnissen“ – „Der Leistungsdruck an den Schulen steigt“ – „Die Schule macht unsere Kinder kaputt“ –. So und ähnlich lauten die Schlagzeilen.

Wie erlebt der Schüler nun tatsächlich die Schulsituation? Die Antwort auf diese Frage kann entscheidend sein für das weitere Leben des Kindes.

Drei Aspekte, die eng zusammenhängen, zeigen sich auf:

1. Motivation zum Schulbesuch
2. Ausmaß der Verhaltensstörung
3. Angst

Motivation zum Schulbesuch

Der Schüler verbringt 9 bis 15 Jahre seines Lebens in der Schule. Einen großen Teil des Tages nimmt die Zeit für den Unterricht und die Hausaufgaben ein. Die Motivation zum Schulbesuch beeinflußt deshalb die Einstellung des Schülers zum Leben überhaupt. Grundvoraussetzung für eine erfolgreiche und glückliche Schulzeit ist, daß die Kinder gern in die Schule gehen.

Mögliche Beobachtungen

- Der Schüler äußert Mißfallen, weil eine Stunde ausfällt.
- Er meldet sich freiwillig zu Förderkursen (Neigungsgruppen, Chor, . . .).
- Er erzählt dem Lehrer von seinen Erlebnissen.
- Er äußert, daß er sich schon auf die Sportstunde (Kunsterziehung, . . .) freut.
- Er schreibt dem Lehrer aus den Ferien eine Karte.
- Er kommt nachmittags freiwillig in die Schule, um beim Aufbau für das Schulfest zu helfen.
- Er spricht im Pausenhof andere Lehrer an.
- . . .

Mögliche Beurteilungen

- Mit großer Freude besucht er den Schulchor.
- Besonders im Fach Heimat- und Sachkunde zeigt er große Begeisterung.
- Er zeigt sich den Lehrern gegenüber sehr aufgeschlossen.
- Besonders den musischen Fächern begegnet er mit großer Freude.
- . . .

Ausmaß der Verhaltensstörung

„Wer Schwierigkeiten hat – macht Schwierigkeiten!" Demnach haben viele unserer Kinder große Probleme, denn die Anzahl der „schwierigen" Schüler in unseren Klassen steigt. Immer mehr Kinder werden mit Verhaltensstörungen zu Erziehungsberatungsstellen und zu Psychologen geschickt. Jeder Lehrer kennt verhaltensgestörte Kinder an seiner Schule. Bei vielen Kindern ist die Möglichkeit, eine Störung aufzubauen, latent gegeben. Ob und wie sie zum Tragen kommt, hängt auch von der Situation in der Schule ab. Eine ruhige angstfreie Klassenatmosphäre, in der sich der Schüler geborgen fühlt, kann helfen, vorhandene Störungen abzubauen.

Die Schule in unserer Zeit erliegt leicht der Gefahr, auffällige Kinder vorschnell in Sonderschulen oder zum Spezialisten zu schicken. Wir sollten uns bemühen, durch die Gestaltung von Unterricht und Schulleben auch diese Schüler in unseren Klassen zu integrieren. Bei schwerwiegenden Verhaltensstörungen muß selbstverständlich ein weiterer Fachmann hinzugezogen werden.

Mögliche Beobachtungen

- Der Schüler kaut an den Fingernägeln.
- Er näßt ins Bett.
- Er hat Magenbeschwerden, ehe er in die Schule geht.
- Er kann vor der Schule nichts zum Frühstück essen.
- Er spielt mit seiner Uhr.

- Er schreckt nachts im Schlaf auf.
- Er zerbeißt seinen Bleistift.
- Er schaut . . . Minuten zum Fenster hinaus.
- Er zeigt keine sichtbare Reaktion bei schlechten Noten.
- Er weigert sich mitzuschreiben.
- Er zerstört die Werkarbeit eines Mitschülers.
- Er schneidet ein Loch in den Anorak der Nachbarin.
- Er spuckt einem Schüler ins Gesicht.
- Er schreit Schimpfwörter.
- Er zerreißt die Zeichnung eines Mitschülers.
- Er versteckt die Schultasche (Hefte, . . .) des Nachbarn.
- Er zuckt . . . mal in der Stunde mit seinen Augen.
- Er verläßt seinen Platz . . . mal.
- Er wirft sich auf den Boden.
- Er zwickt seinen Nachbarn.
- Er weigert sich, das Schulhaus zu betreten.
- Er schneidet Grimassen.
- Er steht in der Pause allein.
- Er schiebt die Schuld auf andere, wenn er wegen seines Raufens angesprochen wird.
- . . .

Mögliche Beurteilungen

- Er muß noch lernen, seine Aggressionen besser zu kontrollieren.
- Er kann seine Aggressionen noch nicht unter Kontrolle halten.
- Bei Konflikten reagiert er oft unangemessen.
- Wegen seines unbeherrschten Verhaltens muß er häufig ermahnt werden.
- Die Nervosität des Schülers verhindert bessere Leistungen.
- Durch sein unruhiges Verhalten stört er häufig den Unterricht.
- Er kann sich noch nicht in die Klassengemeinschaft einordnen.
- Es fällt ihm schwer, sich an vereinbarte Regeln zu halten.
- . . .

Angst

K. Singer schreibt: „Eine Schule, in der Angst herrscht, hemmt das Lernen und verursacht psychische und körperliche Störungen".[1]) An unseren Schulen herrscht oft Angst. Nach wissenschaftlichen Untersuchungen leiden 82% der Gymnasiasten, 74% der Realschüler und 66% der Hauptschüler daran. Die Zahlen für die Grundschüler liegen darunter.[2]) Diese Angst macht den Schüler

[1]) Singer, K., Maßstäbe für eine humane Schule, Frankfurt 1981, Seite 51.
[2]) Winkel, R., Angst in der Schule. In Grossmann/Winkel (Hrsg. Angst und Lernen, München 1977, Seite 96-99).

unsicher, behindert ihn beim Lernen, blockiert ihn bei Lernzielkontrollen und verursacht Verhaltensstörungen. Da sich die Angst derart zerstörerisch auswirkt, muß der Lehrer wissen, wie stark seine Schüler davon betroffen sind. Einige Äußerungen der Angst wie Bettnässen oder Schlafstörungen erfährt der Lehrer nur durch Gespräche. Andere beobachtet er im Unterricht. Schüler werden blaß und stottern, wenn sie aufgerufen werden, oder zittern, wenn sie etwas an die Tafel schreiben sollen.

Auch Angstfragebögen, wie z.B. „Fragebogen zum Thema Angst" Kap. 2.4.2, bieten eine gute Möglichkeit, Informationen über dieses Problem zu sammeln. Hier kann das Kind, wenn es will, auch anonym seine Gefühle frei äußern.

Das Aufsatzthema „Wie ich einmal Angst hatte" liefert dem Lehrer ebenso wichtige Erkenntnisse.

Das Kind kann sich und seine Fähigkeiten nur in einer angstfreien Atmosphäre entwickeln. Diese zu schaffen, ist vordringliche Aufgabe des Lehrers.

Mögliche Beobachtungen

- Der Schüler wird rot (blaß . . .), wenn er aufgerufen wird.
- Er meldet sich und hat vergessen, was er sagen wollte.
- Er erzielt in Prüfungssituationen schlechtere Ergebnisse als im täglichen Unterricht.
- Er fragt – mal nach der nächsten Probe.
- Er erkundigt sich – mal nach dem Ergebnis der Lernzielkontrolle.
- Er stottert und stockt beim Vortrag eines Gedichtes, obwohl er beteuert, es gut gelernt zu haben.
- Seine Stimme versagt, wenn er ein Lied vorsingen soll.
- Seine Hand zittert, wenn er etwas an die Tafel schreiben soll.
- Er geht nicht allein zur Schule.
- Er weint bei einer Lernzielkontrolle.
- Er weint, weil er seine Turnschuhe vergessen hat.
- Er kann vor dem Unterricht nichts essen.
- Er leidet an Schlafstörungen.
- Er muß bei jeder Probe auf die Toilette.
- . . .

Mögliche Beurteilungen

- In Prüfungssituationen behindert ihn seine große Angst.
- Seine Angst bei Prüfungen verhindert bessere Leistungen.
- Am Unterrichtsgespräch nimmt er aufmerksam, aber nur passiv teil, da er Angst hat, etwas Falsches zu sagen.
- Beim Geräteturnen und Schwimmen zeigt er sich ängstlich.
- In neuen Situationen reagiert er ängstlich (unsicher . . .)
- . . .

3.5 Besonderheiten der körperlichen und gesundheitlichen Verfassung

Bei Schülerbeurteilungen stehen meist intellektuelle Leistungen und das Sozialverhalten im Vordergrund. Viel zu wenig machen wir uns klar, wie sehr jede Leistung, jedes Verhalten von der körperlichen und gesundheitlichen Verfassung eines Menschen abhängig ist. Kerschensteiner sah die Hauptaufgabe der Schule darin, den Schüler auf seinen zukünftigen Beruf innerhalb der Gemeinschaft vorzubereiten. Er betonte immer wieder, daß die körperliche Entwicklung der geistigen vorausgehe. Die praktischen Interessen müssen zuerst aufgegriffen werden, um daraus langsam das theoretische Interesse zu entwickeln.

Heute sind die intellektuellen Fähigkeiten bei der Beurteilung von Menschen ganz in den Vordergrund gerückt. Um einem Kind in der Beurteilung gerecht zu werden, darf jedoch keinesfalls der körperliche Aspekt unbeachtet bleiben. Hier erschließt sich für die Schülerbeobachtung ein umfangreiches Aufgabenfeld. Schon das körperliche Erscheinungsbild des Schülers sollte Beachtung finden!

- Stimmen die Proportionen?
- Ist der Schüler besonders dick oder zu dünn?
- Ist er klein oder hoch gewachsen?
- Macht er einen zarten oder robusten Eindruck?
- Macht der Schüler einen gepflegten oder ungepflegten Eindruck?
- Hat der Schüler einen großen Bewegungsdrang?
- Bewegt sich der Schüler hastig?
- Ist der Schüler reaktionsschnell?
- Hat der Schüler Durchhaltevermögen?
- Ist er ausdauernd im Sport?
- Hat er gute Nerven?

3.5.1 Der Schüler hat manuelles Geschick

Mögliche Beobachtungen

- Der Schüler geht geschickt mit Werkzeugen um.
- Er schneidet sicher mit der Schere aus.
- Er kann Schleifen binden (Knoten lösen . . .).
- Er zeigt großes Geschick bei Holzarbeiten.
- Er formt gern mit Ton.
- Er schreibt flüssig (zügig, hastig, verkrampft).
- Er hat eine gleichmäßige (ungleichmäßige) Schrift.
- Er drückt beim Schreiben und Malen stark mit den Stiften auf.
- Er hält den Füller verkrampft.
- Er hat bewegliche (steife) Finger.
- . . .

Mögliche Beurteilungen

- Die Feinmotorik des Schülers ist gut entwickelt.
- Durch die Linkshändigkeit ergeben sich Schreibschwierigkeiten.
- Bei kleinen technischen Problemen ist sein Rat hilfreich.
- Er verfügt über handwerkliche Grundfähigkeiten (große Handgeschicklichkeit).
- Er besitzt großes Handgeschick.
- Er ist geschickt im Umgang mit Werkzeugen.
- Er besitzt große Fingerfertigkeit.
- Er ist manuell geschickt.
- Er gebraucht seine Hände sehr geschickt.
- Er löst gerne praktische Probleme in der Klasse.
- ...

3.5.2 Der Schüler beherrscht seinen Körper

Mögliche Beobachtungen

- Der Schüler bewegt sich körperlich geschickt.
- Er turnt geschickt am Barren.
- Er ist ein schneller Schwimmer.
- Er kann gut am Reck turnen.
- Er bewegt sich gewandt.
- Er ist ein schneller Läufer.
- Er ist besonders geschickt beim Ballspielen.
- Er kann sich rhythmisch richtig zur Musik bewegen.
- Er kann bei der Gymnastik Bewegungen koordinieren.
- Er hat Schwierigkeiten, die Bewegung von Händen und Füßen zu koordinieren.
- Seine Bewegungen sind harmonisch (hastig, nervös ...)
- Er bewegt ständig Arme und Beine beim Sitzen.
- ...

Mögliche Beurteilungen

- Der Schüler weiß seine Körperkraft im Sport geschickt einzusetzen.
- Er zeigt hervorragende Leistungen in der Leichtathletik.
- Seine Bewegungen wirken gewandt und gut koordiniert.
- Er zeigt Freude an körperlichen Betätigungen.
- Er zeigt Interesse an Tätigkeiten, die körperliche Fertigkeiten erfordern.
- Die körperliche Geschicklichkeit des Schülers ist groß.
- Er hat ein ausgeprägtes rhythmisches Gefühl.
- Die motorische Koordination ist gut entwickelt.
- Er verfügt über feinmotorische Fähigkeiten.
- Er beherrscht seine Körperbewegungen.
- Seine motorische Unruhe ist auffällig.
- ...

3.5.3 Der Schüler zeigt Auffälligkeit

- Der Schüler ist Linkshänder.
- Er hat Schwierigkeiten bei der optischen Unterscheidung von Buchstaben.
- Er kann Farben nicht unterscheiden.
- Er verwechselt ähnlich klingende Laute.
- Er leidet an einer Sehschwäche (Hörschwäche).
- Er schielt.
- Er leidet an einer Sprachstörung (stottert, lispelt, stammelt . . .).
- Er hat starkes Übergewicht (Untergewicht).
- Er ist körperlich sehr zart und nicht belastbar.
- Er leidet unter Kreislaufstörungen.
- Er ist sehr nervös und unkonzentriert.
- Er beißt Nägel.
- Er ist sehr phlegmatisch.
- Er lutscht ständig Daumen.
- Überstandene schwere Krankheiten zeigen noch Nachwirkungen.
- Er ist körperlich behindert.
- Er zeigt große Konzentrationsschwäche.
- Er hat eine schwache Blase.
- Er leidet an Zuckerkrankheit.
- . . .

4. Schülerbeurteilung in der Grundschule

4.1 Einführende Bemerkungen

In diescm Kapitel sind alle Bestimmungen gesammelt, die für die Schülerbeurteilung gelten:

- Bei der Schulaufnahme
- im Schülerbogen
- in den Zeugnissen
- beim Übertritt in weiterführende Schulen
- bei der Überweisung in die Sonderschule.

Bei jedem Punkt wird angegeben, worauf besonders zu achten ist. Einen breiten Raum nehmen die Zeugnisberichte des 1. Schuljahres ein. Hier sind auch Bemerkungen zum Leistungsstand des Kindes aufgeführt:
Lesen – Schreiben – Rechtschreiben – Mündlicher Sprachgebrauch – Mathematik – Heimat- und Sachkunde – Musischer Bereich.

Die Zeugnisbemerkungen und Gutachten sollen dem Lehrer Anregungen für seine individuelle Gestaltung geben. Diese Beispiele sind keinesfalls als Mustersammlung gedacht. Sie weisen durchaus qualitative Unterschiede auf, zeigen aber deutlich, welch vielfältige Möglichkeiten zur Verbalisierung von Schülerbeurteilungen sich anbieten. Die Formulierungen sollen dem Lehrer helfen, sein Urteil über ein Kind möglichst treffend zu gestalten. Vielleicht tragen einige Vorschläge dazu bei, das Repertoire zu erweitern, das immer in der Gefahr ist, in Standardformulierungen zu erstarren.

4.2 Schülerbeurteilung bei der Schulaufnahme

Schon am Tag der Schuleinschreibung lassen sich erste Beobachtungen durchführen. Selten bietet sich für den Lehrer wieder die Gelegenheit, Eltern und Kind in einer für alle neuen Situation zu erleben. Viele Schulanfänger kennen ihr Geburtsdatum, die Adresse und Telefonnummer und geben ungehemmt Auskunft, während anderen kein Wort zu entlocken ist. Einige klammern sich ängstlich an die Mutter, andere treten forsch auf. Diese oder ähnliche Beobachtungen sind kleine Mosaiksteine für das Gesamtbild eines Schulanfängers. Deshalb empfiehlt es sich, daß der einschreibende Lehrer Besonderheiten notiert.

Bestimmte Auffälligkeiten während der Anmeldungssituation, entsprechende Informationen des Kindergartens, Zurückstellungswünsche der Eltern und vorzeitige Anmeldung zum Schulbesuch machen ein Elterngespräch erforderlich, bei dem Hinweise auf die Schulfähigkeit gewonnen werden. Ein Leitfaden für dieses Gespräch und Hilfen für die Bewertung sind im Testheft des Kieler Einschulungsverfahrens zu finden (siehe Kap. 2.4.4).

Nachdem der Schularzt die erforderliche körperliche Reife festgestellt hat, kann ein sog. Schulreifetest zur weiteren Entscheidungshilfe herangezogen werden. Diese Tests überprüfen in der Regel die Feinmotorik, die Beobachtungsgabe, das Sprach- und Situationsverständnis, die Fähigkeit, Formen aufzufassen und zu unterscheiden, die Konzentrations- und Merkfähigkeit und die Rechenbereitschaft. Darüber hinaus erfassen einige Tests die Gedächtnisleistung, Anstrengungsbereitschaft, Denkfähigkeit, das Arbeitsverhalten in der Gruppe, die Kontaktaufnahme und die emotionale Stabilität. Teilweise werden auch aus den Zeichnungen von Menschen und Bäumen Schlüsse auf den allgemeinen Entwicklungsstand gezogen.

Während des Tests fällt dem beobachtenden Lehrer eine entscheidende Rolle zu. Seine Beobachtungen werden sich überwiegend auf den Bereich der Motivation sowie auf die sozialen und emotionalen Lernvoraussetzungen beziehen. Diese müssen laufend protokolliert werden. Folgende Beobachtungen können gemacht werden:

- Das Kind nimmt (sofort, keinen...) Kontakt zum Lehrer (zu anderen Kindern) auf.
- Es gähnt wiederholt.
- Es hört aufmerksam zu.
- Es kennt Buchstaben.
- Es spricht Laute nicht richtig aus.
- Es spricht sehr leise.
- Es ist in der Rechts-Links-Orientierung nicht sicher.
- Es führt jede Aufgabe korrekt aus.
- Es lacht über die erzählte Geschichte.
- Es findet immer die richtige Seite.
- Es reagiert sofort auf Arbeitsanweisungen.
- Es braucht eine persönliche Erklärung der Arbeitsanweisungen.
- Es fühlt sich in der Gruppe nicht angesprochen.
- Es sagt, daß es eine Aufgabe nicht kann.
- Es fragt bei jeder Aufgabe nach.
- Es wartet ab, bis es an der Reihe ist.
- Es radiert viel.
- Es wird in der angegebenen Zeit nicht fertig.
- Es malt Bilder an, statt die Aufgabe zu lösen.
- Es hört mitten in einer Aufgabe auf und schaut, was die anderen machen.
- Es will sich mit dem Lehrer (einem Kind) unterhalten.
- Es blättert im Testheft.
- . . .

Die Daten aus dem Elterngespräch, das Ergebnis des Tests und die Auswertung der Beobachtungen führen dann zur Entscheidung über die Schulfähigkeit. Wird nun ein Kind zurückgestellt oder eine vorzeitige Einschulung abgelehnt, müssen die Eltern eingehend über die möglichen Förderungen eines Vorschulkindes beraten werden.

Kinder freuen sich in der Regel auf die Schule. Die meisten beginnen diesen Lebensabschnitt voller Stolz und froher Erwartungen. Es werden aber vielleicht Kinder darunter sein, deren Freude in Unlust oder Angst umschlägt, weil sie den Anforderungen des ersten Schuljahres noch nicht gewachsen sind.

Auch wenn der Schularzt die körperliche Reife bestätigt und der Schulreifetest positiv ausfällt, ist noch nicht sicher, ob ein Kind erfolgreich am Unterricht teilnehmen wird. Oft zeigt sich erst beim täglichen Schulbesuch, daß ein Kind den schwierigen Übergang vom Kindergarten zur Schule nicht schafft.

Unerkannte Defizite im kognitiven, meist jedoch im sozialen oder emotionalen Bereich oder auch in der Motivation können dazu führen, daß eine Zurückstellung empfohlen wird. Diese ist bis zum 30. November möglich. In diesem Fall muß die gezielte Beobachtung des Kindes noch intensiviert werden, um eine sachgerechte, überzeugende Beratung der Eltern sicherzustellen.

Mögliche Beobachtungen können sein:

- Das Kind zeigt häufig Angst.
- Es weint bei Mißerfolg.
- Es konzentriert sich nicht ausreichend.
- Es kann sich im Spiel nicht durchsetzen.
- Es hält sich nicht an vereinbarte Regeln.
- Es findet in der Pause keinen Spielpartner.
- Es findet keinen Lernpartner.
- ...

Besonders schwierig ist die Diagnose über die Schulfähigkeit bei ausländischen Kindern mit mangelhaften Deutschkenntnissen. Verschiedene Fähigkeiten, die für den Schulerfolg bedeutsam sind, können auch bei geringem Sprachverständnis überprüft werden, wenn die Kinder durch zusätzliche Hilfen wie Zeigen oder Vormachen unterstützt werden. Finden sich aber weitergehende Defizite, so ist von einer Einschulung abzuraten und der Besuch des Schulkindergartens zu empfehlen, um die Lernvoraussetzungen für einen erfolgreichen Schulbesuch zu schaffen.

Die einzelnen Bestimmungen über die Schulaufnahme sind in der Schulordnung für die Volksschulen in Bayern (VSO) und im Gesetz über das Erziehungs- und Unterrichtswesen (BayEUG) zu finden. Folgende Punkte sind hier von Bedeutung: [1])

---

[1]) VSO, Verlag Maiss, München 1989

Art.23

(5) Für die Aufnahme in Pflichtschulen gelten das Volksschulgesetz, das Sonderschulgesetz, das Gesetz über das berufliche Schulwesen und das Schulpflichtgesetz sowie die Ausführungsbestimmungen hierzu.

§ 2
Aufnahme in die Volksschule

(1) [1]Ein Kind ist in dem Jahr, in dem es volksschulpflichtig wird, von seinen Erziehungsberechtigten an der öffentlichen Volksschule, in deren Schulsprengel es seinen gewöhnlichen Aufenthaltsort hat, oder an einer privaten Volksschule anzumelden. [2]Entsprechendes gilt für ein Kind, das im Vorjahr vom Schulbesuch zurückgestellt worden ist. [3]Ein Kind, das nach Beginn der Volksschulpflicht seinen gewöhnlichen Aufenthalt in Bayern nimmt, ist unverzüglich anzumelden.

Art.7
Beginn und Ende der Volksschulpflicht, anderweitige Erfüllung

(1) [1]Die Volksschulpflicht beginnt für alle Kinder, die am 30. Juni eines Jahres mindestens sechs Jahre alt sind, am 1. August desselben Jahres.

Art.9
Schulanmeldung

(1) Die Erziehungsberechtigten müssen ihre volksschulpflichtigen Kinder an der Volksschule anmelden, in deren Schulsprengel die Kinder ihren gewöhnlichen Aufenthalt haben.

(2) [1]Bei der Schulanmeldung haben die Erziehungsberechtigten die erforderlichen Angaben zur Person des Kindes zu machen und erforderlichenfalls durch entsprechende Urkunden zu belegen. [2]Dabei geben sie eine Erklärung darüber ab, ob sie der Zuweisung in eine Klasse mit Schülern gleichen Bekenntnisses zustimmen, falls für die Jahrgangsstufe Parallelklassen gebildet werden. [3]Diese Erklärung gilt für die Dauer des Besuchs der Volksschule, wenn sie nicht widerrufen wird. [4]Dieser Widerruf wird mit Beginn des folgenden Schuljahres wirksam.

(3) Die Schüler können die Volksschulpflicht auch an einer Schule nach Art. 1 Abs. 3 Satz 1 Nr. 2 und Satz 2 erfüllen.

(2) [1]Der Anmeldetermin soll im Zeitraum von Mitte April bis Mitte Mai liegen. [2]Ort und Zeit werden vom Schulleiter, in Gemeinden und Schulverbänden mit mehreren öffentlichen Volksschulen vom dienstältesten Schulleiter, in kreisfreien Gemeinden vom Staatlichen Schulamt festgesetzt und ortsüblich bekanntgegeben. [3]Die Anmeldung erfolgt nach dem Muster der Anlagen.

(3) [1]Die Erziehungsberechtigten sollen persönlich mit dem Kind zur Schulanmeldung kommen. [2]Ein in einem Heim untergebrachtes Kind kann vom

Heimleiter angemeldet werden. [3]Eine schriftliche Anmeldung zur vorzeitigen Schulaufnahme ist nicht zulässig.

(4) [1]Über die Aufnahme in eine öffentliche Volksschule entscheidet der Schulleiter; er kann die Teilnahme an einem Schulreifetest verlangen. [2]Die Aufnahme in eine private Volksschule ist der öffentlichen Volksschule vom Schulträger mitzuteilen.

Art. 8
Vorzeitige Aufnahme und Zurückstellung

(1) Ein Kind, das am 31. Dezember eines Jahres mindestens sechs Jahre alt ist, ist auf Antrag der Erziehungsberechtigten im selben Jahr in die Volksschule aufzunehmen, wenn auf Grund der körperlichen und geistigen Entwicklung des Kindes zu erwarten ist, daß es mit Erfolg am Unterricht teilnehmen wird.

(2) [1]Ein Kind, das am 30. Juni eines Jahres mindestens sechs Jahre alt ist, kann auf die Dauer eines Schuljahres vom Schulbesuch zurückgestellt werden, wenn auf Grund der körperlichen oder geistigen Entwicklung des Kindes zu erwarten ist, daß es nicht mit Erfolg am Unterricht teilnehmen kann. [2]Die Zurückstellung ist nur dann zulässig, wenn kein Anlaß besteht, die Überweisung an eine Sonderschule zu beantragen (Art. 15 Abs. 2). [3]Sie darf nicht wiederholt werden. [4]Vor der Entscheidung hat der Schulleiter die Erziehungsberechtigten zu hören.

(3) [1]Die Zurückstellung soll vor Aufnahme des Unterrichtsbetriebs verfügt werden. [2]Sie ist noch bis zum 30. November zulässig, wenn sich erst innerhalb dieser Frist herausstellt, daß das Kind nicht mit Erfolg am Unterricht teilnehmen kann.

(4) [1]In den Fällen der Absätze 1 und 2 beginnt die Volksschulpflicht mit dem Beginn des Schuljahres, in dem das Kind in die Volksschule aufgenommen wird. [2]Wird ein Kind gemäß Absatz 3 nachträglich zurückgestellt, so beginnt die Volksschulpflicht mit dem folgenden Schuljahr von neuem.

4.3 Schülerbeurteilung im Schülerbogen

In der Volksschulordnung VSO heißt es im § 16 beim Punkt „Schülerbogen und Schülerliste“:

§ 16 Schülerbogen und Schülerliste

(1) [1]Die Schule führt für jeden Schüler einen Schülerbogen. [2]In diesen werden die für den schulischen Bildungsweg wesentlichen Feststellungen, Beobachtungen und Empfehlungen aufgenommen.

[3]Im Schülerbogen wird eine zusammenfassende Schülerbeurteilung erstellt

1. in den Jahrgangsstufen 4 und 6 als Grundlage der Entscheidung über die weitere Schullaufbahn,
2. in der Jahrgangsstufe 8 im Hinblick auf die Berufsfindung,
3. wenn das Vorrücken in die nächste Jahrgangsstufe versagt wird.

[4]Die Schülerbeurteilung erfolgt durch den Klassenleiter im Benehmen mit den Lehrern, die den Schüler unterrichten, und den in der Klasse tätigen Pädagogischen Assistenten.

[5]Der Schülerbogen ist neben den Zeugnisdurchschriften und sonstigen Unterlagen über den Schüler Bestandteil der Schülerakten.

(2) Die Erziehungsberechtigten können den Schülerbogen einsehen.

Alle Eintragungen müssen sich auf nachweisbare Tatsachen stützen. Einmalige Vorkommnisse sind als solche zu kennzeichnen.

Zu 1. Früher mußten die Lehrer am Ende des ersten Schuljahres eine zusammenfassende Beurteilung schreiben. Diese Verpflichtung wurde jedoch aufgehoben, da die Zeugnisse in der ersten Jahrgangsstufe und das Zwischenzeugnis der zweiten Jahrgangsstufe nun einen ausführlichen Zeugnisbericht enthalten.

Die Formulierung „. . . in den Jahrgangsstufen 4 und 6 als Grundlage der Entscheidung über die weitere Schullaufbahn . . .“ erscheint in zweifacher Hinsicht problematisch.

Im § 16 Abs. 2 heißt es zwar „Die Erziehungsberechtigten können den Schülerbogen einsehen.“ In der Praxis nehmen allerdings nur die wenigsten Eltern diese Gelegenheit wahr. Schon aus diesem Grunde kann der Eintrag im Schülerbogen nur in den seltensten Fällen eine Entscheidungshilfe für die Erziehungsberechtigten sein.

Darüberhinaus werden die Beurteilungen erst in den letzten Monaten der 4. Jahrgangsstufe schriftlich fixiert. Zu diesem Zeitpunkt ist die Entscheidung, ob ein Schüler nach der Grundschule die Hauptschule oder das Gymnasium besuchen wird, schon gefallen. Daher eignet sich diese Beurteilung kaum für die Aufgabe, die ihr die VSO zuschreibt. Besser erfüllen diesen Zweck die Gespräche, die alle Lehrer der vierten Grundschulklassen lange vor dem Übertritt mit den Eltern führen.

Schüler, die nach der Grundschule in ein Gymnasium übertreten, bekommen im Mai ein Übertrittszeugnis. Es enthält ein pädagogisches Wortgutachten. Da auch dieses eine umfassende Schülerbeobachtung darstellt, übernehmen es viele Lehrer in den Schülerbogen.

Beim zukünftigen Hauptschüler soll die Beurteilung im Schülerbogen „als Grundlage der Entscheidung über die weitere Schullaufbahn“ dienen. Deshalb können auch in diesem Fall die Gesichtspunkte des pädagogischen Wortgutachtens voll berücksichtigt werden. Diese lauten:

- Allgemeines Lernverhalten (kognitive Fähigkeiten), z.B. Auffassen, Betrachten, Vergleichen, Behalten, Abstrahieren, Kombinieren, Verbalisieren, reproduktives und produktives Denken (Problemlösen), Übertragen
- Lernbereitschaft, z.B. Einstellung zur Schularbeit, Arbeitshaltung, Anstrengungsbereitschaft, Ausdauer, besondere Interessen
- Individual- und Sozialverhalten, z.B. Grundstimmung, Gefühlsleben, Wertstellungen, Kontaktfähigkeit, Verhalten in der Gruppe
- Besonderheiten der körperlichen und gesundheitlichen Verfassung, soweit sie für den Schulerfolg bedeutsam sein können
- Besondere Schwierigkeiten beim Erlernen des Lesens und Rechtschreibens
- Besonderheiten des Schulverhältnisses, z.B. erschwerende Umstände wie Schul- oder Lehrerwechsel (Siehe auch Kapitel 4.6)

Der Lehrer der Grundschule weiß, daß die Beurteilung im Schülerbogen in erster Linie seine Kollegen als Adressaten findet. Für den neuen Klassenleiter oder Fachlehrer ist sie eine wertvolle Hilfe. Es gibt allerdings unterschiedliche Meinungen darüber, wann die Einträge gelesen werden sollten.

Einige Lehrer informieren sich, ehe sie zum ersten Mal vor der Klasse stehen. Sie argumentieren:

Die Kenntnis von besonderen Problemen oder Schwierigkeiten einzelner Schüler hilft, diese richtig zu behandeln. So lassen sich mitunter gravierende Fehler bei der ersten Begegnung vermeiden. Nur wer die Schwierigkeiten seiner Schüler kennt, kann richtig auf sie eingehen.

Die anderen Lehrer wollen ihren ersten Eindruck unbeeinflußt vom Urteil eines Kollegen gewinnen. Sie fürchten, daß ihre Meinung sonst zu stark von einer Erwartungshaltung geprägt wird. (Siehe Pygmalioneffekt 1.2)

Für beide Standpunkte gibt es also gewichtige Gründe. Der einzelne Lehrer muß sich entscheiden, zu welchem Zeitpunkt er die Beurteilung im Schülerbogen liest.

Allerdings sollte jeder Lehrer, ehe er eine Klasse neu übernimmt, auf besonders schwerwiegende psychische und physische Störungen eines Kindes vom Vorgänger oder vom Schulleiter aufmerksam gemacht werden.

Schülerbeurteilung bei der Wiederholung einer Klasse

Auch wenn das Vorrücken in die nächste Jahrgangsstufe versagt wird, muß eine zusammenfassende Schülerbeurteilung geschrieben werden. Dieses Urteil ist besonders problematisch. Einige Autoren nennen das Wiederholen einer Klasse „. . . eine unangemessene Reaktion des Schulsystems auf sein eigenes Versagen. Es gelingt der Schule nicht, leistungsschwache Schüler so zu fördern, daß ein Verbleib im normalen sozialen und institutionellen Kontext möglich ist. Sie reagiert auf ihr eigenes Unvermögen dadurch, daß sie diese, sie belastenden Beweise entfernt.“[1]

---

[1]) Schwarzer, Ch., Praxis der Schülerbeurteilung, München 1979, Seite 134.

Im Gegensatz dazu steht die Meinung: „In einem starren Schulsystem ohne ausreichende Differenzierungsmöglichkeiten, ohne intensive Einzelbetreuung, ohne Stützkurse in bestimmten Fächern kann sich bei manchen Kindern die Wiederholung einer Klasse durchaus positiv auswirken. Schüler, die sich ständig überfordert fühlen und dauernd Entmutigung erleben, können im Wiederholungsjahr durch Erfolge Selbstvertrauen gewinnen und Lücken schließen. Dadurch gewinnen sie ein neues Fundament und eine neue Einstellung zur Schularbeit."

Solange das Nichtversetzen in die nächste Jahrgangsstufe in der Praxis existiert, muß der Lehrer in seiner Beurteilung auf einige Punkte besonders intensiv eingehen.

- Welche Lernziele wurden nicht erreicht?
- Wo weist er die größten Lücken auf?
- Was war die Hauptursache für das Nichterreichen des Klassenziels?
- Wo muß die Hilfe des Lehrers im Wiederholungsjahr ansetzen?
- Was muß der Schüler an seinem Verhalten ändern?
- Wie können die Eltern helfen?

Die Beurteilung ist in diesem Fall deshalb so schwer, weil das Nichterreichen des Klassenziels auch für den Lehrer ein Scheitern bedeuten kann. Gerade der verantwortungsbewußte Lehrer wird dies oft als eigenes Versagen ansehen. Er macht sich Gedanken, daß er ein ihm anvertrautes Kind nicht genügend fördern kann. In dieser Situation kann er zwar angeben, welche Lernziele nicht erreicht wurden und wo die Lücken liegen, oft jedoch nicht die Ursachen aufzeigen. Eine fast unlösbare Aufgabe mag es für ihn sein, Hinweise zu geben, wie dem Schüler im Wiederholungsjahr geholfen werden kann.

Beispiele von Schülerbeurteilungen im Schülerbogen

Der große, schlanke Schüler weiß seine Körperkraft im Sport geschickt einzusetzen.

Er beobachtet gründlich und faßt sicher auf. Mit regem Interesse beteiligt er sich am mündlichen Unterricht. Beim Verbalisieren fallen besonders seine anschaulichen und humorvollen Erzählungen auf. Es gelingt ihm aber nicht, seine sprachlichen Fähigkeiten auch im schriftlichen Ausdruck zu realisieren.

Die Arbeitshaltung, die Anstrengungsbereitschaft und die Ausdauer schwanken. Der Schüler arbeitet sehr flott, aber etwas oberflächlich. Sein kameradschaftliches Verhalten verdient besonderes Lob. Er setzt sich immer für die Klassen- und Schulgemeinschaft ein. Seine fröhliche Stimmung wirkt anstekkend und ausgleichend.

Die Eltern sind sehr schulfreundlich eingestellt. – –

Hans ist ein großer, kräftiger Schüler. Seine Bewegungen wirken gewandt und gut koordiniert.

Er faßt rasch auf, beobachtet gründlich und denkt selbständig. Das Verbalisieren im mündlichen Unterricht fällt ihm leicht. Die Anstrengungsbereitschaft und die Ausdauer sind groß. Der Schüler arbeitet zuverlässig und sorgfältig. Seine Konzentration schwankt. Teilweise läßt er sich noch leicht ablenken.
In der Gruppe verhält er sich kameradschaftlich und ist unermüdlich bereit, Aufgaben für die Klassengemeinschaft zu übernehmen. Seine zunächst gedrückte Stimmung entwickelte sich im Laufe des Jahres zu fröhlicher Ausgelassenheit. Bei Proben zeigt er gelegentlich noch immer zu wenig Selbstvertrauen.

Die Eltern erkundigen sich regelmäßig nach seinen Leistungen und seinem Verhalten. – –

Der kleine Schüler zeigt Freude an Tätigkeiten, die körperliche Fähigkeiten erfordern.

Seine Auffassungs- und Beobachtungsgabe sind gut entwickelt. Er kann, besonders bei mathematischen Aufgaben, kombinieren und abstrahieren. Beim Rechtschreiben hat er große Probleme. Der Schüler erledigt seine Aufgaben pflichtbewußt und bemüht sich, gegen Schwächen beim schriftlichen Gestalten anzukämpfen. Dem Unterrichtsgeschehen folgt er meist aufmerksam, aber zu wenig aktiv.

Der ausgeglichene Schüler ordnet sich willig in die Klassengemeinschaft ein.

Die Eltern sind schulfreundlich eingestellt. – –

Der kräftige Schüler zeigt hervorragende Leistungen in der Leichtathletik.

Er faßt etwas bedächtig auf, kann aber Zusammenhänge meist erkennen und übertragen. Am mündlichen Unterricht beteiligt er sich stets überaus aktiv. Es fällt ihm aber schwer, sich schriftlich richtig auszudrücken.

Der pflichtbewußte Schüler arbeitet flott, gründlich und zuverlässig. Seine Anstrengungsbereitschaft und seine Ausdauer sind groß. Markus setzte sich als Klassensprecher in vorbildlicher Weise für die Belange der Klasse und der Schule ein.

Die Eltern zeigen großes Interesse am schulischen Fortkommen ihres Sohnes. – –

Susanne ist eine blasse, zierliche Schülerin, die häufig unter einer Allergie leidet.

Sie beobachtet noch nicht genau und ausdauernd genug. Am Unterrichtsgespräch beteiligt sie sich stets eifrig. Beim Lesen und Rechtschreiben hat sie große Probleme. Das Kombinieren fällt ihr oft schwer.

Ihre Anstrengungsbereitschaft und ihr Pflichtbewußtsein schwanken stark.

Die freundliche Schülerin ist hilfsbereit und übernimmt gern Aufgaben für die Klassengemeinschaft.

Die Eltern zeigen nur gelegentlich Interesse an der schulischen Entwicklung ihrer Tochter. – –

Die körperliche Gewandtheit der kräftigen Schülerin ist groß. Sie beobachtet allseitig und gründlich. Mit Interesse geht sie an neue Aufgaben heran. Kombinieren und Verbalisieren fallen ihr leicht.

Inge zeigt großes Pflichtbewußtsein und stets Ausdauer. Sie arbeitet flott und kann sich gut konzentrieren.

Die hilfsbereite Schülerin verhält sich kameradschaftlich und verantwortungsbewußt. Manchmal leidet sie unter den hohen Anforderungen des Elternhauses und entwickelt dann Angst vor Proben. Besonders nach den Ferien neigt sie zu nervöser Übelkeit.

Die Eltern sind zu einer Zusammenarbeit mit der Schule bereit. – –

Weitere Anregungen können dem Kapitel 4.6 „Schülerbeurteilung beim Übertritt in weiterführende Schulen“ entnommen werden.

4.4 Schülerbeurteilungen in den Zeugnissen

Der Begriff Zeugnis bedeutet in seinem ursprünglichen Sinn die Darstellung eines Sachverhaltes durch einen „Zeugen“. Im Laufe der Zeit wurden die mündlichen Aussagen schriftlich fixiert und durch Unterschrift beglaubigt. So war die persönliche Anwesenheit des Zeugen nicht mehr notwendig, und das „Zeugnis“ jederzeit zur Hand. Damit stieg sein Wert. Aus früheren Schulordnungen (z.B. Sächsische Schulordnung von 1530) wissen wir, daß die „Gezeugnisse“, die Kinder aus den ärmeren Bevölkerungschichten für die Erlangung eines Stipendiums brauchten, mehr eine Charakterwürdigung waren, als ein Leistungsnachweis.[1])

Erst viel später wurden die Leistungen im Zeugnis mit einer Note bewertet und die allgemeine Beurteilung trat in den Hintergrund. Das System der Ziffernbeurteilung setzte sich in Deutschland im Gegensatz zu anderen Ländern durch. Doch seit Einführung der Ziffernnote gab es auch immer Bestrebungen, sie wieder abzuschaffen. Heute geht die Tendenz eindeutig weg von den Noten, hin zur Wortbeurteilung.

Das BayEUG sagt dazu im Artikel 31 (3):

BayEUG Art. 31 Abs. 3 (Benotung)[2])

(3) [1]Unter Berücksichtigung der einzelnen schriftlichen, mündlichen und praktischen Leistungen werden Zeugnisse erteilt. [2]Hierbei werden die ge-

---

[1]) siehe Kutscher, J. Hrsg.: Beurteilen oder verurteilen, München 1977, Seite 37.

[2]) Kaiser, K.K. Mahler, G., Die Schulordnung der Volksschule, München 1983, Seite 71 ff.

samten Leistungen eines Schülers unter Wahrung der Gleichbehandlung aller Schüler in pädagogischer Verantwortung des Lehrers bewertet. [3]Daneben sollen Bemerkungen über Anlagen, Mitarbeit und Verhalten des Schülers in das Zeugnis aufgenommen werden.

In der VSO steht bei § 26 folgendes:

VSO § 26 (2) [1]In den Jahrgangsstufen 3 mit 8 werden Zwischenzeugnisse und Jahreszeugnisse ausgestellt, die Noten in den Pflichtfächern, Wahlpflichtfächern und im Wahlfach Kurzschrift sowie Bemerkungen gemäß Art. 31 Abs. 3 Satz 3 BayEUG enthalten. [2]Im übrigen wird die Teilnahme am Unterricht in Wahlfächern durch eine allgemeine Bewertung bestätigt; auf Antrag wird eine Note erteilt. [3]Ferner wird die Teilnahme an Arbeitsgemeinschaften vermerkt.

Erläuterungen:

Die Abfassung der Zeugnisbemerkungen liegt in der pädagogischen Verantwortung des Klaßleiters. Nähere Regelungen sind in der VSO nicht enthalten. Wenn mehrere Lehrer in einer Klasse unterrichten, sollten diese die Bemerkung miteinander absprechen. Von deutlich negativen Äußerungen über den Schüler wird nach Möglichkeit abgesehen. Die gilt besonders für Zeugnisse, die bei Bewerbungen vorgelegt werden. Sie sollten keine Aussagen enthalten, die den Eintritt ins Berufsleben erschweren. Falls im Einzelfall aus Gründen der sachlichen Richtigkeit und des Aussagewertes des Zeugnisses solche Äußerungen aufgenommen werden, müssen sich diese auf nachweisbare Tatsachen stützen.

VSo § 26 Abs. 8 (ausländische Schüler, Aussiedler)

(8) [1]Schüler, die auf der Grundlage des Lehrplans für das Fach Deutsch als Zweitsprache unterrichtet werden, erhalten eine Note für das Fach Deutsch als Zweitsprache. [2]Schüler, die Förderunterricht im Fach Deutsch als Zweitsprache besuchen, erhalten eine Note im Fach Deutsch als Zweitsprache; die Leistungen im Deutschunterricht werden in pädagogischer Verantwortung einbezogen. [3]Für Leistungen im muttersprachlichen Ergänzungsunterricht werden Noten erteilt. [4]Für Schüler mit den in § 10 Abs. 1 genannten Muttersprachen werden die im Zeugnis verwendeten Bezeichnungen und Notenstufen in der Muttersprache des Schülers auf einem eigenen Blatt erläutert.

Erläuterungen:

1. Satz 1 gilt für Schüler, die Übergangsklassen oder zweisprachige Klassen besuchen oder in Regelklassen in mehrstündigen Intensivkursen Unterricht im Fach Deutsch als Zweitsprache erhalten.
2. Satz 2 betrifft indirekt auch Kinder von Regelklassen in Schulen, an denen weder Förderkurse noch Intensivkurse angeboten werden. Der Lehrer betreut diese Schüler im Rahmen der inneren Differenzierung und bewertet die Leistungen entsprechend.

VSO § 26 Abs. 9 (Vorrücken)

(9) [1]In den Jahreszeugnissen der Jahrgangsstufen 2 mit 8 wird vermerkt, ob der Schüler in die nächsthöhere Jahrgangsstufe vorrückt. [2]In das Jahreszeugnis der Jahrgangsstufe 1 wird ein Vermerk nur aufgenommen, wenn der Schüler nicht vorrückt; dieser Vermerk ist schriftlich zu begründen. [3]Lassen es die Leistungen des Schülers im ersten Schulhalbjahr fraglich erscheinen, ob ihm am Ende des Schuljahres die Erlaubnis zum Vorrücken erteilt werden kann, wird die Gefährdung im Zwischenzeugnis angegeben.

Erläuterungen:

Unterbleibt die Zeugnisbemerkung nach Satz 3 oder eine Benachrichtigung, so kann daraus ein Recht auf Versetzung nicht hergeleitet werden.

VSO § 26 Abs. 10 (Schülermitverantwortung)

(10) [1]In Jahreszeugnissen, Übertrittszeugnissen, Abschlußzeugnissen und Entlassungszeugnissen soll die Tätigkeit in der Schülermitverantwortung und bei sonstigen freiwilligen Tätigkeiten für die Schulgemeinschaft vermerkt werden. [2]Ordnungsmaßnahmen werden in Abschluß- und Entlassungszeugnissen nicht, in Jahres- und Übertrittszeugnissen nur aus besonderem Anlaß aufgeführt.

Erläuterungen:

1. Wenn ein Schüler dies ablehnt, unterbleibt der Hinweis nach Satz 1. Sonst wird er nur weggelassen, wenn besondere Gründe dafür vorliegen.

2. Ob ein besonderer Anlaß nach Satz 2 vorliegt, entscheidet die Schule in pädagogischer Verantwortung.

VSO § 26 Abs. 11 (Amtliche Muster)

(11) Für die Zeugnisse sind die Vordrucke zu verwenden, die dem vom Staatsministerium herausgegebenen Muster entsprechen.

Erläuterungen:

Die Muster der Zeugnisformulare wurden durch die Bekanntmachung vom 18. August 1989 (KWM Bl I s.201) geregelt.

VSO § 26

(12) [1]Der Bericht nach Absatz 1 und die Zeugnisnoten werden vom Klassenleiter im Einvernehmen mit den in der Klasse im betreffenden Fach unterrichtenden Lehrern auf Grund der Einzelnoten für schriftliche, mündliche und praktische Leistungsnachweise in pädagogischer Verantwortung festgesetzt. [2]Hat der Schüler in einem Fach keine Leistungsnachweise erbracht, so erhält er anstelle einer Zeugnisnote eine Bemerkung.

Erläuterungen:

1. An der Volksschule gibt es keine Klassenkonferenz, die Berichte oder Zeugnisnoten durch Beschluß festsetzt. Der Klaßleiter setzt die Noten in den Fächern, die er selbst unterrichtet, allein fest, in den Fächern, die von anderen Lehrern unterrichtet werden, im Einvernehmen mit dem jeweiligen Lehrer. Wenn keine Einigung zustande kommt, so muß der Schulleiter auf eine Einigung hinwirken und letztlich selbst entscheiden.

2. Dieser Satz gilt nur für Schüler, bei denen die Leistungsnachweise ohne eigenes Verschulden fehlen. Wenn ein Schüler schuldhaft keine Leistungsnachweise erbracht hat, so erhält er für die fehlenden Leistungsnachweise die Note 6, was auch zur Zeugnisnote 6 führen kann.

VSO § 26

(13) [1]Schüler, die im Gymnasium in einer anderen ersten Fremdsprache als Englisch unterrichtet wurden und in die Hauptschule übertreten, erhalten bei einem Übertritt während der Jahrgangsstufe 5 im ersten Hauptschulzeugnis, bei einem Übertritt während der Jahrgangsstufe 6 in den nächsten zwei Hauptschulzeugnissen nach dem Übertritt keine Note im Fach Englisch, soweit nicht die Erziehungsberechtigten eine Benotung wünschen. [2]Entsprechendes gilt für Schüler mit nichtdeutscher Muttersprache, die aus einer zweisprachigen Klasse in eine deutschsprachige Klasse übertreten.

Erläuterungen:

Es sind sowohl Zwischenzeugnisse wie Jahreszeugnisse gemeint.

VSO § 26 Abs. 14

(14) Schüler, die am Religionsunterricht nicht teilnehmen, erhalten auch dann keine Note in diesem Fach, wenn sie erst während des Schuljahres ausgeschieden sind.

VSO § 26 Abs. 15

(15) [1]Das Zwischenzeugnis wird am letzten Unterrichtstag der zweiten vollen Woche im Februar ausgestellt. [2]Die Jahreszeugnisse, Abschlußzeugnisse und Entlassungszeugnisse werden am letzten Unterrichtstag ausgestellt, soweit nicht für die Abschlußzeugnisse und Entlassungszeugnisse durch Bekanntmachung ein anderer Tag festgelegt ist.

VSO § 26 Abs. 16

(16) [1]Auf Zwischenzeugnissen und Jahreszeugnissen bestätigt ein Erziehungsberechtigter durch Unterschrift die Kenntnisnahme. [2]Die Zwischenzeugnisse und Jahreszeugnisse sind nach Überprüfung der Kenntnisnahme zurückzugeben.

Erläuterungen:

1. Die Unterschrift der Erziehungsberechtigten dient bei minderjährigen Schülern dem Lehrer als Kontrolle. Die Unterschrift bedeutet nicht, daß sich die Erziehungsberechtigten mit dem Inhalt der Zeugnisse einverstanden erklären. Weigern sich die Eltern ein Zeugnis zu unterschreiben, so sollten sie über diesen Sachverhalt aufgeklärt werden. Wenn sie trotzdem nicht unterschreiben, empfiehlt es sich, daß der Klaßleiter hierüber einen kurzen Vermerk im Schülerbogen macht. Die fehlende Unterschrift der Erziehungsberechtigten beeinträchtigt die Gültigkeit des Zeugnisses nicht.

2. Zu welchem Zeitpunkt die Überprüfung der Kenntnisnahme stattfindet, ist in der Bestimmung nicht festgelegt. Die Schule regelt dies nach eigenem Ermessen. Sinnvollerweise sollte die Prüfung möglichst bald nach der Ausgabe der Zwischen- und Jahreszeugnisse erfolgen.

Beim Schreiben der Zeugnisse ist folgendes zu beachten: Das Zeugnis wendet sich an die Eltern. Es soll ihnen Auskunft über das Verhalten und die Mitarbeit ihrer Kinder in der Schule geben. Eine Information über Auffälligkeiten im Arbeits- oder Sozialverhalten sowie über starke Leistungsschwankungen kann hier auch festgehalten werden. Die Zeugnisbemerkung soll die Eltern nicht nur informieren, sondern ihnen auch Hinweise geben, wo ihr Kind spezieller Förderung bedarf. Diese Hilfen können in einer kontinuierlichen Überwachung der Hausaufgaben bestehen, in einer zusätzlichen Übung in bestimmten Fächern, in der Sorge für ausreichenden Schlaf des Kindes und für eine ruhige Arbeitsatmosphäre, oder auch in einer Aussprache mit dem Kind über eventuelle Kontaktschwierigkeiten. Häufig wird die Zeugnisbemerkung der Anstoß für ein Gespräch mit dem Lehrer sein.

Das Zeugnis spricht auch den Schüler an und hat damit neben dem feststellenden auch einen erzieherischen Wert. Negative Formulierungen sollen daher vermieden werden. Der Schüler wird durch sie entmutigt, bekommt Angst, die an ihn gestellten Anforderungen nicht erfüllen zu können und bestraft zu werden. Eine positive Bemerkung dagegen kann zur Entwicklung der Schülerpersönlichkeit beitragen und das Selbstbewußtsein stärken. An dieser Stelle sei auf Kapitel 3 verwiesen.

Das Zeugnis ist auch für den Lehrer, der den Schüler übernimmt, von Bedeutung. Er soll eine möglichst objektive Information bekommen, die ihm im Umgang mit dem Schüler weiterhilft.

Es ist schwer, Eltern, Kinder und Lehrer gleichzeitig anzusprechen. Wenn sich die Bemerkung in erster Linie an die Eltern und die zukünftigen Lehrer wendet, wird das Kind Schwierigkeiten haben, den Text zu verstehen. Viele Ausdrücke, besonders Fremdwörter, sind für das Kind unverständlich. Schon allein durch die Tatsache, daß der Schüler in der Bemerkung nicht beim Namen genannt wird, fühlt er sich nicht angesprochen. Das Zeugnis wirkt unpersönlich. Wenn man dem Schüler durch eine aufmunternde Bemerkung etwas mitteilen will, ist es unpädagogisch, nur „Der Schüler ...“ zu schreiben.

Eine fast unlösbare Aufgabe für den beurteilenden Lehrer ist es, in ein paar Sätzen und auf dem wenigen Platz, der im Formblatt dafür vorgesehen ist, die Persönlichkeit des Schülers zu charakterisieren.

Der Tag der Zeugnisausgabe, von dem früher nur Schülereltern und Lehrer Notiz nahmen, steht heute im Mittelpunkt des öffentlichen Interesses. Die Zeitungen berichten davon und auch Radio und Fernsehen bringen Beiträge zu diesem Thema. Telefonnummern und Adressen werden bekannt gegeben, an die sich Schüler und Eltern wenden können, die Beratung oder Hilfe brauchen. Die Zahl der Jugendlichen, die durch schlechte Noten in eine Krise geraten, nimmt ständig zu. In den vergangenen Jahren trieb die Verzweiflung einzelne Schüler sogar in den Selbstmord. Diese verhängnisvolle Entwicklung muß unbedingt aufgehalten werden. Unsere Gesellschaft darf die Wertschätzung eines Menschen nicht von einer Ziffernbenotung abhängig machen.

Eine Möglichkeit, die Schockwirkung zu mildern, die schlechte Zeugnisnoten oft hervorrufen, hat der Lehrer. Er muß die Schüler und Eltern über die Leistungen in den einzelnen Fächern auf dem laufenden halten. Das Kind darf keinesfalls von den Noten überrascht werden. Es soll durch vorausgehende Gespräche mit dem Lehrer erfahren, wie sein Zeugnis aussehen wird. Sicher können wir damit dem Zeugnistag etwas von seinem Schrecken nehmen.

Bei der Erstellung der Zeugnisse müssen einige formale Punkte berücksichtigt werden:

1. Allgemeine Hinweise:

- Für die Zeugnisse sind die vom Staatsministerium für Unterricht und Kultus festgelegten Vordrucke zu verwenden. Diese sind sehr sorgfältig in gut leserlicher Handschrift oder mit Schreibmaschine auszufüllen.
- Sämtliche urkundlich belegten Vornamen sollen aufgeführt werden, der Rufname ist zu unterstreichen.
- Beim Geburts- und Ausstellungsdatum wird der Monatsname ausgeschrieben.
- Leerbleibende Zeilen sind durch waagrechte Striche zu sperren.
- Die Notenbezeichnungen müssen so eingetragen werden, daß nachträglich keine Zusätze angebracht werden können. Radierungen oder Änderungen dürfen nicht vorgenommen werden.
- Da das Erscheinungsbild der Zeugnisse Rückschlüsse auf die Schule erlaubt, hat der Schulleiter das Recht, nach Form und Inhalt unzulänglich abgefaßte Zeugnisse neu erstellen zu lassen (Nr. 4 zu § 6 Abs. 4 der LDO, Amberg, Schiedermeier, Selbke, Donauwörth 1977).
- Das Zwischenzeugnis kann vor Gericht nicht angefochten werden, da es keine unmittelbar rechtserhebliche Folgen für den Schüler hat.

2. Hinweise zu den Bemerkungen:

- Da das Jahreszeugnis Urkundencharakter hat, sollte der Vorname des Kindes nicht genannt werden. (Der Schüler/Die Schülerin...), Kosenamen sind nicht zulässig.

- In der Bemerkung sollen die Anlagen, die Mitarbeit und das Verhalten des Schülers Erwähnung finden.

Die Zeugnisbemerkung soll verschiedene Aussagen machen

Beispiele für Aussagen über das Verhalten:

- Das Verhalten im Klassenverband war einwandfrei.
- Im Umgang mit seinen Klassenkameraden hatte er selten Probleme (keine Schwierigkeiten).
- Das soziale Verhalten war meist problemlos.
- Die Schülerin verhielt sich stets ordentlich (vorbildlich . . .).
- Das Verhalten gab selten zu Tadel Anlaß.
- Das ordentliche Verhalten verdiente Lob (war lobenswert).
- Das schulische Verhalten des verantwortungsbewußten Schülers war ausgezeichnet.
- Der Schüler war verträglich und ordnete sich gut in die Klassengemeinschaft ein.
- Das kameradschaftliche Verhalten des kontaktfreudigen Schülers beeinflußte das Klassenklima positiv.
- Der Schüler hatte Schwierigkeiten, sich in die Klassengemeinschaft einzuordnen.
- Das Verhalten des Schülers stellte im allgemeinen zufrieden.
- Der Schüler bemühte sich um ordentliches Verhalten.

Beispiele für Aussagen über die Mitarbeit:

- Er folgte aufmerksam (ruhig . . .) dem Unterricht.
- Der Schüler beteiligte sich regelmäßig am Unterricht.
- Er arbeitete stets willig mit.
- Er zeigte reges Interesse am Unterrichtsgeschehen.
- Er nahm meist aktiv am Unterricht teil.
- Die rege Mitarbeit verdiente Lob.
- Der Schüler bereicherte den Unterricht durch seine Beiträge.
- Für das Fach Heimat- und Sachkunde zeigte er lebhaftes Interesse.
- Sein besonderes Interesse galt den musischen Fächern.
- Am Unterricht zeigte er sich wenig interessiert.
- Der Schüler lieferte durchdachte Unterrichtsbeiträge.

Beispiele für besondere Hinweise und Anregungen:

- Ihre Pflicht erfüllte sie stets sorgfältig.
- Sie arbeitete pflichtbewußt.
- Die Heftführung war vorbildlich.

- Der Schüler erledigte alle ihm gestellten Aufgaben pflichtbewußt und ordentlich.
- Dem Schüler fiel es oft schwer, sich im Unterricht zu konzentrieren.
- Der Schüler ließ sich leicht von der Arbeit ablenken.
- Die hervorragenden Leistungen in den musischen Fächern verdienten besonderes Lob.
- Der Schüler neigte dazu, Flüchtigkeitsfehler zu machen.
- Der Schüler arbeitete sicher und selbständig.
- Der Schüler besitzt ein gesundes Selbstvertrauen.
- Dem Schüler fehlte es an Selbstsicherheit.
- Der Schüler erledigte die Hausaufgaben nur zeitweise ordentlich.
- Das Arbeitstempo muß gesteigert werden.
- Der Schüler muß sich mehr am Unterrichtsgespräch beteiligen.
- Die Mitarbeit des ruhigen Schülers muß reger werden.
- Er muß sein zeitweilig auffälliges Verhalten ändern.

Zeugnisbemerkungen im Zwischenzeugnis

Das Verhalten des Schülers stellt zufrieden. Er beteiligt sich nur teilweise am Unterrichtsgeschehen. Seine schriftlichen Arbeiten erledigt er sorgfältig. – –

Das Verhalten des freundlichen Schülers verdient Lob. Er beteiligt sich meist eifrig am Unterrichtsgeschehen. Es fällt ihm noch schwer, konzentriert und mit gleichem Einsatz zu arbeiten. – –

Das Verhalten des eifrigen Schülers verdient Lob. Er beteiligt sich mit großem Interesse am Unterrichtsgeschehen. Seine schriftlichen Arbeiten erledigt er sorgfältig. – –

Das Verhalten des freundlichen Schülers ist lobenswert. Er gibt sich teilweise Mühe, dem Unterrichtsgeschehen zu folgen. Seine großen Lücken behindern oft eine erfolgreiche Mitarbeit. Er muß noch lernen, stets mit gleichbleibendem Einsatz zu arbeiten. – –

Der freundliche Schüler beteiligt sich mit regem Interesse am Unterrichtsgeschehen. Sein Verhalten verdient Lob. Er muß noch lernen, konzentrierter und sorgfältiger zu arbeiten. – –

Das Verhalten des hilfsbereiten Schülers ist ausgezeichnet. Er arbeitet stets mit Interesse im Unterricht mit. Seine Pflichten als Klassensprecher erfüllt er mit großem Eifer. – –

Die freundliche Schülerin beteiligt sich stets eifrig am Unterrichtsgeschehen. Es fällt ihr noch schwer, konzentriert und ausdauernd zu arbeiten. Ihr Verhalten stellt zufrieden. – –

Das Verhalten der Schülerin ist in Ordnung. Sie arbeitet im Unterricht meist rege mit. Ihre schriftlichen Arbeiten müssen wieder sorgfältiger angefertigt werden. – –

Das Verhalten der Schülerin ist lobenswert. Sie beteiligt sich rege am Unterrichtsgeschehen. Bei ihren schriftlichen Arbeiten gibt sie sich jetzt mehr Mühe. – –

Das Verhalten der gewissenhaften Schülerin ist tadellos. Sie arbeitet jetzt im Unterricht teilweise aktiv mit. Besonders zu loben ist die Sorgfalt, mit der sie ihre schriftlichen Arbeiten anfertigt. – –

Das Verhalten des Schülers ist in Ordnung. Es fällt ihm noch schwer, gleichbleibend konzentriert und sorgfältig zu arbeiten. Am Unterrichtsgeschehen beteiligt er sich meist rege.

Zeugnisbemerkungen im Jahreszeugnis

Der freundliche Schüler beteiligte sich meist lebhaft am Unterrichtsgeschehen. Die schriftlichen Arbeiten erledigte er in ansprechender Form. Sein Verhalten war lobenswert. – –

Der interessierte Schüler zeigte beim Unterrichtsgespräch große Einsatzbereitschaft. Bei seinen schriftlichen Arbeiten gab er sich stets Mühe. Das Verhalten war ausgezeichnet. – –

Der Schüler beteiligte sich mit Interesse, aber noch zu wenig aktiv, am Unterrichtsgespräch. Seine schriftlichen Arbeiten sind ansprechender geworden. Das Verhalten war ausgezeichnet. – –

Der Schüler beteiligte sich meist lebhaft am Unterrichtsgespräch. Seine schriftlichen Arbeiten erledigte er in ansprechender Form, aber manchmal etwas langsam. Im Schulleben zeigte er sich verantwortungsbewußt. – –

Der Schüler zeigte beim Unterrichtsgespräch große Einsatzbereitschaft. Seine schriftlichen Arbeiten erledigte er zügig und meist in ansprechender Form. Das schulische Verhalten des verantwortungsbewußten Klassensprechers war ausgezeichnet. – –

Das Verhalten der pflichtbewußten Schülerin war ausgezeichnet. Sie erledigte alle schriftlichen Arbeiten mit großer Sorgfalt. Dem Unterrichtsgespräch folgte sie aufmerksam, aber zu wenig aktiv. – –

Die Schülerin beteiligte sich mit gleichbleibender Aufmerksamkeit, aber noch zu wenig aktiv, am Unterrichtsgeschehen. Ihre schriftlichen Arbeiten erledigte sie ordentlich und rasch. Ihr Verhalten war lobenswert. – –

Dem Schüler fiel es oft schwer, sich auf das Unterrichtsgeschehen zu konzentrieren. Das Arbeitstempo und die Sorgfalt bei den schriftlichen Arbeiten schwankten. Sein Verhalten war meist zufriedenstellend. – –

Das Verhalten der hilfsbereiten Schülerin war sehr ordentlich. Sie arbeitete eifrig im Unterricht mit und bemühte sich, ihre Schwierigkeiten im Lesen und Rechtschreiben zu bekämpfen. – –

Die Schülerin arbeitete im Unterricht stets eifrig mit. Ihre Sorgfalt bei den schriftlichen Arbeiten und ihre Anstrengungsbereitschaft schwankten. Das Verhalten stellte zufrieden. – –

Das besondere Interesse des meist eifrigen Schülers galt dem Fach Heimat- und Sachkunde. Bei den schriftlichen Arbeiten mußte er immer wieder zu konzentrierter, zielstrebiger Arbeit angehalten werden, da er mit seinen Gedanken oft abschweifte. Sein Verhalten war lobenswert. – –

Der lebhafte Schüler arbeitete in der letzten Zeit mit wachsendem Eifer im Unterricht mit. Er erledigte seine Aufgaben pflichtbewußt, muß sich aber noch mehr bemühen, Flüchtigkeitsfehler zu vermeiden und das Arbeitstempo zu steigern. Das Verhalten gab keinen Anlaß zu Tadel. – –

Der freundliche Schüler beteiligte sich in der Regel eifrig am Unterrichtsgespräch. Er erledigte seine Hausaufgaben sehr ordentlich. Eine Steigerung des Arbeitstempos und der Konzentration ist erforderlich. Peter bemühte sich um einwandfreies Verhalten. – –

Der aufgeschlossene Schüler zeigte reges Interesse am Unterricht. Er arbeitete eifrig, jedoch noch nicht konzentriert genug. Sein Verhalten war tadellos . – –

Die eifrige Mitarbeit des interessierten Schülers wirkte sich in den letzten Wochen positiv auf seine Leistungen aus. Er bemühte sich, auch seine schriftlichen Arbeiten ordentlich zu erledigen. Sein Verhalten war lobenswert. – -

Der ruhige, höfliche Schüler arbeitete selbständig und ordentlich, aber nicht immer konzentriert. Seine Beteiligung am Unterricht muß noch reger werden. Das Verhalten war tadellos. – –

Das Verhalten des stillen Schülers war lobenswert. Er muß jedoch noch aktiver am Unterricht teilnehmen. Seine Hausaufgaben erledigte er zuverlässig und sorgfältig. – –

Der aufgeweckte, pflichtbewußte Schüler arbeitete stets mit großem Eifer und lebhaftem Interesse im Unterricht mit. Alle schulischen Aufgaben erfüllte er überlegt und zielstrebig. Das Verhalten war vorbildlich. – –

Der aufgeschlossene Schüler zeigte Interesse am Unterrichtsgeschehen und beteiligte sich meist eifrig daran. Er muß sein Arbeitstempo steigern und mit weniger Nervosität an die ihm gestellten Aufgaben herangehen. Sein Verhalten war ordentlich. – –

Der interessierte Schüler zeigte eifrige Mitarbeit im Unterricht und verhielt sich stets sehr ordentlich. Die ihm gestellten Aufgaben erledigte er gewissenhaft und selbständig. – –

Das Arbeitsverhalten des lebhaften Schülers wurde in den letzten Wochen ausgeglichener. Er bemühte sich um angemessenes Verhalten und rege Mitarbeit. Seine Anstrengungsbereitschaft muß noch größer werden. – –

Die Mitarbeit des Schülers am mündlichen Unterrichtsgeschehen war zu gering. In der letzten Zeit bemühte er sich, seine Aufgaben mit mehr Eifer und größerer Sorgfalt zu erledigen. Sein Verhalten war angemessen. – –

Der lebhafte Schüler nahm mit großem Interesse am Unterricht teil. Er arbeitete selbständig, aber manchmal etwas oberflächlich und nicht zielstrebig genug. Das Verhalten war im allgemeinen lobenswert. – –

Das Verhalten des stillen Schülers war ordentlich. Er beteiligte sich mit wechselndem Eifer am Unterrichtsgeschehen. Die schriftlichen Arbeiten muß er mit größerer Sorgfalt anfertigen. – –

Der aufgeweckte Schüler erfüllte seine Pflichten gewissenhaft und flott. Er beteiligte sich interessiert und kritisch am Unterrichtsgespräch. Sein Verhalten war ordentlich. – –

Das Verhalten des aufgeschlossenen Schülers war lobenswert. Er kam gewissenhaft seinen Pflichten nach und arbeitete ordentlich. Die Mitarbeit war noch Schwankungen unterworfen. – –

Die höfliche, zurückhaltende Schülerin bemühte sich um rege Mitarbeit im Unterricht. Sie arbeitete pflichtbewußt, zeitweise aber noch nicht flink genug. Ihr Verhalten war stets tadellos. – –

Die fröhliche Schülerin verhielt sich tadellos und erfüllte die ihr gestellten Aufgaben meistens zuverlässig. Die Mitarbeit muß noch reger werden. – –

Die ruhige Schülerin fertigte ihre schriftlichen Arbeiten selbständig und flott, aber nicht immer genau genug. In den letzten Wochen beteiligte sie sich aktiver am Unterricht. Ihr Verhalten war lobenswert. – –

Die pflichtbewußte Schülerin beteiligte sich stets eifrig am Unterricht. Sie arbeitete selbständig und überlegt. Ihr Verhalten war vorbildlich. – –

Die Mitarbeit der freundlichen Schülerin war meist rege, ihr Verhalten tadellos. Sie erledigte die ihr gestellten Aufgaben pflichtbewußt. Die Anstrengungsbereitschaft muß aber größer werden. – –

Die sportliche Schülerin bemühte sich um rege Mitarbeit im Unterricht. Ihre Anstrengungsbereitschaft und ihr Eifer waren groß, das Verhalten stets ordentlich. – –

Die höfliche Schülerin beteiligte sich mit wechselndem Interesse am Unterrichtsgeschehen. Sie arbeitete pflichtbewußt und ordentlich, teilweise aber etwas zu langsam. Ihr Verhalten war lobenswert. – –

Die stille Schülerin zeigte großen Eifer und arbeitete sehr pflichtbewußt und gewissenhaft. Die Mitarbeit im Unterricht wurde in den letzten Wochen erheblich reger. Das Verhalten war vorbildlich. – –

Der schulische Eifer und die interessierte Mitarbeit der ehrgeizigen Schülerin waren beständig, ihr Verhalten tadellos. Sie erledigte alle schulischen Aufgaben vorbildlich und sehr zuverlässig. – –

Die pflichtbewußte Schülerin arbeitete eifrig im Unterricht mit. Alle schriftlichen Arbeiten führte sie sorgfältig und flott aus. Das Verhalten war vorbildlich. – –

Die aufgeweckte Schülerin nahm stets mit lebhaftem Interesse am Unterricht teil. Sie arbeitete selbständig, flott und zielstrebig. Das Verhalten war lobenswert. – –

Die Mitarbeit der freundlichen Schülerin war meist rege. Sie verhielt sich sehr ordentlich. Alle ihr gestellten Aufgaben erledigte sie gewissenhaft. – –

Mit großem Interesse nahm die aufgeschlossene Schülerin am Unterrichtsgeschehen teil. Sie arbeitete eifrig, selbständig und flott. Das Verhalten war lobenswert. – –

Die ruhige Schülerin beteiligte sich meist eifrig am Unterrichtsgespräch. Ihre selbständige, zielstrebige Arbeitsweise und das flotte Arbeitstempo verhalfen ihr in allen Fächern zu guten Leistungen. Das Verhalten war lobenswert. – –

4.5 Schülerbeurteilung in den Zeugnisberichten der 1. und 2. Klassen

Die Kritik an der oft angstauslösenden Ziffernbenotung führte dazu, daß auch in Bayern die Zeugnisse für das erste Schuljahr seit 1977 und das Zwischenzeugnis für das zweite Schuljahr ab 1983 keine Noten mehr enthalten. Dies ist ein Weg, in der Schule Druck abzubauen, sie wieder humaner werden zu lassen und damit der Pädagogik mehr Raum zu geben. „Wo die Ziffernzensur beginnt, endet die Pädagogik. Ohne ein pädagogisches Beurteilungssystem und damit die Abschaffung der Ziffernzensur kann die Schule ihren angstmachenden Charakter nicht verlieren.“[1])

Grundlage für die Zeugnisberichte bildet der Artikel 31(2)[2] des BayEUG: „Die Schulordnungen können vorsehen, daß in bestimmten Jahrgangsstufen der Grundschule und der Sonderschule, in Wahlfächern sowie bei ausländischen Schülern in Pflichtschulen die Noten durch eine allgmeine Bewertung ersetzt werden.“

Durch diese Formulierung kann in Zukunft die Ziffernbenotung auch in den übrigen Klassen durch eine allgemeine Bewertung abgelöst werden. Die Zeugnisberichte bieten die Möglichkeit, eine umfassende Aussage über die individuelle Entwicklung, den Leistungsstand und die unterschiedlichen Fördermöglichkeiten zu treffen. Pädagogische Anliegen können jetzt genauer und damit verständlicher formuliert werden.

Zeugnisse richten sich an Schüler und Eltern. Für Kinder des ersten und zweiten Schuljahrgangs wird der Zeugnisbericht fast immer unverständlich sein. Aber auch Schüler dieser Altersstufe möchten wissen, was in ihrem Zeugnis

---

[1]) Singer, Kurt: Maßstäbe für eine humane Schule, Frankfurt 1981, Seite 52.

steht. Der Lehrer sollte deshalb den einzelnen Kindern in altersgemäßer Form die Aussagen in seinem Bericht erklären. Einige Lehrer schreiben neben dem amtlichen ein zweites Zeugnis, das sich speziell an das Kind richtet. Waldorfschulen tragen diesem Problem Rechnung, indem sich der Bericht ausschließlich an das Kind wendet und es darin persönlich angesprochen wird. Auf jeden Fall brauchen die Eltern eine Anregung oder sogar eine Anleitung, daß und wie sie mit ihren Kindern über die Zeugnisse sprechen müssen.

Für viele Eltern ist diese neue Form des Zeugnisberichts unbekannt, sie haben daher oft Schwierigkeiten, die Aussagen richtig zu interpretieren.

Die Eltern müssen deshalb auf Elternabenden oder durch Elternbriefe über folgende Punkte informiert werden:

- In den Berichten wird der individuelle Lernfortschritt auf den einzelnen Gebieten festgestellt (beurteilt).
- Ein Vergleich mit anderen Kindern unterbleibt.
- Der Begriff der Leistung besteht nicht nur aus dem kognitiven, sondem auch aus dem sozialen Bereich.
- Damit das Zeugnis von den Eltem mühelos verstanden werden kann, sind Fremdwörter und Fachausdrücke zu vermeiden.
- Die Eltern suchen im Zeugnisbericht noch häufig nach Noten oder setzen bestimmte Ausdrücke einer Note gleich. Deshalb müssen Formulierungen, die einer Zensur entsprechen oder ähneln, vermieden werden.
- Jeder Zeugnisbericht sollte in seiner Grundtendenz Ermutigung und Zuversicht ausstrahlen und Möglichkeiten aufzeigen, wie eventuelle Defizite behoben oder gebessert werden können.
- Durch das Zeugnis sollen die Eltern motiviert werden, mit dem Lehrer Kontakt aufzunehmen und sich beraten zu lassen, bestehende Kontakte weiter zu pflegen oder direkte Anregungen aus dem Bericht aufzunehmen.

Die Zeugnisberichte des ersten Schülerjahrgangs stellen erhebliche Anforderungen an den Lehrer. Er muß schon von Beginn des Schuljahres an seine Schüler beobachten und diese Beobachtungen schriftlich fixieren. Diese bilden dann die Grundlage für den Bericht (siehe Punkt 3 Verhaltensmerkmale der Schülerpersönlichkeit und Punkt 2 Beurteilungshilfen)

Es besteht die Gefahr, daß sich Standardformulierungen einschleichen, die nicht mehr aussagekräftig sind. Damit geben wir den Eltern keine individuellen Hilfen und die positiven Möglichkeiten der neuen Zeugnisbemerkungen werden nutzlos vertan.

Die folgende Sammlung von Formulierungen soll helfen, einer Schematisierung entgegenzuwirken. Sie ist als Anregung und Hilfe für treffsichere und damit genauere Berichte gedacht.

In der VSO § 26 finden sich dazu folgende einschlägige Vorschriften:

(1) [1]In den Jahrgangsstufen 1 und 2 werden Zwischenzeugnisse und Jahreszeugnisse ausgestellt, die einen Bericht mit Beobachtungen insbesondere zum sozialen Verhalten, zum Lernverhalten und zum Leistungsstand enthalten. [2]In das Jahreszeugnis der Jahrgangsstufe 2 werden zusätzlich Noten in den Fächern Deutsch, Mathematik sowie Heimat und Sachkunde auf-

genommen; auf besondere Leistungen in den übrigen Fächern kann eingegangen werden.

(9) [1]In den Jahreszeugnissen der Jahrgangsstufen 2 mit 8 wird vermerkt, ob der Schüler in die nächsthöhere Jahrgangsstufe vorrückt. [2]In das Jahreszeugnis der Jahrgangsstufe 1 wird ein Vermerk nur aufgenommen, wenn der Schüler nicht vorrückt; dieser Vermerk ist schriftlich zu begründen. [3]Lassen es die Leistungen des Schülers im ersten Schulhalbjahr fraglich erscheinen, ob ihm am Ende des Schuljahres die Erlaubnis zum Vorrücken erteilt werden kann, wird die Gefährdung im Zwischenzeugnis angegeben.

Mögliche Formulierungen zum sozialen Verhalten (siehe auch Kapitel 3.4)

Selbstgefühl – Grundstimmung

- Der Schüler ist froh (fröhlich, ausgeglichen, ernst, ausgelassen, selbstbewußt, besonnen, einfühlsam, ruhig . . .)
- Er muß größeres Selbstbewußtsein entwickeln.
- Er muß mehr aus sich herausgehen.
- Er muß sich mehr zutrauen.

Kontaktfähigkeit

- Es fällt ihm leicht, Kontakt zu finden (zu schließen, zu knüpfen . . .)
- Er pflegt regen Kontakt (Spiel-, Lernkontakt) zu seinen Mitschülern.
- Er hat ein gutes Einvernehmen mit seinen Klassenkameraden.
- Er kommt mit seinen Klassenkameraden problemlos (immer friedlich aus).
- Er nimmt selbständig Kontakte auf.
- Er nimmt zögernd Kontakt zu seinen Mitschülern (und Lehrern) auf.
- Sie sucht von sich aus wenig Kontakt.
- Im Umgang mit ihren Klassenkameraden (Mitschülern, Lehrern) verhält sie sich aufgeschlossen (freundlich, höflich, rücksichtsvoll, hilfsbereit, kameradschaftlich, zurückhaltend, abwartend, ängstlich, schüchtern, unbeherrscht, stürmisch, aggressiv).
- Sie findet schnell Spiel- und Lernpartner.
- Sie ist gern bei wilden Spielen dabei.
- Sie ist kontaktscheu, wird aber von den Mitschülern als Partner geachtet (geschätzt).
- Sie läßt sich leicht von anderen Kindern beeinflussen.
- Sie braucht besondere Zuwendung vom Lehrer.

Zusammenarbeit

- Sie übernimmt gern (oft, freiwillig . . .) Aufgaben für die Gruppe (Klasse) und führt sie selbständig und zuverlässig aus.
- Sie kann schon vernünftig (gezielt, sinnvoll . . .) mit einem Partner zusammenarbeiten.
- Sie hat noch nicht gelernt, mit anderen Kindern zusammenzuarbeiten.

- Er sucht keinen Kontakt und arbeitet lieber allein.
- Bereitwillig hilft er anderen (langsameren) Kindern.
- Er kann seine eigene Meinung wortgewandt vertreten.
- Es fällt ihm noch schwer, andere Meinungen anzuhören (auf andere Meinungen einzugehen).
- Mitschülern zuzuhören, fällt ihm noch schwer.
- Anderen Kindern kann er nur schlecht zuhören.

Konfliktverhalten

- Sie hat sich schnell an die Schulsituation gewöhnt.
- Sie ist friedfertig (einfügsam, verträglich, kameradschaftlich, freundlich . . .).
- Die erforderlichen Ordnungen des Schullebens werden akzeptiert (einsichtig angenommen, kritisch angenommen, willig eingehalten . . .).
- Die nötigen Ordnungen versucht er zu umgehen.
- Es fällt ihr noch schwer, sich an die erforderlichen Ordnungen (an vereinbarte Regeln) zu halten.
- Sie ordnet sich in die Gemeinschaft willig (leicht, problemlos, unauffällig . . .) ein.
- Sie hat (noch nicht) gelernt, Konflikte verbal zu lösen.
- Es fällt ihr schwer, Konflikte friedlich zu lösen.
- Er reagiert oft unangemessen (aggressiv . . .).
- Bei Auseinandersetzungen verliert er oft die Beherrschung.
- Er ist häufig an Auseinandersetzungen beteiligt.
- Er kann seine Bedürfnisse nicht selbständig durchsetzen.
- Er sucht oft Hilfe beim Lehrer.
- Ärger oder Enttäuschung kann er noch nicht angemessen äußern.
- Er kann seine Aggressionen noch nicht kontrollieren.
- Wortgewandt vertritt er seine Meinung.

Lernverhalten

Allgemeines Arbeitsverhalten

- Sie ist lernwillig.
- Sie ist anstrengungsbereit.
- Freudig und interessiert geht sie auf die unterrichtlichen Aufgaben zu.
- Ihre Anstrengungsbereitschaft ist groß (gering, wenig ausgeprägt . . .).
- Sie zeigt Lernfreude (Arbeitsfreude).
- Sie zeigt Freude am Unterricht (an allen Unterrichtsbereichen).
- Durch eigene Ideen trägt sie wesentlich zum Unterricht bei.
- Durch treffende Beiträge gibt sie dem Unterricht oft wesentliche Impulse.
- Neue Aufgaben nimmt er freudig (interessiert, nur zögernd) in Angriff.
- Dem Unterrichtsgeschehen folgt er interessiert (aufmerksam, konzentriert, ausdauernd, wenig interessiert . . .).
- Er stellt sich den Aufgaben mit Freude (Begeisterung, wachsender Begeisterung, nur zögernd . . .).

- Er braucht genaue Anweisung.
- Er braucht oft helfende Führung.
- Es fehlt an Gründlichkeit im Lernen und Arbeiten.
- Er zeigt wenig Eigeninitiative.

Konzentrationsfähigkeit

- Sie kann sich dauerhaft (lange, nicht lang genug, nur schwer, schlecht . . .) konzentrieren.
- Seine Ausdauer beim Malen (beim Schreiben . . .) ist groß.
- Sie ermüdet rasch und fängt dann an zu spielen (zu stören, beschäftigt sich dann mit anderen Dingen . . .).
- Er verliert leicht die Lust.
- Er läßt sich leicht ablenken.

Beteiligung am Unterricht

- Eifrig und unermüdlich wirkt sie am Unterrichtsgeschehen mit.
- An ihren treffenden Beiträgen zeigt sich, daß sie den Unterrichtsstoff versteht und mitdenkt.
- Die Mitarbeit hängt stark von ihrem Interesse und ihrer Stimmung ab.
- Sie weiß viel, hat aber oft nicht den Mut, sich zu äußern.
- Er ist gelegentlich unaufmerksam, beteiligt sich aber auch oft engagiert am Gespräch.
- Er arbeitet . . . im Unterricht mit.
- Er setzt sich im Unterricht . . . ein.
- Seine aktive Mitarbeit ist . . . .
- Am Mathematikunterricht nimmt er . . . teil.
- Am mündlichen Unterricht (am Unterrichtsgespräch) beteiligt er sich . . .
- selbständig, lebhaft, konzentriert, ausdauernd, zielstrebig, rege, eifrig, unermüdlich, immer, mit großem Einsatz, engagiert, wenig, zu wenig, selten, mit wechselndem Eifer, mit wechselndem Interesse, wechselhaft . . .

Arbeitsverhalten bei schriftlichen Arbeiten

- Sie muß immer wieder zur Weiterarbeit aufgefordert werden.
- Durch ihr allzu flottes Arbeitstempo unterlaufen oft Flüchtigkeitsfehler.
- Er arbeitet . . . .
- Schriftliche Arbeiten erledigt er . . . .
- selbständig, konzentriert, ausdauernd, zielstrebig, sauber, sorgfältig, flott, willig, zügig, gewissenhaft, pflichtbewußt, nur zögernd, langsam, oft zu langsam, viel zu langsam . . .

Erledigung der Hausaufgaben

Er fertigt die Hausaufgaben . . .
Ihre Hausaufgaben erledigt sie . . .
– gewissenhaft, sorgfältig, regelmäßig, zuverlässig, pünktlich, mit geringer Sorgfalt, zu wenig sorgfältig . . .
  (immer, oft, stets, meist, gelegentlich, häufig, nicht immer, selten . . .).

Erstes Schuljahr – Leistungsstand

Lesen

- Er beherrscht die Laute und Lautzeichen.
- Er kennt die erarbeiteten Buchstaben (nicht, sicher).
- Er hat Mühe, verschiedene Laute zu unterscheiden.
- Er verwechselt noch häufig ähnlich klingende Laute.
- Er verwechselt noch oft verschiedene Lautzeichen.
- Er kann die Lautfolge von Buchstaben noch nicht erfassen.
- Er beherrscht den Auf- und Abbau von Wörtern.
- Er kann neue Wörter und kurze Texte erlesen (flüssig, langsam, meist, stockend, selten).
- Wörter mit schwierigen Buchstabenverbindungen kann er noch nicht selbständig erlesen.
- Das Zusammenlesen der Buchstaben gelingt ihm nur mühsam, so daß er den Sinn oft nicht mehr versteht.
- Das Zusammenlesen längerer Wörter bereitet noch Schwierigkeiten.
- Das Zusammenlesen gelingt nur teilweise.
- Er hat das Zusammenlesen erfaßt, liest aber noch langsam (stockend).
- Das Lesen gelingt schon flüssig.
- Er liest flüssig und ausdrucksvoll.
- Er kennt alle Buchstaben, liest flüssig und sinnerfassend, aber noch zu langsam.
- Er liest unbekannte Sätze und einfache Texte selbständig vor.
- Einfache fremde Texte werden sinnerfassend gelesen.
- Auch unbekannte Texte versteht er sofort.
- Er kann fremde Texte lesen und den Inhalt genau wiedergeben.
- Der Schüler liest flüssig und erfaßt den Sinn des Gelesenen selbständig.
- Auch schwierige Texte kann er fließend lesen.
- Er beherrscht schon das zeilenübergreifende Lesen.
- Beim Lesen neuer Texte beachtet er auch schon die Satzzeichen.
- Er liest flüssig, doch muß der Vortrag noch ausdrucksvoller werden.
- Ganze Texte liest sie selbständig (flüssig, sinnerfassend . . .) vor.
- Sie beherrschte schon bei Schuleintritt die Lesetechnik.
- Der Leselernprozeß vollzog sich etwas mühsam, ist aber jetzt abgeschlossen.

Anregungen

- Er muß versuchen, sich auch am Leseunterricht aktiv zu beteiligen.
- Zusätzliche häusliche Übungen können helfen, die Unsicherheiten schnell abzubauen.
- Das Auf- und Abbauen der Buchstaben bedarf noch intensiver Übung.
- Intensive (tägliche) Übung im lauten Vorlesen ist unbedingt (dringend) erforderlich.
- Das laute Vorlesen muß er noch eifrig üben, um sicherer zu werden (mehr Sicherheit zu gewinnen).

Schreiben

- Die Druckbuchstaben schreibt er im richtigen Bewegungsablauf.
- Beim Schreiben hält er die Bewegungsrichtung ein.
- Er kann Wörter (Sätze) gut lesbar in Druckschrift schreiben (abschreiben, aufschreiben).
- Er hat die grundlegenden Formen der Schreibschrift erfaßt und führt sie in richtigem Bewegungsablauf aus.
- Er kann Wörter (kurze Texte) gut lesbar und zügig in Schreibschrift ab- und aufschreiben.
- Die Buchstaben in Schreibschrift beherrscht er sicher und kann sie in Wörtern anwenden.
- Seine Stifthaltung ist immer noch verkrampft und sein Schreibtempo zu langsam.
- Die Buchstaben schreibt er im Detail oft noch ungenau.
- Schwierige Buchstabenverbindungen sind ihm noch nicht geläufig.
- Schreibrichtung und Buchstabengröße einzuhalten, fällt ihm noch schwer.
- Er schreibt gleichmäßig und flüssig.
- Schriftliche Arbeiten werden selbständig und ansprechend ausgeführt.
- Um seine Fingerfertigkeit (Handgeschicklichkeit) zu üben, soll er zu Hause oft basteln (kneten).
- Das Gleichmaß ihrer Schrift hängt von der aufgewendeten Mühe (Sorgfalt) ab.

Rechtschreiben

- Bekannte Wörter kann er (nicht) fehlerfrei schreiben.
- Einfache Wörter (kleine Texte) schreibt er richtig aus dem Gedächtnis auf.
- Wörter aus dem Grundwortschatz schreibt er (meist) fehlerlos.
- Geübte Wörter prägt er sich gut ein und schreibt sie fehlerlos.
- Das Auf- und Abschreiben geübter Texte gelingt mit wenigen Fehlern (fällt ihm leicht, schwer, bereitet noch Schwierigkeiten).
- Er beherrscht die Technik des richtigen Abschreibens.
- Sie verwechselt (verdreht) oft noch Buchstaben.
- Durch gezielte Übungen konnte sie ihre Fehlerzahl bei Nachschriften erheblich vermindern.

Mündlicher Sprachgebrauch

- Persönliche Erlebnisse erzählt er anschaulich und lebhaft (folgerichtig, wortgewandt).
- Er gibt einfache Sachverhalte richtig wieder.
- Persönliche Erlebnisse kann er anschaulich erzählen.
- Sprachlich geschickt stellt er Beobachtungen dar.
- Einfache Gesprächsregeln zu beachten, fällt ihm leicht (noch schwer).
- Besonderes Geschick (besondere Freude) zeigt er beim darstellenden Spiel.
- Es fällt ihm noch schwer, Wünsche in Worte zu fassen.
- Er wendet den erlernten Wortschatz richtig an.
- Sachverhalte kann er anschaulich erklären.
- Er leistet oft Beiträge zum Gruppengespräch.
- Er beantwortet Fragen bereitwillig.
- Beim Gespräch fällt es ihm noch schwer, anderen Kindern zuzuhören (sie anzuhören).
- Im Erzählkreis ergreift er selten das Wort.
- Ihre Erzählbereitschaft ist noch gering.
- Beim Erzählen drückt sie sich klar (anschaulich, lebendig . . .) aus.
- Ihr geringer aktiver Wortschatz erschwert die Beteiligung am Gespräch.

Mathematik

- Den erarbeiteten Zahlenraum hat er erfaßt.
- Die erarbeiteten Zahlenbegriffe hat er erfaßt.
- Den Schritt zur Abstraktion hat er (noch nicht) bei allen Rechenarten vollzogen.
- Er hat eine klare Zahlvorstellung und kann die Aufgaben im Zahlenraum bis 20 sicher lösen.
- Er rechnet flott und sicher.
- Er beherrscht den erarbeiteten Zahlenraum und löst die Aufgaben sicher.
- Sicher und geläufig rechnet er im erarbeiteten Zahlenraum.
- Im Zahlenraum bis 20 rechnet er flott und fehlerfrei.
- Er rechnet sicher, solange die Aufgaben nicht vom geübten Schema abweichen.
- Mathematische Beziehungen zu erfassen, fällt ihm leicht (schwer).
- Er hat klare Zahlbegriffe und geht sicher mit ihnen um.
- Bei der Lösung mathematischer Aufgaben zeigt er zwar oft Unsicherheiten, kommt aber mit Hilfe konkreter Dinge zu brauchbaren Lösungen.
- Mit Hilfe von Anschauungsmaterial gelingt es dem Schüler, die Plus- und Minusaufgaben langsam aber fehlerfrei zu lösen.
- Ohne konkrete Hilfen vermag er mathematische Aufgaben kaum zu lösen.
- Zur Lösung von Minusaufgaben braucht er Anschauungsmaterial und viel Zeit.

- Das Umdenken von einem Rechenvorgang auf einen anderen fällt ihm noch schwer.
- Alle Rechenoperationen werden sicher gelöst.
- Auch Sachaufgaben kann er selbständig lösen.
- Einfache Sachaufgaben kann er selbständig durchdenken und lösen.
- Beim problemlösenden Denken zeigt er erfolgversprechende Ansätze.
- Im Umgang mit Zahlen gewinnt sie mehr Sicherheit.
- Er löst die Aufgaben weitgehend sicher.
- Sie braucht lange, bis sie einen mathematischen Sachverhalt (mathematische Zusammenhänge) versteht.

Mathematik: Anregungen

- Zusätzliche häusliche Übungen im Rechnen können helfen, die Unsicherheiten schneller abzubauen.
- Aufgaben mit Zehnerübergang muß er noch eifrig üben, um sicher zu werden.

Heimat- und Sachkunde

- Durch eigene Beiträge bereichert er den Heimat- und Sachkundeunterricht.
- Dem Heimat- und Sachkundeunterricht folgt er mit sichtbarer Freude.
- Besonderes Interesse zeigt er an biologischen Themen.
- Bei sozialkundlichen Themen zeigt er anhaltendes Interesse.
- Mit großem Eifer sammelt er Material für den Heimat- und Sachkundeunterricht.
- Seine Sachmappe gestaltet er besonders sorgfältig.
- In Heimat- und Sachkunde erkennt er rasch Zusammenhänge und behält auch Einzelheiten im Gedächtnis.

Musisches

- An musischen Tätigkeiten zeigt er viel Freude (große Begeisterung).
- Musische Tätigkeiten sprechen die phantasievolle Schülerin sehr an.
- Anregungen zu musischer Betätigung greift sie mit Freude auf.
- In sämtlichen musischen Fächern zeigt sie Freude und Können.
- An den musischen Lernbereichen beteiligt sie sich gern (freudig, eifrig, geschickt, wenig, selten . . .).

- In Kunsterziehung zeigt er viel Phantasie (ein sicheres Form- und Farbgefühl, ein gutes Farb- und Formempfinden).
- Mit Freude und Geschick widmet sie sich gestalterischen Aufgaben.
- Ihre Zeichnungen gestaltet sie harmonisch (farbenfroh, liebevoll, detailliert . . .).
- Beim Zeichnen und Malen zeigt sie Ideenreichtum und Geschick.
- Beim Zeichnen verwirklicht sie eigene Ideen.
- Er malt farbenfrohe, phantasievolle Bilder.

- Er zeichnet und malt mit viel Freude.
- Besonders geschickt malt er mit Wasserfarben.
- Bei seinen Zeichnungen gibt er sich viel Mühe.
- Beim Malen und Zeichnen soll er mehr Selbstvertrauen entwickeln.

- Viel Freude und Interesse zeigt er an Musik.
- Er singt gern.
- Er hat eine schöne Stimme.
- Er kann eine einfache Melodie sofort richtig nachsingen.
- Er ist rhythmisch sicher.
- Er zeigt viel Geschick im Umgang mit Orff-Instrumenten.
- Sie begleitet taktsicher die geübten Lieder mit den Orff-Instrumenten.

- Der Sportunterricht bereitet ihm viel Freude.
- Viel Eifer (Einsatzfreude) zeigt er beim Sportunterricht.
- Beim Sport ist er wendig (gewandt) und ausdauernd.
- Im Sport zeigt er bei allen Übungen große Körperbeherrschung.
- Beim Ballspiel zeigt er großes Geschick.
- Bei Wettspielen setzt er sich voll ein.
- Es fällt ihm noch schwer, Arm- und Beinbewegungen zu koordinieren.
- Teilweise zeigen sich bei ihm noch Koordinierungsschwierigkeiten.
- Sport kommt seinem Bewegungsdrang sehr entgegen.
- Von den musischen Tätigkeiten gefällt ihr besonders der Sport.
- Im Sport zeigt sie Geschick, Wendigkeit und Ausdauer.

2. Schuljahr – Leistungsstand

Viele Formulierungen aus dem 1. Schuljahr können auch für das Zwischenzeugnis im 2. Schuljahr verwendet werden. Darüber hinaus sind folgende Bemerkungen möglich:

Lesen

- Er kann lautrichtig und wortgenau lesen.
- Er liest flüssig und genau.
- Aus einfachen Texten kann er selbständig Informationen gewinnen.
- Geschichten und Gedichte trägt er ausdrucksvoll vor.
- Gelesene Texte regen seine Phantasie stark an.
- Er kann Texte klanggestaltend lesen.
- Gelesenes kann sie mühelos nacherzählen.
- Gedichte prägt sie sich rasch ein und trägt sie ausdrucksvoll vor.
- Sie zeigt großes Interesse am Lesen.
- Sein Textverständnis und auch sein mündlicher Vortrag sind ausgezeichnet.
- . . .

Schreiben

- Die Lineatur 2 bereitet ihm noch Schwierigkeiten.
- Die Schreibschrift wendet er sicher in Wörtern und Sätzen an.
- Größenunterschiede beachtet er beim Schreiben noch zu wenig.
- Der saubere Umgang mit dem Füller fällt ihm noch schwer.
- Beim Schreiben mit dem Füller fällt es ihm noch schwer, sauber zu arbeiten.
- Seine Schreibgeschwindigkeit muß er noch steigern.
- Die Schreibschrift hat sie schnell erlernt.
- Ihre Schrift ist ausgewogen und flüssig.
- Sie schreibt sauber, aber viel zu langsam.
- Sie muß auch bei erhöhtem Arbeitstempo auf eine ordentliche Schrift achten.
- Sie wendet die Schreibschrift zügig und gleichmäßig an.
- . . .

Rechtschreiben

- Die Großschreibung von Namenswörtern beherrscht er (noch nicht) sicher.
- Weiche und harte Laute kann er nur schwer unterscheiden.
- . . .

Sprachbetrachtung

- Er kennt die wichtigsten Wortarten und kann sie sicher unterscheiden.
- Die verschiedenen Wortarten kann er noch nicht sicher unterscheiden.
- Wiewörter kann er noch nicht erkennen.
- Er unterscheidet die Satzarten sicher.
- Die Satzschlußzeichen setzt er bereits richtig.
- . . .

Mündlicher Sprachgebrauch

- Er kann mündliche Informationen verstehen und sie auch weitergeben.
- Es fällt ihm leicht, die erlernten Gesprächsregeln einzuhalten.
- Es fällt ihm noch schwer zu warten, bis er aufgerufen wird.
- Wortgewandt beteiligt sie sich am Gespräch.
- . . .

Schriftlicher Sprachgebrauch

- Erlebnisse kann er in einfachen Sätzen aufschreiben.
- Er denkt sich gern Geschichten aus. Es fällt ihm aber noch schwer, sie folgerichtig aufzuschreiben.
- Einfache Sachverhalte schreibt er sicher nieder.
- Kleine Geschichten schreibt sie folgerichtig (ideenreich, sprachlich gewandt, abwechslungsreich in der Wortwahl, abwechslungsreich im Ausdruck, wortgewandt, ausführlich, lebendig . . .) auf.

Mathematik

- Er kann Zahlbeziehungen erkennen und sie durch Gleichungen darstellen.
- Im Addieren und Subtrahieren bis 20 hat er eine große Fertigkeit entwickelt.
- Beim Über- und Unterschreiten von Zehnerzahlen zeigt er große Unsicherheit.
- Mit Hilfsmitteln gelingt ihm das Addieren und Subtrahieren zweistelliger Zahlen.
- Den Vorgang des Teilens hat er noch nicht verstanden.
- Die erarbeiteten Einmaleinssätze beherrscht er sicher.
- Mit Maßen kann er sicher umgehen.
- Räumliche Beziehungen erfaßt er auffallend schnell.
- Zu Rechensituationen und Rechengeschichten findet er selbständig die passenden Gleichungen.
- Er findet selbständig eigene Rechenwege.
- Bei Sachaufgaben findet sie selbständig Frage und Lösung.
- Sie durchdenkt gern Sachaufgaben.
- Geschickt orientiert sie sich im Hunderterraum und löst die verschiedenen Aufgaben flott und weitgehend sicher.
- Aufgaben mit Zehnerübergang löst sie sicher (meist, weitgehend sicher, flott, langsam, zu langsam, nur mit Anschauung).
- Sie verwechselt noch oft Zehner und Einer.
- ...

Beispiele für Zeugnisberichte

1. Schuljahr – Zwischenzeugnis

Benjamin ist ein freundlicher Schüler, der zu anderen Kindern rasch Kontakt findet. Teilweise versucht er, vereinbarte Regeln zu umgehen, verhält sich aber auch immer wieder einsichtig.
Er faßt schnell auf und zeigt Interesse am Unterrichtsgeschehen, läßt sich jedoch noch leicht ablenken. Darunter leiden sein Arbeitstempo und seine aktive Beteiligung am Gespräch.
Er hat die Technik des Zusammenlesens verstanden. Unbekannte einfache Texte liest er selbständig vor und versteht ihren Sinn. Er schreibt gleichmäßig und genau und gestaltet seine Hefte und Arbeitsblätter in ansprechender, übersichtlicher Form. Den erarbeiteten Zahlenraum hat er erfaßt. Er löst die Gleichungen auch ohne Hilfsmittel meist richtig. Kleine Rechengeschichten zu durchdenken, fällt ihm schwer. Viel Geschick zeigt er im Umgang mit den Orff-Instrumenten. Am Sportunterricht beteiligt er sich freudig und geschickt. – –

David ist seit dem Schulbeginn viel selbstsicherer geworden. Er fühlt sich jetzt im Klassenverband wohl und knüpft schnell Kontakte zu anderen Kin-

dern. Er findet zahlreiche Spiel- und Lernpartner. Am Unterricht zeigt er Interesse, muß aber vor allem in letzter Zeit oft zu konzentrierter Mitarbeit ermuntert werden.
Er zeigt Freude am Lesen und trägt auch unbekannte Texte schon recht flüssig vor. Seine Hefte und Arbeitsblätter gestaltet er meist ordentlich. Die Druckschrift hat er schnell erlernt, jedoch sind die Buchstaben oft nicht gleichmäßig und stehen nicht genau in den vorgesehenen Zeilen. Den erarbeiteten Zahlenraum hat er erfaßt. Er geht geschickt mit den Hilfsmitteln um und löst die verschiedenen Aufgaben meist richtig. Am Sportunterricht beteiligt er sich mit großem Bewegungsdrang. Die übrigen musischen Lernbereiche interessieren ihn weniger. – –

Armin ist ein stiller, zurückhaltender Schüler, der zu anderen Kindern nur wenig Kontakt sucht. In der Pause beteiligt er sich gern an wilden Spielen. Einsichtig hält er sich an die Regeln des schulischen Zusammenlebens.
Dem Unterricht folgt er stets aufmerksam. Er beteiligt sich viel zu wenig am Gespräch, obwohl er oft eigene Ideen hat.
Er kennt alle erarbeiteten Buchstaben und liest diese richtig zusammen. Um sein Tempo erheblich zu steigern, muß er noch eifrig üben. Seine Hefte und Arbeitsblätter gestaltet er ordentlich. Es fällt ihm noch sehr schwer, Buchstaben und Zahlen gleichmäßig, formgetreu und genau in die Lineatur zu schreiben. Den Zahlenraum bis sieben hat er erfaßt. Mit anschaulichen Hilfen gelingt ihm die Lösung der verschiedenen Aufgaben meist richtig. Er beteiligt sich gern am Sportunterricht und malt farbenfrohe Bilder. Armin besucht den Französischunterricht. – –

Philipp ist ein ernsthafter, williger Schüler. Er sucht gern Kontakt mit Lehrern. Mit Kindern kommt er jedoch schwer ins Gespräch und findet oft keine Spielpartner. Er folgt dem Unterricht mit großer Aufmerksamkeit und setzt sich auch teilweise aktiv ein. Erlebnisse schildert er oft weitschweifig.
Die Technik des Zusammenlesens hat er verstanden, liest auch unbekannte Texte selbständig vor und versteht ihren Sinn. Das Tempo muß er noch etwas erhöhen. Er gibt sich große Mühe, seine Hefte und Arbeitsblätter sauber zu gestalten. Beim Schreiben kann er sich nur schwer daran gewöhnen, den Stift richtig zu halten. Seine Schrift ist aber trotzdem gleichmäßig, jedoch schreibt er sehr langsam. Im erarbeiteten Zahlenraum kommt er mit anschaulichen Hilfen meist zur richtigen Lösung. Aufgaben, die vom üblichen Schema abweichen, fallen ihm schwer. Besonders gern beteiligt er sich an Musik. Er besucht den Französischunterricht. – –

Sebastian ist oft still und ernsthaft. Er hält sich im Umgang mit anderen Kindern zurück, findet jedoch immer Gesprächs- und Spielpartner. Teilweise versucht er, vereinbarte Regeln zu umgehen. Am Unterricht zeigt er sich zwar interessiert, muß aber häufig zu konzentrierter Mitarbeit ermuntert werden. Selbständiges Arbeiten und ungewohnte Aufgabenstellungen verunsichern ihn sehr, da er wenig Vertrauen zu seiner Leistungsfähigkeit zeigt.
Er kennt alle erarbeiteten Buchstaben und kann diese zu neuen Wörtern zusammenfügen. Sein Lesetempo muß aber noch erheblich flüssiger werden.

Seine Hefte und Arbeitsblätter gestaltet er sehr ordentlich. Er schreibt gleichmäßig und genau in die Lineatur. Mit Anschauungsmaterial gelingt es ihm, die Rechnungen im erarbeiteten Zahlenraum richtig zu lösen. Bei Aufgaben, die vom üblichen Schema abweichen, braucht er zusätzliche Hilfen. Er beteiligt sich gern am Sport. Sebastian besucht den Französischunterricht. – –

Die freundliche, besonnene Schülerin hat zu anderen Kindern zahlreiche Gesprächskontakte, obwohl sie von sich aus selten die Initiative ergreift. Einsichtig hält sie sich an vereinbarte Regeln. Sie faßt schnell auf und folgt stets aufmerksam und interessiert dem Unterrichtsgeschehen. Unermüdlich setzt sie sich ein und leistet wesentliche Beiträge. Eine besondere Vorliebe zeigt sie für sachkundliche Themen. Judith kennt alle erarbeiteten Buchstaben, liest auch unbekannte Texte selbständig vor und versteht ihren Sinn. Das Lesetempo muß nur noch etwas flüssiger werden. Ihre Hefte und Arbeitsblätter gestaltet sie meist ordentlich, die Schrift ist aber noch nicht gleichmäßig und steht nicht genau in den Zeilen. Im Zahlenraum bis sieben rechnet sie alle Aufgabenarten auch ohne konkrete Hilfen recht sicher. Sie zeichnet gern farbenfrohe, differenzierte Bilder. Judith besucht den Französischunterricht. – –

Andreas ist ein ruhiger, zutraulicher Schüler, der sich schnell an die Schulsituation gewöhnt hat. Mit den anderen Kindern kommt er gut aus. Er hält sich einsichtig an vereinbarte Regeln.
Dem Unterricht folgt er aufmerksam, beteiligt sich aber noch wenig am Gespräch. Er muß immer wieder ermuntert werden, sich aktiv einzusetzen. Die Technik des Zusammenlesens hat er rasch verstanden. Auch unbekannte Texte liest er selbständig vor und versteht ihren Sinn. Vor allem bei längeren Wörtern wird sein Lesetempo zu langsam. Er soll deshalb täglich laut üben. Seine Hefte und Arbeitsblätter führt er überwiegend ordentlich. Beim Schreiben fühlt er sich oft unsicher und seine Buchstaben stehen nicht genau in der Lineatur. Den erarbeiteten Zahlenraum hat er erfaßt und löst die verschiedenen Aufgaben meist richtig. Mit Freude und Energie beteiligt er sich am Sport. Er besucht den Französischunterricht. – –

1. Schuljahr – Jahreszeugnis

Verena war das ganze Schuljahr über eine zuverlässige Schülerin, die nie Probleme mit ihren Mitschülern hatte. Geschlossene Freundschaften waren andauernd und innig. Im Unterricht arbeitete sie konzentriert, völlig selbständig und gewissenhaft. Am mündlichen Unterricht beteiligte sie sich noch etwas zaghaft, aber mit treffenden Beiträgen. Ihr Lesevortrag war fließend, dabei beachtete sie die Satzzeichen. Ungeübte Texte schrieb sie fehlerfrei nieder. Ihre Schrift war locker und zügig. Hefteinträge gestaltete sie übersichtlich und ansprechend. Ausdrucksvoll trug sie Gedichte vor. Niederschriften verfaßte sie eigenständig. Neue Rechenaufgaben erfaßte sie sofort. Sie rechnete flink und sicher. Die Hausaufgaben fertigte sie sehr sorgfältig.

Beim Turnen war Verena noch etwas vorsichtig. Im Schulchor sang sie gerne mit. Beim Malen hatte sie nette Ideen. Ihre Arbeiten sind reich an Details. Am Französischunterricht nahm sie teil. – –

Andreas Stimmungslage hat sich in den letzten Monaten deutlich stabilisiert, so daß sie im Umgang mit ihren Mitschülern gelassener und sicherer und dadurch selbst ausgeglichener geworden ist. Im Unterricht beschäftigte sie sich zwar noch gerne mit anderen Dingen, konnte aber nach Aufforderung immer wieder in das Unterrichtsgeschehen einbezogen werden. Ihre Arbeitsweise war aufgrund ihrer leichten Ablenkbarkeit viel zu langsam und oberflächlich. Im Lesen hat sie große Sicherheit gewonnen. Neue Texte erliest sie fast fließend. Nachschriften gelangen oft fehlerfrei. Ihr Schriftbild ist etwas besser geworden, doch dürfen ihre Bemühungen nicht nachlassen. Andrea ist erzählfreudig, spricht aber oft nicht in vollständigen Sätzen. Im Rechnen hatte Andrea besondere Schwierigkeiten beim Zehnerübergang mit Zahlzerlegung. Die Hausaufgaben erledigte sie pünktlich, aber nicht immer sorgfältig genug. Ihre Zeichnungen waren oft unvollständig. – –

Matthias hat zahlreiche Gesprächs- und Spielkontakte, die jedoch nicht immer friedlich verlaufen. Er muß häufig ermahnt werden, sich an vereinbarte Regeln zu halten. Im Unterricht zeigt er gute Denkleistungen und auch Interesse. Er kann sich oft nicht auf seine Aufgaben konzentrieren und nimmt dann mit anderen Kindern Kontakt auf. Deshalb ist seine Mitarbeit viel zu wenig beständig. Schriftliche Arbeiten erledigt er in hohem Tempo, vergißt dabei aber, auf eine ordentliche, übersichtliche Darstellung zu achten. Sein Interesse am Lesen, sein Textverständnis und sein mündlicher Vortrag sind ausgezeichnet. Wortbilder prägt er sich rasch ein. Bei ausreichender Konzentration gelingen Nachschriften fehlerfrei. Die Buchstaben in Schreibschrift hat er rasch und gleichmäßig erlernt. Im Zahlbereich bis 20 löst er alle Aufgabenvariationen flott und sicher. Sachaufgaben kann er selbständig durchdenken. Freudig und mit großem Bewegungsdrang beteiligt er sich am Sportunterricht. – –

Thomas ist ein freundlicher Schüler, der im 2. Halbjahr zu anderen Kindern wesentlich öfter Kontakt aufgenommen hat. Er zeigt sich dabei ausgleichend und verträglich. Beim Unterrichtsgespräch ist er recht einsilbig und gehemmt. Er muß versuchen, sich etwas mutiger und lebhafter daran zu beteiligen. Thomas hat seine Lesefertigkeit stark verbessert. Sein Vortrag soll nur noch etwas flüssiger und ausdrucksvoller werden. Die Buchstabenformen und ihre Verbindungen in Schreibschrift prägt er sich schwer ein. Hefte und Arbeitsblätter gestaltet er nicht sorgfältig genug. Nachschriften muß er gründlicher üben, damit sie ihm öfter fehlerfrei gelingen. Aufgaben im Zahlenraum bis 20 rechnet er auch mit Zehnerübergang meist richtig. Am Sport beteiligt er sich mit Freude und Geschick. Zu den übrigen musischen Lernbereichen findet er wenig Zugang. – –

Daniela war eine aufgeschlossene, höfliche Schülerin, die sich ihrer Klassenkameraden gerne annahm und ihnen stets tröstend zur Seite stand. Im Unterricht war sie aufmerksam. Ihre Konzentration ließ aber dann rasch nach, wenn es um neue Lerninhalte ging. Das fiel besonders in Mathematik auf, wo sie leicht der Mut verließ. Der Zehnerübergang mit Zahlzerlegung und das Rechnen mit Zehnerzahlen bereitete ihr Schwierigkeiten. Im Lesen hat sie große Fortschritte gemacht. Auch fremde Texte erliest sie fließend und sinnerfassend. Ihre Schrift ist gleichmäßiger und flüssiger geworden. Nachschriften gelangen oft fehlerfrei. Im mündlichen Ausdruck zeigte sie sich wortgewandt, Erlebnisse schilderte sie ausführlich. Bei Gedichtvorträgen setzte sie gezielt Gestik und Mimik ein. Die Hausaufgaben erledigte sie zuverlässig. Im Umgang mit den Orff-Instrumenten bewies sie Rhythmusgefühl. Am Französischunterricht nahm sie teil. – –

Je vertrauter Manuel die Schulsituation wurde, um so lebhafter wurde er. Immer wieder mußte er an die schulischen Verhaltensregeln erinnert werden. Da sich Manuel nicht über einen längeren Zeitraum konzentrieren konnte und ihm das Stillsitzen schwerfiel, war seine Mitarbeit im Unterricht sehr schwankend. Seine Beiträge waren nicht immer auf das Thema bezogen. Bei schriftlichen Arbeiten benötigte er viel Zeit. Aufgrund vieler häuslicher Übung gelang Manuel das Erlesen fremder Texte fast fließend. Das Bemühen um eine sorgfältige und gleichmäßige Schrift hat in den letzten Monaten merklich nachgelassen. Nachschriften gelangen ihm gelegentlich fehlerfrei. Persönliche Erlebnisse erzählte er knapp und wortkarg. Manuel hatte große Schwierigkeiten in Mathematik, was auf eine noch nicht klare Zahlvorstellung zurückzuführen ist. Er benötigte viel Anschauung und sollte regelmäßig üben. Die Hausaufgaben erledigte er meist pünktlich. Sport kam seinem Bewegungsdrang sehr entgegen. – –

Stefan kann zu seinen Mitschülern hilfsbereit und freundlich sein. Es fällt ihm aber oft noch schwer, in passender Weise Kontakt aufzunehmen. Er hält sich meist an vereinbarte Regeln. Am Unterricht ist er häufig interessiert. Seine Konzentration und seine Ausdauer lassen jedoch rasch nach. Darunter leiden seine mündliche Mitarbeit und auch die schriftlichen Arbeiten. Er liest unbekannte Texte selbständig vor und bemüht sich um sinnvolle Betonung. Nachschriften muß er gründlich üben, um zu fehlerfreien Ergebnissen zu kommen. Die Buchstaben in Schreibschrift gelingen ihm zunehmend gleichmäßig, aber oft zu groß. Seine Hefte und Arbeitsblätter gestaltet er jetzt etwas gleichmäßiger. Im Zahlbereich bis 20 rechnet er auch Aufgaben mit Zehnerübergang ohne Hilfsmittel und recht sicher. Er beteiligt sich gern an allen musischen Lernbereichen. – –

2. Schuljahr – Zwischenzeugnis

Kai kann zu anderen Kindern hilfsbereit und freundlich sein. Er ist aber auch oft an Auseinandersetzungen beteiligt, die er nicht immer verbal regelt. An allen Unterrichtsbereichen zeigt er großes Interesse und nimmt ideenreich am Gespräch teil. Dabei muß er häufig an die Einhaltung der Gesprächsregeln erinnert werden. Er liest fließend alle Texte und kann mühelos selbständig Informationen gewinnen. Im Rechtschreiben prägt er sich Wortbilder rasch ein und arbeitet überwiegend fehlerfrei. Seine Schrift ist oft noch zu groß, und die Buchstaben stehen nicht genau in der vorgegebenen Lineatur, weil er zu schnell schreibt oder sich wenig bemüht. Arbeitsblätter und Hefte gestaltet er ohne besonderen Eifer. Er denkt sich gern phantasievolle Geschichten aus und schreibt diese auf. Geschickt orientiert er sich im Hunderterraum und löst die verschiedenen Aufgabenvariationen flott und weitgehend sicher. Er beteiligt sich gern an allen musischen Lernbereichen. – –

Andreas ist ein hilfsbereiter Schüler, der mit seinen Mitschülern im allgemeinen gut zurechtkommt. Beim Spielen und beim Turnen ist er oft noch recht ungestüm und ausgelassen. Auf Kritik reagiert er empfindlich. Andreas begreift rasch und kann schnell und selbständig arbeiten. Auch seine Beiträge zum Unterricht sind überlegt, doch sind Mitarbeit und Aufmerksamkeit Schwankungen unterworfen. Die Schrift ist zügig und locker, wobei das Gleichmaß von der aufgewandten Sorgfalt abhängt. Er liest fast fließend, sollte aber mehr Wert auf Betonung legen. Gelesenes kann er zusammenfassend wiedergeben. Das Auswendigschreiben geübter Texte gelingt ihm oft fehlerlos. Seine ersten Aufsätze sind folgerichtig und recht wortgewandt. Beim Rechnen im Zahlenraum bis 100 ist er schnell und sicher. Er findet selbständig Fragestellung und Lösungsweg bei Sachaufgaben. Die Hausaufgaben erledigt er regelmäßig. Beim Turnen zeigt er Ausdauer und Wendigkeit. In seinen Zeichnungen verwirklicht er eigene Ideen. – –

Martin ist nach wie vor kontaktscheu, wird aber von seinen Mitschülern geachtet und geschätzt. Seine Gefühlsregungen sind nur schwer erkennbar. Am Schulleben nimmt er von sich aus keinen Anteil. Vereinbarte Verhaltensregeln hält er stets ein. Mündliche Mitarbeit im Unterricht erfolgt meist nur nach Aufforderung. An seiner selbständigen, gründlichen und durchdachten Arbeitsweise zeigt sich, daß er den Lernstoff versteht und logisch durchdringt. Er liest fließend und flott und begreift den Sinn des Gelesenen. Nachschriften und Diktate gelingen fast immer fehlerfrei. Sein Schriftbild ist zügig und sehr gleichmäßig. Einträge gestaltet er stets sorgfältig und übersichtlich. Eigene Ideen verwirklicht er in seinen Niederschriften und Aufsätzen. Beim Kopfrechnen im Zahlenraum bis 100 ist er flink und sicher. Bei ungewohnten Aufgaben und bei Sachaufgaben findet er selbst Ansatz und Lösungsweg. Die Hausaufgaben erledigt er ganz pünktlich und ordentlich. Im Sport strengt Martin sich sehr an, ist aber noch etwas unbeholfen und ängstlich. – –

Eberhard ist meist freundlich und hilfsbereit. Zu seinen Mitschülern hat er zahlreiche Kontakte, die aber nicht immer friedlich verlaufen. Am Unterricht beteiligt er sich mit wechselndem Eifer. Konzentration und Anstrengungsbereitschaft lassen zeitweise rasch nach, so daß sich Leistungsschwankungen ergeben. Er muß noch lernen, seine Schulsachen in Ordnung zu halten. Beim Lesen ist das Tempo viel zu gering. Er muß unbedingt täglich laut lesen. Das Schreiben mit Füller hat er rasch erlernt, doch ist seine Schrift noch etwas zu groß. In letzter Zeit strengt er sich wieder mehr an, die Einträge in Hefte ordentlich zu gestalten. Er gibt sich aber zu schnell mit

Arbeitsergebnissen zufrieden. Geübte Nachschriften gelingen ihm meist mit wenigen Fehlern. In Mathematik rechnet er Aufgaben mit Zehnerübergang noch etwas langsam. An Musik zeigt er kein Interesse und neigt dazu, andere Kinder zu stören. Am Sportunterricht beteiligt er sich gern. – –

Hanife verhält sich zu ihren Mitschülern freundlich und verträglich, sucht aber von sich aus wenig Kontakt. Einsichtig beachtet sie alle schulischen Regeln. Im Unterricht ist sie immer aufmerksam. Sie bemüht sich, auch am Gespräch aktiv teilzunehmen. Selbständige Arbeiten führt sie zügig und konzentriert aus. Sie liest flüssig und spricht die Wörter auch richtig aus. Wortbilder muß sie sich gründlich einprägen, um bei Nachschriften zu fehlerfreien Ergebnissen zu kommen. Hefte und Arbeitsblätter gestaltet sie oft ordentlich. Teilweise fällt es ihr aber noch schwer, die Seiten sauberzuhalten. Ihr Schriftbild ist meist gleichmäßig. Den Aufbau des Hunderterraums hat sie verstanden. Sie kann die verschiedenen Aufgaben ohne Hilfsmittel weitgehend richtig lösen. Bei ungewohnten Aufgaben und bei Sachaufgaben findet sie selbständig Ansatz und Lösungsweg. Hausaufgaben erledigt sie immer pünktlich. Sie beteiligt sich wendig am Sport und unterstützt mit ihrer schönen Stimme den Chor. – –

Durch ihre freundliche, zurückhaltende Art findet Alexandra rasch Spiel- und Lernpartner. Sie hält sich einsichtig an vereinbarte Regeln. In letzter Zeit entwickelt sie mehr Selbstvertrauen, nimmt interessierter am Unterricht teil und meldet sich viel häufiger zu Wort. Im Lesen ist sie sicherer geworden, da sie immer zuverlässig übt. Mit großem Eifer prägt sie sich die Wörter aus dem Grundwortschatz ein, so daß Nachschriften fast immer fehlerfrei gelingen. Ihre Schrift ist gleichmäßig und zügig. Hefte und Arbeitsblätter gestaltet sie oft sorgfältig. Den Hunderterraum hat sie jetzt erfaßt. Die Aufgaben mit Zehnerübergang löst sie sicher, solange sie nicht vom üblichen Schema abweichen. Sachaufgaben zu durchdenken, fällt ihr noch sehr schwer. Hausaufgaben fertigt sie immer in vorbildlicher Weise. Alexandra begleitet sehr taktsicher die im Unterricht eingeübten Lieder auf den Orff-Instrumenten. Auch im Chor singt sie gern mit. – –

Cindy ist eine heitere, ausgeglichene Schülerin, die durch ihre unkomplizierte und verständnisvolle Art bei ihren Mitschülern große Anerkennung findet. Im Unterricht ist sie meist sehr aufmerksam, ihre Beiträge sind durchdacht. Cindy faßt rasch auf, beobachtet genau und arbeitet selbständig und flott. Bei schriftlichen Arbeiten muß sie mehr auf Sorgfalt achten. Ihr Schriftbild ist noch etwas flüchtig. Sie liest fließend und ausdrucksvoll und kann Gelesenes zusammenfassend wiedergeben. Gedichte lernt sie schnell auswendig und trägt sie sehr betont vor. Im Rechtschreiben zeigt sie große Sicherheit durch ihre fast immer fehlerfreien Nachschriften und Diktate. Ihre ersten Aufsätze sind folgerichtig, lückenlos und sehr lebendig erzählt. Aufgaben im Zahlenraum bis 100 rechnet sie sicher und flott. Die Hausaufgaben erledigt sie pünktlich, aber nicht immer ordentlich genug. In den musischen Fächern beweist sie gute Fähigkeiten. Am Französischunterricht nimmt sie mit Erfolg teil. – –

Matthias kann zu seinen Mitschülern freundlich und hilfsbereit sein. Zuweilen verlaufen die Kontakte jedoch nicht friedlich. Er muß immer wieder ermahnt werden, vereinbarte Regeln einzuhalten. Viele Unterrichtsbereiche interessieren ihn. Seine Bereitschaft, sich gleichmäßig am Gespräch zu beteiligen und konzentriert mitzuarbeiten, schwankt noch stark. Er kann fremde Texte selbständig lesen und verstehen. Die Leseflüssigkeit muß er noch steigern. Nach gründlicher Übung und bei ausreichender Konzentration gelingen die Nachschriften fehlerfrei. Seit einigen Wochen gibt er sich große Mühe, zügig, übersichtlich und genau in die vorgegebene Lineatur zu schreiben. Seine schriftlichen Arbeiten gestaltet er in wechselnder Sorgfalt. Bei Minusaufgaben mit Zehnerübergang und Aufgaben, die vom üblichen Schema abweichen, zeigt er große Unsicherheiten. Er beteiligt sich gern am Sport und unterstützt mit seiner schönen Stimme den Chor. Am Französischunterricht nimmt er teil. – –

Katrin ist eine lebhafte, zugängliche Schülerin, die mit ihren Mitschülern gut auskommt. Übernommene Klassenämter führt sie zuverlässig aus. Die Mitarbeit im Unterricht ist noch etwas schwankend, da sie sich immer noch leicht ablenken läßt. Ihre Arbeitsweise dagegen ist konzentriert, selbständig, flott und sehr gewissenhaft. Sie liest jetzt fast fließend und kann Gelesenes zusammenfassend erzählen. Nachschriften und Diktate gelingen häufig fehlerlos. Ihre Schrift ist sehr sorgfältig und einheitlich. Einträge gestaltet sie vorbildlich. Ihre ersten Aufsätze sind folgerichtig, ausführlich und lebendig erzählt. Beim Rechnen im Zahlrenraum bis 100 kommt sie oft auch ohne Anschauungsmittel zu richtigen Ergebnissen. Die Hausaufgaben erledigt sie sehr sorgfältig und pünktlich. Ihre Zeichnungen verraten Ideenreichtum und Geschick. Im Schulchor singt sie gerne mit. Körperbeherrschung und Ausdauer zeigt Katrin im Sportunterricht. Am Französischunterricht nimmt sie teil. – –

Rosa ist sehr zurückhaltend, findet aber immer Spiel- und Lernpartner. Mit den Klassenkameraden kommt sie friedlich aus. Dem Unterricht folgt sie willig und meist aufmerksam, bringt aber wenig eigene Ideen im Gespräch ein. Bei selbständigem Arbeiten läßt sie sich sehr leicht ablenken. Sie liest fremde Texte flüssig vor und bemüht sich, sinnvoll zu betonen. Ihre Aussprache und ihre Satzbildung sind nicht ganz richtig. Wörter aus dem Grundwortschatz muß sie gründlich üben, um zu größerer Sicherheit im Rechtschreiben zu kommen. Sie schreibt oft nicht gleichmäßig und genau genug in die vorgegebene Lineatur. Hefte und Arbeitsblätter gestaltet sie mit ansprechenden Zeichnungen. Im Hunderterraum hat sie die Aufgaben mit Zehnerübergang verstanden. Sie ist aber noch äußerst unsicher und braucht übermäßig lang zur Lösung. Großes Körpergeschick und Wendigkeit zeigt sie im Sport bei allen Übungen. Mit Freude widmet sie sich allen gestalterischen Aufgaben. – –

2. Schuljahr – Jahreszeugnis

Johannes erwies sich als kameradschaftlicher, hilfsbereiter Schüler, der zahlreiche Spiel- und Lernpartner fand. Am Unterricht war er interessiert, nahm rege am Gespräch teil und zeigte oft gute Denkleistungen. Bei schriftlichen Arbeitsaufträgen fand er oft selbständig die Lösung, brauchte dazu aber viel Zeit. Seine Schrift wurde gleichmäßiger und besser lesbar. Hefteinträge gestaltete er vor allem in letzter Zeit übersichtlich und ordentlich. Wendig und geschickt beteiligte er sich am Sportunterricht. – –

Florian konnte durch seine freundliche, hilfsbereite Art zahlreiche Freunde finden. Er verhielt sich meist einsichtig und vernünftig. Am Unterricht beteiligte er sich lebhaft interessiert, vergaß dabei aber oft, auf die vereinbarten Gesprächsregeln zu achten. Für sachkundliche Themen zeigte er besonderes Engagement. Seine Schrift war zügig und ausgewogen. Seine Hausaufgaben fertigte er vor allem in letzter Zeit mit wechselndem Eifer. Musik und Textilarbeit / Werken bereiteten ihm besondere Freude. – –

Jochen hat sich während des ganzen Schuljahres sehr lebhaft am Unterricht beteiligt, wobei er selbständiges und folgerichtiges Denken bewies. Seine Arbeitsweise war zielstrebig und systematisch, sein Gedächtnis dauerhaft. Die Hausaufgaben erledigte er pünktlich und ansprechend in der Gestaltung, sein Schriftbild neigte jedoch, vor allem in den letzten Wochen, zur Oberflächlichkeit. Hervorzuheben sind Jochens Musikalität und sein Gefühl für Rhythmus. Im Umgang mit seinen Mitschülern war er verträglich und stets hilfsbereit. Durch seinen ausgeprägten Gerechtigkeitssinn trug er oftmals wesentlich zu Konfliktlösungen innerhalb der Klasse bei. – –

Simone war während des ganzen Schuljahres ein Vorbild an Aufmerksamkeit und Mitarbeit, wobei sie selbständiges, logisches Denken und rasche Auffassung bewies. Ihre Arbeitsweise war sehr flott und gründlich. Zur Gestaltung musischer Elemente im Unterricht brachte sie oft brauchbare, eigene Einfälle. Enorm sind ihre sportlichen Fähigkeiten. Die Hausaufgaben fertigte sie stets übersichtlich und mit äußerster Sorgfalt an. Im Umgang mit ihren Mitschülern war sie resolut, kameradschaftlich und hilfsbereit. Sie zeigte Anteilnahme und Einfühlungsvermögen. Am Französischunterricht nahm sie teil. – –

Mesut war stets freundlich und fand schnell Anschluß an seine neuen Mitschüler. Es fiel ihm leicht, mit anderen Kindern Kontakt aufzunehmen und friedlich mit ihnen auszukommen. Er zeigte zunächst großen Lerneifer. Seine Anstrengungsbereitschaft bei Übungen, bei seiner Schrift und bei der Gestaltung der Hefteinträge ließ aber erheblich nach. Hausaufgaben fertigte er nicht immer sorgfältig. Am Gespräch beteiligte er sich aber interessiert, hatte eigene Ideen und trug so oft zum Fortgang des Unterrichts bei. Mit großem Körpergeschick und Freude nahm er am Sport teil. – –

Matthias nahm gern mit anderen Kindern Kontakt auf. Er fand immer Spiel- und Lernpartner und erwies sich dabei hilfsbereit und verträglich. Er machte in allen Lernbereichen große Fortschritte. Arbeitsanweisungen erfaßte er weitgehend selbständig. Seine Konzentration schwankte jedoch häufig. In letzter Zeit nahm er oft rege am Unterricht teil, hielt dabei aber oft die Gesprächsregeln nicht ein. Seine Schrift wurde flüssig und gleichmäßig. Im Sport beteiligte er sich besonders gern an leichtathletischen Übungen und zeigte Freude und Interesse an Musik. – –

Patrick suchte nur zu wenigen Kindern Kontakt und legte wenig Wert auf Spiel- und Lernpartner. Vereinbarte Regeln hielt er nicht immer ein. Seine Mitarbeit war stark interessensabhängig und schwankte daher stark. Teilweise war er mit seinen Gedanken völlig abwesend und mußte immer wieder ermuntert werden, dem Unterricht zu folgen. Arbeiten ohne besonderen Aufforderungscharakter erledigte er ungern und oft auch in oberflächlicher, flüchtiger Weise. Sein Religions- und sein Heimat- und Sachkundeheft gestaltete er jedoch sorgfältig und übersichtlich. Beim Zeichnen und Malen bewies er viel Phantasie und Farbgefühl. – –

Markus bemühte sich sehr um regelmäßige Mitarbeit im Unterricht, wobei ihm ausdauernde Aufmerksamkeit immer noch nicht leicht fiel. Arbeitsaufträge zu verstehen und umzusetzen bereitete ihm Schwierigkeiten und bedurfte zusätzlicher Hilfen. Bei Lernzielkontrollen brauchte er oft sehr viel Zeit. Die Hausaufgaben erledigte er pünktlich und meist ordentlich. Am Sportunterricht beteiligte er sich begeistert und zeigte Schnelligkeit und Gewandtheit. Im Umgang mit seinen Mitschülern war er hilfsbereit, kameradschaftlich und verträglich. Am Unterricht in Französischer Sprache nahm er teil. – –

Frederic war ein friedfertiger, ausgeglichener Schüler, der zu einigen Mitschülern rege Spiel- und Gesprächskontakte hatte. Er verhielt sich immer sehr rücksichtsvoll und kameradschaftlich. Dem Unterricht folgte er aufmerksam, die aktive Teilnahme hing jedoch vom Lerngegenstand ab. In Mathematik beteiligte er sich begeistert. Das Schreiben von Aufsätzen bereitete ihm noch etwas Mühe aufgrund des noch unzureichenden Einblicks in die Grammatik. Die Hausaufgaben erledigte er stets pünktlich, das Schriftbild aber immer noch etwas verkrampft. Am Französischunterricht nahm er teil. – –

Filipe war ein hilfsbereiter und verträglicher Schüler, der sich im Umgang mit seinen Mitschülern wesentlich lebhafter zeigte als im Unterricht. Seine Mitarbeit war interessensorientiert und unterlag demnach Schwankungen. Er versuchte weitgehend selbständig zu arbeiten, brauchte aber immer noch zu viel Zeit dazu. Bei den schriftlichen Arbeiten bemühte er sich gerade in den letzten Monaten um größere Sorgfalt und konnte somit sein Schriftbild verbessern. Zeilenübergreifendes Lesen muß er noch tüchtig üben, um den Lesefluß zu beschleunigen. Bei sportlichen Tätigkeiten war er mit Engagement und Freude dabei. – –

4.6 Schülerbeurteilungen beim Übertritt in weiterführende Schulen

Beim Übertritt in weiterführende Schulen gelten folgende Bestimmungen der VSO § 5 (2):

Die Volksschule erstellt auf Antrag der Erziehungsberechtigten für Schüler, die an das Gymnasium, die Realschule oder die Wirtschaftsschule übertreten sollen, ein Übertrittszeugnis (Termin für Realschule und Wirtschaftsschule sind die ersten drei Unterrichtstage im Monat März, für das Gymnasium die ersten drei Unterrichtstage des Monats Mai).

Das Übertrittszeugnis stellt fest, für welche Schullaufbahn der Schüler geeignet ist. Als Grundsatz gilt: Für jedes Kind die Schule, die seinen Anlagen und Fähigkeiten am besten entspricht.

Erläuterungen: Die früheren regional einheitlichen Probearbeiten entfallen. Priorität erhält der Elternwille, da als erster Schritt der Antrag der Eltern erfolgt. Von besonderem Gewicht ist die Beratung durch die Schule und das Gutachten.

Der Probeunterricht wird von Lehrern der abgebenden und der aufnehmenden Schule durchgeführt, wobei eine genaue zahlenmäßige Festlegung unterbleibt. Die Probezeit dauert ein halbes Jahr. Sie kann in besonders begründeten Einzelfällen bis zum Schuljahresende verlängert werden, im letzteren Fall werden die Vorrückungsbestimmungen angewandt.

§ 5 (4) VSO Voraussetzung für die Eignung

a) Notendurchschnitt 2,50, d.h. Gesamtdurchschnittsnote aus den Jahresfortgangsnoten Deutsch, Mathematik und Heimat- und Sachkunde in der 4. Jahrgangsstufe, Deutsch, Mathematik und Englisch aber der 5. Jahrgangsstufe.

Erläuterungen: Jahresfortgangsnoten sind beim Übertritt in die Realschule und Wirtschaftsschule die entsprechenden Noten des Zwischenzeugnisses, beim Übertritt in das Gymnasium die bis zum Zeitpunkt der Ausstellung des Übertrittszeugnisses in den betreffenden Fächern erzielten Noten.

b) Bestätigung der Eignung im pädagogischen Wortgutachten.

c) Jahresfortgangsnote 2 in Musik beim beabsichtigten Übertritt in ein musisches Gymnasium.

Alle diese Punkte müssen beachtet werden. Deshalb kann auch ein sehr positives Wortgutachten nicht zum Gesamturteil „geeignet für das Gymnasium" führen, wenn der Notendurchschnitt in den genannten Fächern nicht mindestens 2,5 beträgt. Unabhängig vom Notendurchschnitt kann das pädagogische Wortgutachten die Eignung für das Gymnasium absprechen.

Neben diesen allgemeinen Bestimmungen gelten noch einige Sonderregelungen:

Für Schüler mit nichtdeutscher Muttersprache und deutsche Aussiedler in Regelklassen:

Der Notendurchschnitt in den oben genannten Fächern darf eine Notenstufe überschreiten (Grenzwert 3,5), wenn der schlechtere Durchschnittswert auf niedrige Leistungen im Fach Deutsch zurückzuführen ist.

Für Schüler aus zweisprachigen Klassen:

An die Stelle des Faches Deutsch tritt das Fach Deutsch als Zweitsprache. Der Schüler muß im Fach Deutsch als Zweitsprache mindestens die Note „gut" erreicht haben. Im pädagogischen Wortgutachten ist darauf einzugehen, wie lange der Schüler Unterricht im Fach Deutsch erhalten hat.

Ab der 5. Jahrgangsstufe tritt an die Stelle des Faches Englisch das Fach der Muttersprache.

Der Notendurchschnitt in den entsprechenden Fächern muß mindestens 2,5 betragen.

Für Schüler mit besonderen Schwierigkeiten im Lesen und Rechtschreiben gilt:

Grundsätzlich unterliegen Schüler mit besonderen Schwierigkeiten im Lesen und Rechtschreiben den für alle Schüler geltenden Maßstäben der Leistungsbewertung. Bei der Festsetzung der Deutschnote können aber die Leistungen im Lesen und Rechtschreiben zurückhaltend gewichtet werden. Bei der Festsetzung der Englischnote stehen bei den Schülern, die einen Förderkurs besuchen, die mündlichen Leistungen im Vordergrund. Im pädagogischen Wortgutachten muß auf die individuelle Entwicklung der Lese- und Rechtschreibfähigkeiten eingegangen werden. Einen Notenbonus oder ähnliche Vergünstigungen gibt es nicht.

Erneuter Übertritt § 5 (6) VSO
§ 12 (5) VSO
§ 13 (5) VSO

Für Schüler, die im Schuljahr des Übertritts aus der weiterführenden Schule zurückkehrten und im nächsten Jahr erneut übertreten wollen, gilt die bereits erteilte Übertrittsgenehmigung. Ein neues Übertrittszeugnis kann auf Antrag der Erziehungsberechtigten ausgestellt werden. Dies ist vor allem dann wichtig, wenn der Schüler in der Volksschule neue Leistungsnachweise mit besseren Ergebnissen erbracht hat.

Wenn nötig, stellt die Volksschule eine Zweitschrift des Übertrittszeugnisses aus der 4. bzw. 6. Jgst. aus mit dem Vermerk: „Übertrittszeugnis aus der 4. (6.) Jgst. entsprechend § 5 (6) VSO". Hat ein Schüler, der erneut übertreten will vor dem ersten Übertritt eine andere Volksschule besucht, so sind von dieser die Noten anzufordern.

Die Richtlinien des KMB sind bei der Erstellung des pädagogischen Wortgutachtens eine wertvolle Hilfe.

VSO § 5: Das pädagogische Wortgutachten soll Anlagen, Neigungen und Fähigkeiten des einzelnen Schülers beschreiben. Dabei sind folgende Gesichtspunkte zu berücksichtigen:

a) Allgemeines Lernverhalten (kognitive Fähigkeiten) z.B. Auffassen, Betrachten, Vergleichen, Behalten, Abstrahieren, Kombinieren, Verbalisieren, reproduktives und produktives Denken (Problemlösen), Übertragen;

b) Lernbereitschaft z.B. Einstellung zur Schularbeit, Arbeitshaltung, Anstrengungsbereitschaft, Ausdauer, besondere Interessen;

c) Individual- und Sozialverhalten, z.B. Grundstimmung, Gefühlsleben, Werteinstellungen, Kontaktfähigkeit, Verhalten in der Gruppe;

d) Besonderheiten der körperlichen und gesundheitlichen Verfassung, soweit sie für den Schulerfolg bedeutsam sein können;

e) besondere Schwierigkeiten beim Erlernen des Lesens und Rechtschreibens;

f) Besonderheiten der Schulverhältnisse, z.B. erschwerende Umstände wie Schul- und Lehrerwechsel.

Allgemeine Hinweise zur Erstellung des Gutachtens im Übertrittszeugnis

Die unter 4.4 angeführten formalen Hinweise für die allgemeinen Zeugnisbemerkungen gelten großenteils auch für diese Beurteilung. Darüber hinaus sind noch andere Gesichtspunkte zu beachten:

1. Auf die Kriterien des KMB muß kurz und klar eingegangen werden.

2. Der Schüler soll in seiner Einmaligkeit als Person gesehen werden. Das schließt eine Beurteilung nach vorgegebenen Mustern aus. Viele einzelne, möglichst verschiedene Beobachtungen auf unterschiedlichen Gebieten bilden die Voraussetzung für die Gesamtbeurteilung eines Schülers. Aber auch hier müssen wir uns immer der Gefahr bewußt sein, den Schüler trotz unserer Bemühungen um Objektivität falsch zu sehen. (siehe 1.1–1.2).

3. Die Aussagen des Gutachtens müssen auf Fakten beruhen und somit begründbar sein.

4. Das Gutachten soll so abgefaßt sein, daß es allgemein verständlich ist; also keine Anhäufung von unnötigen Fachausdrücken.

5. Das Gutachten soll differenzierte Aussagen liefern.

Beispiel für Aussagen über allgemeines Lernverhalten (siehe Kapitel 3)

- Der Schüler faßt neue Lerninhalte auf und denkt folgerichtig.
- Er beobachtet genau (gründlich, anhaltend ...).
- Er überschaut Zusammenhänge.
- Er beobachtet zeitweise zu oberflächlich / nicht genau genug.
- Er kann logisch denken / erkennt logische Zusammenhänge.
- Er zeigt überdurchschnittliche logische Denkleistungen.
- Sein Gedächtnis ist gut entwickelt.
- Auf sein Gedächtnis kann er sich verlassen.
- Gelerntes behält er meist sicher.
- Das Wiederholen und Behalten vom Lernstoff fällt ihm schwer.
- Er hat Schwierigkeiten, Wesentliches vom Unwesentlichen zu trennen.
- Er erfaßt Probleme und versucht, sie selbständig zu lösen.
- Er kann vergleichen und einordnen.
- Er kann selbständig Gedankengänge entwickeln.
- Er wird vom Elternhaus zum Lernen angehalten.
- Seine Neigungen liegen auf mathematischem Gebiet.
- Er kann Gelerntes sinngemäß anwenden (übertragen).
- Er hat eine beherrschte (blühende...) Phantasie.
- Er besitzt überwiegend produktive / reproduktive Fähigkeiten.
- Er kann sich gut konzentrieren.
- Er ist zeitweise leicht ablenkbar.
- Die Konzentration ist noch nicht beständig genug.
- Er ist konzentrationsschwach.
- Er ist im Konkreten verhaftet.
- Er ist an Anschauungen gebunden.
- Er braucht Anschauungsmaterial beim Rechnen.
- Er versteht es noch nicht, seine Gedanken sachgemäß zu verbalisieren.
- Er ist redegewandt.
- Er denkt kritisch mit.
- Er bemüht sich um eigene Lösungsstrategien.
- Er ist schnell und sicher beim mechanischen Rechnen.
- Er verfügt über ein gutes Allgemeinwissen.
- Er besitzt einen reichen Wortschatz.
- Er verbalisiert überlegt und treffend.

Aussagen über Lernbereitschaft

- Das Arbeitsverhalten des Schülers ist Schwankungen unterworfen.
- Er zeigt teilweise großen Eifer.
- Er erledigt seine Aufgaben gewissenhaft.
- Er arbeitet stets pflichtbewußt.
- Er ist um gute Leistungen bemüht.
- Er arbeitet selbständig (flott, ordentlich, aufgeschlossen, aufnahmebereit . . .).
- Sein besonderes Interesse liegt im Fach . . .

- Er ist begeisterungsfähig.
- Er zeigt großen Ehrgeiz.
- Er bemüht sich nach Kräften um gute Leistungen.
- Er erfüllt zuverlässig seine Pflichten.
- Er zeigt aktive Mitarbeit im Unterricht.
- Er hat eine vorbildliche Arbeitshaltung.
- Er geht mit Pflichtbewußtsein und Eifer an die ihm gestellten Aufgaben.
- Die stets ordentliche Arbeitsweise ist lobenswert.
- Er arbeitet zuverlässig und sorgfältig, aber nicht flott genug.
- Er fühlt sich oft unsicher, wenn er allein arbeiten soll.
- Die Lernbereitschaft ist von seinen Interessen abhängig.
- Er beteiligt sich am Unterricht nur selten aktiv.
- Er muß sein Arbeitstempo steigern.

Aussagen über Individual- und Sozialverhalten

- Der Schüler ordnet sich problemlos in die Klassengemeinschaft ein.
- Der Schüler fügt sich ein, bleibt aber ein Individualist.
- In der Klassengemeinschaft ist er als vernünftiger, hilfsbereiter Mitschüler sehr beliebt.
- Er bestimmt das Klassenklima positiv mit.
- Er zeigt sich als Einzelgänger.
- Er fühlt sich oft unverstanden von seinen Mitschülern.
- Es fällt ihm schwer, seine Aggressionen zu beherrschen.
- Durch sein unausgeglichenes Wesen findet er nur schwer Zugang zu den Mitschülern.
- Er bildet sich sein eigenes Urteil.
- Er ist noch unsicher in der eigenen Urteilsbildung.
- Er hat keine Schwierigkeiten sich einzuordnen.
- Er zeigt sich einordnungswillig und hilfsbereit.
  Er sucht Kontakt zu den Mitschülern, ist aber eigenwillig
- Im sozialen Verhalten ist er offen, findet aber nur langsam zu einzelnen Schülern Kontakt.
- Im sozialen Verhalten zeigt er sich gehemmt.
- Der Schüler ist ein Einzelgänger, wünscht aber Kontakt zu Mitschülern.
- Der Schüler hat Kontaktschwierigkeiten.
- Er ist ein gern gesehener Spielkamerad.
- Bei Partner- und Gruppenarbeiten übernimmt er gern die Führung.

Aussagen über Besonderheiten der körperlichen und gesundheitlichen Verfassung

- Der Schüler ist ein umerzogener Linkshänder.
- Er leidet unter einer Hörschwäche.
- Er ist stark kurzsichtig.
- Er ist ein Brillenträger.

- Aufgrund seines Übergewichtes hat er Schwierigkeiten bei allen sportlichen Betätigungen.
- Er ist körperlich sehr zart und häufig krank.
- Er leidet unter einer leichten Sprachstörung.
- Er zeigt auffällige Reaktionen bei schlechten Leistungen.
- Bei allen schriftlichen Aufgaben arbeitet er mit großer Nervosität.
- Er leidet an Asthma.
- Er spricht undeutlich.
- Er ist sehr ängstlich.
- Er ist körperlich belastbar.
- Er ist ein besonders guter Sportler.
- Seine sportlichen Leistungen sind hervorragend.
- Er ist auffällig unruhig und nervös.

Aussagen über besondere Schwierigkeiten

- Der Schüler kam erst zu Beginn des Kalenderjahres in die Klasse.
- Der Schüler zog vor einem halben Jahr aus einem anderen Bundesland nach Bayern um.
- Er besuchte die ersten drei Jahre die Rudolf-Steiner-Schule.
- Er besuchte im 3. Schuljahr ein College in England.
- Die übergroße Erwartungshaltung der Eltern belastet den Schüler.
- Durch den Schulwechsel zeigen sich fundamentale Lücken in Mathematik und Rechtschreiben.

Interesse am Unterricht

- Er zeigte sehr reges Interesse am Unterricht.
- Er zeigte reges Interesse am Unterricht.
- Er interessierte sich für den Unterricht.
- Er interessierte sich nicht immer für den Unterricht.
- Er interessierte sich nur selten für den Unterricht.
- Er zeigte kein Interesse am Unterricht.
- Er hörte immer aufmerksam zu.
- Besonderes Interesse zeigte er für das Fach . . .
- Er brachte oft zu den Unterrichtsthemen passendes Arbeitsmaterial mit.

Verhalten

- Das Verhalten des Schülers war:
- vorbildlich
- ausgezeichnet
- lobenswert
- ordentlich
- angepaßt
- Es gab selten zu Tadel Anlaß.
- Es gab zeitweise zu Tadel Anlaß.
- Der Schüler störte den Unterricht.

Heftführung

- vorbildlich
- sehr ordentlich
- ordentlich
- zeitweise ordentlich
- zufriedenstellend
- Er bemühte sich um ordentliche Heftführung.
- Zeitweise fehlt es an der notwendigen Ordnung.
- Er arbeitet unordentlich.
- Die saubere Heftführung verdiente besonderes Lob.
- Auf eine ordentliche Heftführung muß er mehr Sorgfalt verwenden.

Beispiele für verstärkende oder abschwächende Zusätze

- im allgemeinen, im großen und ganzen, meist, häufig, überwiegend, oft, in der Regel, zeitweise, manchmal, selten, teilweise, außerordentlich, ungewöhnlich, ziemlich, noch nicht immer, in zunehmendem Maße, allmählich.

Beispiele für fachspezifische Beurteilung

Deutsche Sprache

- Der Schüler wendet sprachliche Normen richtig an.
- Er zeigt sich im mündlichen Ausdruck oft gehemmt.
- Er hat eine blühende Phantasie im schriftlichen Ausdruck.
- Es fehlt ihm an Gewandtheit im Gebrauch der Sprache.
- Er kann sich schriftlich klar und angemessen ausdrücken.
- Eine Rechtschreibschwäche beeinträchtigt die schriftlichen Leistungen.
- Er besitzt überwiegend sprachliche Fähigkeiten.
- Er hat einen reichen Wortschatz und großes Begriffsvermögen.
- Er ist im Rechtschreiben sicher.
- Er kann sprachlich gut formulieren.
- Er verfügt über einen geringen Wortschatz.
- Er kann ausdrucksvoll vortragen.
- Er hat bei schriftlichen Formulierungen Schwierigkeiten.
- Er zeigt Unsicherheiten in der Grammatik.
- Er hat eine ausdrucksreiche Sprache.
- Er ist redegewandt.
- Er kann kurze, interessante Referate halten.

Mathematik

- Der Schüler verfügt über mathematische Fähigkeiten.
- Er kann Aufgaben mit komplexer Struktur selbständig lösen.
- Er findet eigene Lösungswege.
- Die Zahlvorstellung ist gut entwickelt.
- Er kann folgerichtig denken.

- Er erkennt mathematische Zusammenhänge.
- Er kann logisch denken.
- Mathematisches Denken fällt ihm schwer.
- Er ist fähig, bei Sachaufgaben Gleichungen mit einer Unbekannten selbst aufzustellen.
- Er ist sicher und flott beim mechanischen Rechnen.
- Er durchschaut graphisch dargestellte mathematische Aufgaben.
- Er kann Lösungswege von ähnlichen Aufgaben übertragen.
- Er hat Schwierigkeiten, die Fragen bei Sachaufgaben herauszufinden.
- Er muß zu lange bei den 1 x 1 Aufgaben überlegen.
- Er rechnet schnell, aber zu flüchtig.
- Er kann vergleichen und einordnen.
- Er faßt Sachaufgaben schnell und gründlich auf.
- Er erfaßt Gesetzmäßigkeiten.
- Er ist selbständig beim Finden von Lösungswegen.
- Er braucht genaue Anweisung.

Heimat- und Sachkunde

- Der Schüler beobachtet genau und anhaltend bei Versuchen.
- Er trennt Wesentliches vom Unwesentlichen.
- Er hat ein gutes Gedächtnis für Sachstoffe.
- Er bringt Sachstoffen besonderes Interesse entgegen.
- Logische Zusammenhänge werden erfaßt.
- Er macht eigene kleine physikalische Versuche.
- Er kann sich schnell auf geographischen Karten orientieren.
- Er zeigt besonderes Interesse für alle chemischen und physikalischen Themen.
- Er bereichert den Unterricht durch eigene Beiträge.
- Er interessiert sich besonders für biologische Themen.

Beispiele für mehrstufige Schätzurteile

Mitarbeit:

- Der Schüler arbeitete stets rege im Unterricht mit (oft, zeitweise rege, selten rege, zu wenig rege . . .).

Pflichterfüllung:

- Der Schüler ist sehr ehrgeizig.
- Er kommt gewissenhaft seinen Pflichten nach.
- Er erfüllt seine Pflichten.
- Er bemühte sich, den Pflichten nachzukommen.
- Er arbeitete nicht immer pflichtbewußt.

Beispiele von Übertrittsgutachten

Die eifrige Schülerin ist aufgeschlossen und vielseitig interessierbar. Sie beobachtet genau, braucht aber einige Zeit, um neue Eindrücke zu verarbeiten. Doch dann erfaßt sie die Probleme und versucht, sie selbständig zu lösen. Auf ihr Gedächtnis kann sie sich verlassen. In Mathematik fehlt es ihr noch an der notwendigen Flexibilität im Denken. Im mündlichen Ausdruck ist sie aufgrund eines reichen Wortschatzes sicher und gewandt. Ihr besonderes Interesse gilt der Musik. Christina arbeitet meist pflichtbewußt und ordentlich, zeitweise jedoch etwas oberflächlich. Sie ist kontaktfreudig und fügt sich gut in die Klassengemeinschaft ein. – –

Die körperlich zarte Schülerin hat im vergangenen Schuljahr durch Krankheit häufig den Unterricht versäumt. Wegen ihres labilen Kreislaufs hatte sie zeitweilig Konzentrationsschwierigkeiten. Ihre Anstrengungsbereitschaft war immer sehr groß. Die vielseitig interessierte Schülerin faßt sicher auf und beobachtet ausdauernd. Ihr Gedächtnis ist gut. Die überwiegend sprachlichen Fähigkeiten zeigen sich vor allem im schriftlichen Ausdruck, während sie im mündlichen zeitweise etwas gehemmt ist. Sie arbeitet flott, zielstrebig und sehr gewissenhaft. Im sozialen Verhalten zeigt sich die anhängliche Schülerin offen. Sie braucht viel persönliche Zuwendung. – –

Die ruhige, pflichtbewußte Schülerin ist aufgeschlossen und vielseitig interessierbar. Sie beobachtet genau und faßt leicht auf. Ihre Fähigkeiten liegen mehr auf mathematischem Gebiet. Sie erkennt die Zusammenhänge und erfaßt das Problem. Es gelingt ihr, selbständig Schlußfolgerungen zu ziehen. Auf ihr Gedächtnis kann sie sich verlassen. Die ehrgeizige Schülerin arbeitet zuverlässig, planvoll und sehr ordentlich. Sie ist bereit zur Zusammenarbeit, möchte aber mitbestimmen. Im sozialen Verhalten zeigt sie sich offen. – –

Die temperamentvolle, arbeitsfreudige Schülerin ist körperlich sehr gewandt und eine gute Sportlerin. Sie geht mit Pflichtbewußtsein und Interesse an die Erledigung der ihr gestellten Aufgaben. Ihre Auffassungs- und Beobachtungsgabe ist sehr gut. Sie vergleicht, erkennt das Wesentliche und kann selbständig Gedankengänge entwickeln. Ihre überwiegend sprachlichen Fähigkeiten zeigen sich im schriftlichen und mündlichen Ausdruck. Die Schülerin arbeitet selbständig, flott und ordentlich. Sie ist beliebt bei den Klassenkameraden und prägt als Klassensprecherin die Atmosphäre positiv. – –

Die aufgeschlossene, interessierte Schülerin bemüht sich meist erfolgreich, mit ihrem Sprachfehler fertig zu werden. Sie beobachtet genau und faßt rasch und sicher auf. Dabei begreift sie das Problem, vergleicht, ordnet ein und versucht, es selbständig zu lösen. Auf ihr gutes Gedächtnis kann sie sich verlassen. Sie verfügt über einen reichen Wortschatz und ein großes Allgemeinwissen. Susanne kann sich konzentrieren und arbeitet zielstrebig, flott und sehr ordentlich. Im Umgang mit den Mitschülern zeigt sie sich kameradschaftlich und kontaktstark und übernimmt gerne freiwillig Aufgaben für die Klasse. – –

Die ruhige, besonnene Schülerin ist vielseitig interessierbar, kann logisch denken und Zusammenhänge erkennen. Ihre Fähigkeiten liegen hauptsächlich auf mathematischem Gebiet. Sie beobachtet genau und ausdauernd und faßt rasch und sicher auf. Im mündlichen Ausdruck erscheint sie zeitweise etwas gehemmt und schüchtern. Auf ihr Gedächtnis kann sie sich verlassen. Die Schülerin arbeitet selbständig, zügig und ordentlich und erfüllt zuverlässig ihre Pflichten. In die Klassengemeinschaft fügt sie sich unauffällig ein. – –

Die zurückhaltende, interessierte Schülerin verfügt über eine gute Auffassungs- und Beobachtungsgabe. Sie erfaßt logische Zusammenhänge, kann selbständig Gedankengänge verarbeiten und Gelerntes in analogen Aufgaben anwenden. Zeitweise ist sie jedoch bei der Arbeit nicht konzentriert genug und macht Flüchtigkeitsfehler. Die ruhige Schülerin verfügt über eine beherrschte Phantasie und ein gutes Gedächtnis. Sie besitzt überwiegend sprachliche Fähigkeiten. Ihre Arbeitsweise ist flott und zielstrebig. Bei den Mitschülern ist sie beliebt. – –

Der ruhige, pflichtbewußte Schüler verfügt über ein gutes Allgemeinwissen. Er faßt rasch und sicher auf, beobachtet genau und ausdauernd und überblickt auch komplexe Zusammenhänge. Sein Gedächtnis ist zuverlässig und dauerhaft. Im schriftlichen Ausdruck zeigt er nicht viel Phantasie, aber Sicherheit im Rechtschreiben und in der Grammatik. Im Mündlichen ist er zeitweise etwas gehemmt. Der interessierte Schüler arbeitet konzentriert, selbständig und flott. In der Klasse ist er durch seine ausgeglichene, freundliche Art sehr beliebt. – –

Der lebhafte Schüler ist vielseitig interessiert und immer aktiv. Er faßt leicht, oft aber zu oberflächlich auf und bemüht sich, die wesentlichen Zusammenhänge zu erkennen. Es gelingt ihm nur zeitweise, seine Gedanken klar zu verbalisieren. Sein Vorstellungsvermögen ist großenteils an Anschauung gebunden. Das Gedächtnis bewahrt Einzelheiten, aber nicht immer die Zusammenhänge.
Der Schüler ist lernwillig, es fehlt ihm noch an Durchhaltevermögen, Konzentration und richtiger Arbeitseinteilung.
In der Klassengemeinschaft zeigt er sich kontaktfreudig und offen und übernimmt freiwillig Aufgaben für die Gruppe. – –

Der Schüler faßt rasch auf und beobachtet kritisch. Er erkennt Zusammenhänge, kann Schlußfolgerungen ziehen und diese sinngemäß auf andere Probleme übertragen. Sein Gedächtnis ist zuverlässig.
Der Schüler arbeitet in angemessenem Tempo und meist auch sorgfältig und konzentriert. Er ist bereit, sich anzustrengen. Bei Gruppenarbeit übernimmt er oft die Initiative. Seine Stimmung ist ausgeglichen. Er hat zahlreiche soziale Kontakte im Klassenverband. – –

Der Schüler faßt sicher auf, beobachtet kritisch und erkennt das Wesentliche. Sein Gedächtnis ist zuverlässig. Die Konzentration unterliegt Schwankungen, vor allem im mündlichen Unterricht.
Der Schüler ist meist bereit, sich anzustrengen. Er arbeitet zügig, doch nicht immer exakt.
Im Klassenverband hat er zahlreiche positive Kontakte. Er ordnet sich willig in die Gruppe ein. – –

Der temperamentvolle Schüler beobachtet interessiert, aber nicht gründlich genug. Um die neuen Eindrücke verarbeiten und verbal wiedergeben zu können, braucht er einige Zeit.
Er faßt unterschiedlich auf, abhängig von der Konzentration, die starken Schwankungen unterworfen ist. In den Sachfächern ist er sehr aufnahmebereit, entwickelt selbständige Gedankengänge und zeigt ein gutes Gedächtnis. Dagegen fällt es ihm schwer, mathematische Zusammenhänge zu durchschauen. Sein Vorstellungsvermögen ist an Anschauung gebunden. Der Schüler arbeitet bedächtig, aber gewissenhaft und ordentlich. Er ist stets gut gelaunt und einordnungswillig, findet aber nicht zu allen Mitschülern Kontakt. – –

Der aufgeschlossene Schüler beobachtet umfassend und gründlich, zieht selbständig Schlußfolgerungen und faßt sicher, aber langsam auf. Sein Gedächtnis ist genau und bewahrt Zusammenhänge. Sobald er jedoch unter Zeitdruck Leistung erbringen soll, zeigt er sich unsicher und nicht belastbar. Seine Nervosität bei allen schriftlichen Arbeiten ist auffällig und führt zeitweise zu Konzentrationsstörungen. Darüber hinaus behindert ihn auch eine Rechtschreibschwäche. Der Schüler erfüllt seine Pflichten zuverlässig und willig. Er ist fähig zur Zusammenarbeit und ordnet sich problemlos in die Klassengemeinschaft ein. – –

Der aktive Schüler faßt rasch auf, beobachtet meist genau und fragt sachgemäß nach den Zusammenhängen. Er hat ein gutes Gedächtnis, besonders für Sachstoffe, und denkt logisch. Seine rege Phantasie und die Sprachgewandtheit zeigen sich im mündlichen und schriftlichen Ausdruck. Im Rechtschreiben ist er unsicher.
Der Schüler arbeitet pflichtbewußt und selbständig, jedoch nicht immer konzentriert, wodurch seine Leistungen schwanken. Die Arbeitsausführung ist oft nicht sorgfältig genug. Im sozialen Verhalten zeigt sich der Schüler verträglich. Durch den häufigen Schulwechsel ist er im Klassenverband nicht voll integriert – –

Der kleine, ruhige Schüler beobachtet genau, aber noch nicht ausdauernd genug. Um etwas Neues zu begreifen, braucht er einige Zeit, kann sich aber dann auf sein Gedächtnis verlassen. Es gelingt ihm nicht immer, seine Gedanken treffend zu verbalisieren. Seine Fähigkeiten liegen überwiegend auf mathematischem Gebiet, während es ihm vor allem im schriftlichen Ausdruck noch an Gewandtheit im Gebrauch der Sprache fehlt. Der Schüler ist interessiert und lernwillig; er arbeitet zuverlässig und sehr ordentlich. In der Gruppe zeigt er sich zurückhaltend und verträglich, beschäftigt sich aber auch sehr gut allein. – –

Die Schülerin faßt rasch auf und besitzt ein zuverlässiges Gedächtnis. Sie erkennt das Wesentliche und kann Probleme gut verbalisieren.
Teilweise fällt es ihr noch schwer, schwierige mathematische Zusammenhänge zu erkennen und zu überschauen.
Sie arbeitet sehr konzentriert und selbständig. Arbeitstempo, Sorgfalt und Ausdauer sind überdurchschnittlich.

Die Schülerin ordnet sich willig in die Gruppe ein und hat zahlreiche soziale Kontakte im Klassenverband. – –

Die Schülerin faßt rasch auf und beobachtet genau. Ihr Gedächtnis ist gut. Sie überschaut Zusammenhänge und kann Schlußfolgerungen ziehen. Der sprachliche Ausdruck ist teilweise ungenau.
Die zuverlässige Schülerin arbeitet selbständig, und in zügigem Tempo. Sie kann sich dauerhaft konzentrieren und ist bereit, sich anzustrengen.
Die Schülerin besitzt die Fähigkeit, Kontakte herzustellen. In die Gruppe ordnet sie sich bereitwillig ein. – –

Die Schülerin faßt rasch auf und beobachtet gründlich. Ihr Gedächtnis ist zuverlässig. Sie erkennt Zusammenhänge, kann Schlußfolgerungen ziehen und gut verbalisieren.
Sie arbeitet selbständig, gründlich und mit überdurchschnittlichem Tempo. Ihre Leistungsbereitschaft ist immer groß. Die sensible Schülerin ordnet sich bereitwillig in die Gruppe ein. Sie hat zahlreiche soziale Kontakte im Klassenverband. – –

Die Schülerin faßt neue Lerninhalte im allgemeinen leicht auf und behält Gelerntes sicher. Bei entsprechender Konzentration ist sie in der Lage, das Wesentliche zu erkennen und selbständig auf andere Sachverhalte zu übertragen. Am Unterrichtsgespräch beteiligt sich Daniela meist rege. Schriftliche Arbeiten erledigt sie zügig, jedoch nicht immer gründlich und gewissenhaft. Im sachkundlichen Bereich zeigt sie sich vielseitig interessiert. Hier leistet sie viele, treffende Beiträge. Daniela ist in der Lage, auch bei komplexen mathematischen Aufgabenstellungen selbständig Lösungswege zu entwickeln. Es gelingt ihr hier aber nicht immer, bis zum Ziel durchzuhalten. Recht sicher zeigt sie sich in Rechtschreibung und Grammatik. Im schriftlichen Sprachgebrauch stellt sie Ideenreichtum und reiche Phantasie unter Beweis. Sehr erfreuliche Ergebnisse erzielt die Schülerin in Kunsterziehung und Musik. – –

Die Schülerin zeigt besondere Fähigkeiten im musischen Bereich. Im schriftlichen Sprachgebrauch verfügt sie über Ideenreichtum und treffenden Ausdruck. In Rechtschreiben und Grammatik erzielt Veronika im allgemeinen zufriedenstellende Ergebnisse. Am Unterrichtsgespräch beteiligt sie sich mit wechselnder Intensität. Schriftliche Aufgaben erledigt sie selbständig und rasch, allerdings mangelt es immer wieder an der nötigen Sorgfalt und Gründlichkeit. Ihre Anstrengungsbereitschaft ist Schwankungen unterworfen. Dem sachkundlichen Unterricht bringt sie Interesse entgegen. Im mathematischen Bereich bildet sich zunehmend logisch-abstrahierendes Denkvermögen aus. Es bereitet ihr aber noch Mühe, selbständig produktive Gedankengänge bis zur Lösung zu verfolgen. – –

Der Schüler verhält sich stets ordentlich. Er bemüht sich um gründliche Auffassung. Neue Lerninhalte behält er nicht immer klar und differenziert genug. Aufgrund seines Interesses für Mathematik gelingt ihm das Lösen formaler Aufgaben recht gut. Schwierigkeiten bereitet es Andreas aber, in komplexen Aufgabenstellungen selbständig Lösungsmöglichkeiten zu entwickeln. Recht interessiert zeigt sich Andreas an sachkundlichen Themen. Seine unterrichtlichen Beiträge formuliert er hier im allgemeinen treffend. Alle gestellten Aufgaben erledigt der Schüler meist zuverlässig und sorgfältig. Im schriftlichen Ausdruck mangelt es noch an Gewandtheit in der Ausdrucksweise. Unsicherheiten treten in Rechtschreibung und Grammatik auf. – –

Der Schüler faßt neue Lerninhalte im allgemeinen rasch und sicher auf. Übertragen auf weiterführende Sachverhalte gelingt ihm besonders in Mathematik. Hier entwickelt der Schüler selbständig Lösungsmöglichkeiten. Für sachkundliche Themen zeigt sich Bernhard stets interessierbar. Der Schüler arbeitet recht gewissenhaft und selbständig. Bei der Ausführung ist er um Sorgfalt und Genauigkeit bemüht. Im schriftlichen Sprachgebrauch mangelt es noch an Gewandtheit in der Ausdrucksweise. Unsicherheiten treten immer wieder in Rechtschreibung und Grammatik auf. In der Klassengemeinschaft verhält Bernhard sich sehr verträglich und kameradschaftlich. – –

Die Schülerin faßt neue Lerninhalte meist rasch auf und verarbeitet sie im allgemeinen gründlich. Recht sicher kann sie das Gelernte anschließend auf andere Sachverhalte übertragen. Im sachkundlichen Bereich zeigt sich Meike vielseitig interessiert. Die Schülerin leistet hier treffende unterrichtliche Beiträge. Gewissenhaft und zuverlässig geht sie an die gestellten Aufgaben und erledigt sie selbständig und im allgemeinen ordentlich.
Im mathematischen Bereich bildet sich logisch-abstrahierendes Denkvermögen aus, so daß auch die Lösung komplexer Aufgaben immer weniger Schwierigkeiten bereitet.
Meike verfügt über recht zufriedenstellende Sicherheit in Rechtschreibung und Grammatik. Im schriftlichen Sprachgebrauch gelingt es ihr nicht immer, ihren Ideenreichtum und die reiche Phantasie in gewandten Ausdruck zu kleiden. – –

Der Schüler fügt sich meist ruhig und kameradschaftlich in die Klassengemeinschaft ein, kann aber auch lebhaft aus sich herausgehen. Dem Unterrichtsgeschehen steht er aufgeschlossen gegenüber. Damit er sich auch aktiv beteiligt, benötigt er häufig eine persönliche Ansprache. Schulische Arbeiten geht er meist bedächtig an und hat große Probleme, sie alleine in angemessenem Tempo zu bewältigen. Auch vom Elternhaus her muß er zum Arbeiten angehalten werden. Neue Lerninhalte erarbeitet er sich gründlich und kann sie dann zuverlässig wiedergeben.
In Mathematik beherrscht er die Grundrechenarten und kann auch komplexere Strukturen durchschauen. Vielseitig interessiert zeigt er sich in Heimat- und Sachkunde.
Die Wiedergabe des rechtschriftlichen Grundwortschatzes im Fach Deutsch ist Schwankungen unterworfen. Beim Erlesen fremder Texte hat Stephan öfters Zeitprobleme. Das Durchschauen neuer sprachlicher Strukturen fällt ihm nicht immer leicht. Es gelingt ihm zunehmend besser, seine Gedanken

schriftlich zu formulieren, wobei es ihm allerdings noch an Gewandtheit im Gebrauch der Sprache fehlt.
Im Sport zeigt er meist wenig Einsatzfreude. – –

Die ruhige, empfindsame Schülerin verfügt über eine pflichtbewußte Einstellung zur Lernarbeit. Sie erledigt ihre Aufgaben selbständig, jedoch nicht immer sorgfältig genug. Neue Lerninhalte faßt Manuela gründlich auf. Gelerntes behält sie im allgemeinen sicher. Dem Heimat- und Sachkundeunterricht bringt sie besonderes Interesse entgegen. Hier leistet sie viele wertvolle Beiträge. Im mündlichen Ausdruck verbalisiert die Schülerin aufgrund ihrer überlegen-abwägenden Arbeitsweise verständlich und treffend. Manuela zeigt im schriftlichen Sprachgebrauch Ideenreichtum und Gewandtheit in der Ausdrucksweise. Bisweilen mangelt es aber an Sicherheit in Rechtschreibung und Grammatik. Das Auflösen komplexer Rechenabläufe gelingt der Schülerin zunehmend. Selbständig entwickelt sie Gedankengänge zur Lösung hin. – –

Der Schüler faßt neue Unterrichtsinhalte rasch und leicht auf. Gelerntes kann er sicher auf weiterführende Sachverhalte übertragen. Logisch-abstrahierendes Denkvermögen zeigt Martin in Mathematik. Der Schüler erkennt auch in komplexen Aufgaben die Probleme und kann selbständig Lösungswege entwickeln. Besonders im sachkundlichen Bereich zeigt sich der Schüler vielseitig interessiert. Hier leistet er viele treffende Beiträge. Martin verfügt über Sicherheit in Rechtschreibung und Grammatik. Dem schriftlichen Ausdruck kommen Reichtum an Ideen und Phantasie zugute. Der Schüler hat eine pflichtbewußte Einstellung zur Lernarbeit. Die Arbeitsausführung erfolgt dabei selbständig und in zügigem Tempo. Martin bemüht sich stets um eine gründliche und sorgfältige Erledigung seiner Aufgaben. – –

Der Schüler faßt konzentriert, gründlich und beständig auf. Er kann Gelerntes zuverlässig behalten und sicher auf andere Lerninhalte übertragen. Diese Fähigkeiten lassen sich zusammen mit einem zunehmend abstrahierend-produktiven Denkvermögen in Mathematik feststellen, sei es im Auflösen komplexer Rechenaufgaben oder im Vollzug reversibler Operationen. Im mündlichen Ausdruck verbalisiert der Schüler überlegt und treffend. In Rechtschreiben und Grammatik verfügt er über eine beachtliche Sicherheit. Dem schriftlichen Sprachgebrauch mangelt es bisweilen an Gewandtheit in der Ausdrucksweise. Im sachkundlichen Bereich zeigt er sich vielseitig interessiert. Seine Einstellung zur Lernarbeit ist pflichtbewußt und gewissenhaft. Die Erledigung der Arbeiten erfolgt selbständig, recht zügig und meist ordentlich. – –

Der Schüler verfügt über eine zuverlässige, gewissenhafte Arbeitsweise. Schriftliche Aufgaben erledigt er sorgfältig und meist selbständig. Am Unterrichtsgespräch nimmt er mit wachsender Intensität teil. Neue Lerninhalte faßt er bedächtig auf. Die erarbeiteten Regeln und Gesetzmäßigkeiten behält er im allgemeinen sicher. Daher bereitet ihm im mathematischen Bereich die reproduzierende Lösung formaler Aufgaben kaum Schwierigkei-

ten. Es fällt ihm aber nicht immer leicht, Abstraktionen zu vollziehen und bei komplexeren Aufgaben selbständig Lösungswege zu entwickeln.
Recht interessiert zeigt sich André an sachkundlichen Themen.
Aufgrund des pflichtgetreuen, fleißigen Arbeitens können in Rechtschreiben und Sprachbetrachtung zufriedenstellende Ergebnisse erzielt werden. Im schriftlichen Sprachgebrauch gelingt es dem Schüler noch nicht, seine Ideen in gewandten Ausdruck zu kleiden. – –

Der selbstbewußte, lebhafte Schüler faßt neue Lerninhalte im allgemeinen rasch, aber nicht immer gründlich genug auf. Gelerntes behält er meist sicher. Bei entsprechender Konzentration ist er in der Lage, das Wesentliche zu erkennen und selbständig auf andere Sachverhalte zu übertragen. Am Unterrichtsgespräch beteiligt sich Benjamin spontan und aktiv. Schriftliche Arbeiten erledigt er eigenständig, jedoch oft zu oberflächlich. Seine Anstrengungsbereitschaft ist Schwankungen unterworfen. Für sachkundliche Themen ist er meist interessierbar. Im mathematischen Bereich ist er immer öfter in der Lage, auch bei komplexen Aufgaben eigene Lösungswege zu entwickeln. Der Schüler verfügt über sichere Rechtschreibung und Ideenreichtum. Unsicherheiten treten immer wieder in Sprachbetrachtung auf. – –

4.7 Schülerbeurteilung bei der Überweisung an eine Schule für Behinderte (§ 4 VSO)

Die Meinungen der Theoretiker und Praktiker zum Thema Sonderschule sind seit Jahren besonders kontrovers. In einem Artikel der Süddeutschen Zeitung vom 6./7. März 1982 mit der Überschrift: „Wo wird das behinderte Kind am besten gefördert?“ finden wir drei verschiedene Standpunkte.

1. Herr Professor Hellbrügge wird zitiert: „Sonderschule sondert aus, Blindenschule macht erst richtig blind“. Deshalb fordert er die totale Integration behinderter Kinder in das Regelschulwesen.

2. Die Empfehlung der Bildungskommission aus dem Jahre 1973 wird genannt. Zu empfehlen sei: „Eine Konzeption der weitmöglichen gemeinsamen Unterrichtung und Erziehung Behinderter und Nichtbehinderter und die stärkere Integration sonderschulischer Einrichtungen in das genannte Schulsystem.“

3. Folgende Argumente eines Rektors einer Volksschule werden angeführt: „Nur in der relativen Geborgenheit der kleinen Sonderschulklassen, unter ebenfalls in ihren Fähigkeiten begrenzten Mitschülern, könne das zarte Pflänzchen Selbstbewußtsein überhaupt wachsen.“

Es würde den Rahmen des Buches bei weitem sprengen, auf die einzelnen Standpunkte näher einzugehen und sie zu bewerten. Dennoch sei gesagt, daß die Autoren der Meinung der Bildungskommission zustimmen.

Wenn ein Lehrer meint, ein Schüler würde an der Sonderschule adäquater gefördert, so muß ein Antrag auf Überweisung an eine Schule für Behinderte gestellt werden. In der Volksschulordnung steht dazu:

VSO § 4 Abs. 1
Überweisung an eine Schule für Behinderte (Sondervolksschule)

(1) [1]Der Klassenleiter der Volksschule meldet Schüler, die für eine Überweisung an eine Schule für Behinderte (Sondervolksschule) in Betracht kommen, dem Schulleiter. [2]Er teilt dabei seine Beobachtungen über die Schulleistungen und das Lernverhalten sowie über die vermutete Behinderung schriftlich mit und geht auf die bisher durchgeführten Förderungsmaßnahmen ein.

Die Überweisung an die Sondervolksschule stellt eine bedeutsame Weichenstellung für das Leben des Kindes dar. Deshalb muß die diagnostische Informationsgrundlage besonders gut und umfangreich sein. Der Lehrer wird gerade das betroffene Kind intensiv beobachten und sich genaue Aufzeichnungen machen. Der Antrag enthält auch die Beobachtungen des Klassenleiters zu folgenden Punkten:

1. Besonderheiten der körperlichen und gesundheitlichen Verfassung
2. Allgemeines Lernverhalten
3. Individual- und Sozialverhalten
4. Kenntnisse und Fertigkeiten

Für die Punkte 1 bis 3 können die Beurteilungen von Kapital 3 verwendet werden. Bei den Kenntnissen und Fertigkeiten (4) ist auf folgendes einzugehen:

- Welche Leistungen erbringt das Kind in den einzelnen Fächern?
- Wo hat es besondere Schwierigkeiten?
- Was fällt ihm besonders schwer?
- Wodurch wird das Kind beim Lernen behindert?
- Welcher Art sind die Lernbehinderungen des Kindes?

5. Konsequenzen der Schülerbeurteilungen

5.1 Einführende Bemerkungen

Die zahlreichen Fakten, die ein Lehrer über einen Schüler zusammenträgt, bilden die Grundlage der Beurteilungen in Zeugnisberichten und Gutachten. Diese Aufgabe wird oft als vordringlich gesehen. Damit würden wir aber unserem Erziehungsauftrag keinesfalls gerecht. „Die Grundschule . . . sucht individuelle Begabungen bestmöglich zu entfalten, bemüht sich, Rückstände aufzuholen, Schwächen zu beheben oder anderweitig auszugleichen und leitet – wenn dies nicht möglich ist – dazu an, mit ihnen zu leben. . . . Sittlich wertvolle Einstellungen und Grundhaltungen sollen angebahnt und verstärkt, wertwidrige in Frage gestellt und abgebaut werden."[1])

„Der Lehrer berät die Eltern in Fragen der Erziehung, des Lernens und der weiteren schulischen Laufbahn".[2])

Die Schülerbeobachtung beeinflußt das Schülerverhalten, die Elternberatung und auch das Lehrerverhalten. Diese drei Aspekte werden im folgenden Kapitel genauer beleuchtet.

5.2 Änderung des Schülerverhaltens

1. Einführende Bemerkungen
2. Planung einer Verhaltensmodifikation
3. Möglichkeiten einer Verhaltensmodifikation

- Methoden der positiven Verstärkung
  - Verstärkungen aus dem sozialen Bereich
  - Verstärkungen durch die Unterrichtsgestaltung
  - Verstärkung durch materielle Anreize
  - Modellernen
  - Abschluß von Verträgen
  - Selbstverstärkung
- Das Aufstellen von Regeln
- Negative Verstärkung
- Die Löschung
- Zeitlicher Einsatz von Verstärkern

4. Zusammenfassung

---

[1]) Lehrplan für die Grundschule 1981, Seite 5.

[2]) ebenda Seite 6.

1. Einführende Bemerkungen

Es gibt verschiedene Theorien zur Veränderung von Verhalten, speziell bei Kindern.

Alfred Adler und auf ihn aufbauend Rudolf Dreikurs nähern sich den Problemen der Verhaltensänderung von der Individualpsychologie her. Jedes Verhalten ist zielgerichtet. Durch die Kenntnis des Ziels kann der Erzieher dem Kind, das sich „gegen die Gesellschaft" verhält, vor allem durch Ermutigung und durch sogenannte logische Folgen oder Konsequenzen helfen.

Die Theorie Thomas Gordons zur Veränderung unakzeptablen Verhaltens ist eine Gesprächstheorie. Sie baut darauf auf, daß durch bestimmte Techniken des Zuhörens, der Sendung von Ich – und Du – Botschaften und schließlich die Lösung von Problemen durch sogenannte niederlagslose Methoden das Kind – Erzieher – Verhältnis verbessert werden kann.

Schließlich bietet sich noch das Modell der Verhaltensmodifikation an, das auf lerntheoretischen Erkenntnissen basiert. Im folgenden soll die Veränderung von Schülerverhalten vor allem unter dem Aspekt der Verhaltensmodifikation dargestellt werden. Ein Vergleich dieser drei Theorien ist in Gräser/Lederer: Störende Schüler – unruhige Klasse, Kempten 1982, zu finden.

2. Planung einer Verhaltensmodifikation

Verhalten ist veränderbar. Diese Einsicht beruht auf den lerntheoretischen Erkenntnissen, daß Verhalten gelernt wird und deshalb auch wieder verlernt werden kann.

Die Verhaltensbeeinflussung, oft auch Verhaltensmodifikation genannt, ist scharf von der Verhaltenstherapie abzugrenzen. Lehrer können meist wegen fehlender zusätzlicher Ausbildung und auch wegen mangelnder Zeit keine Therapien durchführen.

Solange Menschen erziehen, gibt es den Willen des Erziehers, bestimmte Verhaltensweisen eines Zöglings zu ändern. Aufgabe des Lehrers ist es, gezielt, d.h. durch besondere methodische Schritte eine Verhaltensänderung zu erreichen. Ein Lehrer darf auf unerwünschtes Verhalten nicht reagieren, sondern muß planvoll agieren. Deshalb ist es notwendig, daß er sich über die Ausgangslage, seine Ziele und Maßstäbe klar ist.

- Die regelmäßig notierten Beobachtungen zeigen die Ausgangssituation, von der aus ein bestimmtes Verhalten beeinflußt werden kann.
- Die Verfassung des Freistaates Bayern und die Präambel des Lehrplans für die Grundschulen nennen die Ziele unserer Erziehung. Diese bieten aber nur den Rahmen, den der Lehrer selbst zu füllen hat. Er muß die einzelnen Ziele selbst setzen und sie immer wieder kritisch durchdenken.
- Die Maßstäbe für richtiges Verhalten sind zeitabhängig und müssen deshalb ständig überprüft werden.
- Der Lehrer muß sich eventueller Fehler bewußt sein (siehe Kapitel 1.1.)

In jeder Erziehungs- und Unterrichtssituation kann sich das Verhalten von Schülern ändern. Allein der Zuwachs an Wissen bewirkt dies. Häufig jedoch wird der Aufbau von erwünschtem Verhalten durch allgemeine methodische Schritte nicht erreicht. Der Lehrer muß deshalb eine Verhaltensmodifikation genau planen. Die einzelnen Maßnahmen können auf einen Schüler zielen, auf eine Gruppe oder auch auf einen ganzen Klassenverband; z.B. aktive Unterrichtsbeteiligung am Unterrichtsgeschehen – festgestellt an der Meldehäufigkeit der einzelnen Schüler.

Planung einer Verhaltensmodifikation

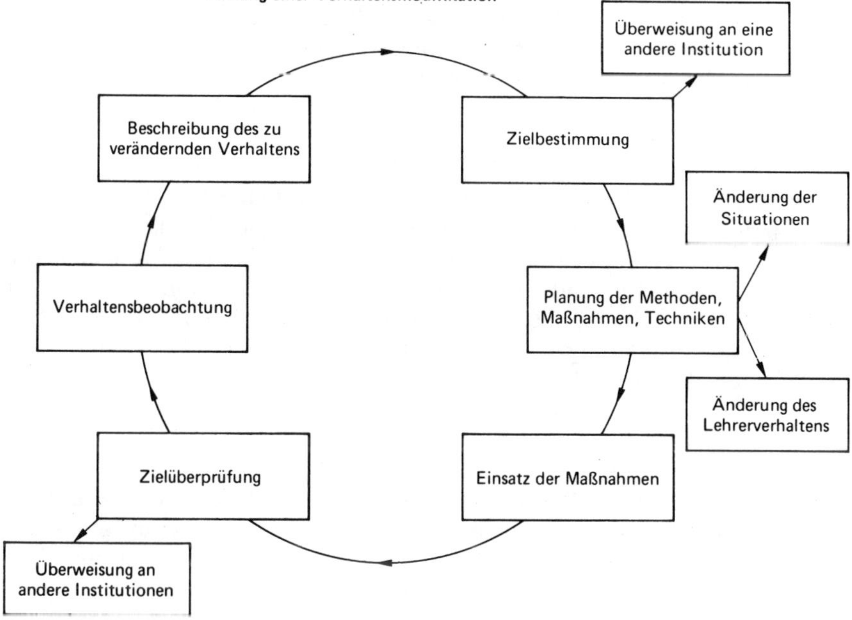

Anmerkungen zum Modell „Planung einer Verhaltensmodifikation"

Verhaltensbeobachtung

Ausgangspunkt ist immer die Information aus den direkten oder indirekten Beobachtungen.

Beschreibung des zu verändernden Verhaltens

Das Ausformulieren der stichpunktartigen Notizen verdeutlicht oft schon das Ziel.

Zielbestimmung

Wird dieses Ziel jedoch vom Elternhaus nicht mitgetragen oder steht es den Erwartungen der Erziehungsberechtigten entgegen, so ist der Versuch, ein Verhalten zu ändern, in der Regel zum Scheitern verurteilt. Der Lehrer muß sich klar darüber sein, ob die erwünschte Verhaltensmodifikation mit den Mitteln der Schule erreicht werden kann, oder ob eine andere Institution, z.B. ein Psychologe hinzugezogen werden soll.

Spätestens an dieser Stelle ist zu überlegen, wem die Verhaltensänderung nützt.

- Leidet der Schüler unter seinem bisher gezeigten Verhalten?
- Behindert es ihn bei der Entfaltung seiner Begabung, Kreativität . . .?
- Wird sein Verhalten zu den Mitmenschen gestört?
- Stört das Verhalten vor allem den Lehrer?

Planung der Methoden, Maßnahmen, Techniken

Mit einer genauen Zielformulierung ist ein wesentlicher Schritt zur Verhaltensänderung getan. Der Erfolg hängt jedoch entscheidend von den einzelnen Methoden und Maßnahmen ab. Oft gelingt eine Modifikation des Schülerverhaltens bereits durch Änderung einer bestimmten Situation. So kann ein Wechsel der Sitzordnung die Kreativität verschiedener Kinder erheblich bessern. Auch eine Änderung des Lehrerverhaltens muß hier in Betracht gezogen werden (siehe Kapitel 5.4).

Einsatz der Maßnahmen

Die Durchführung der Maßnahmen erfordert vom Lehrer große Geduld und viel Zeit. In die Planung sollte in jedem Fall auch ein Zeitlimit mit einbezogen werden. Dadurch lassen sich ein vorzeitiger Abbruch des Versuchs einer Verhaltensmodifikation oder der voreilige Wechsel auf eine andere Methode vermeiden.

Zielüberprüfung

Nach Ablauf der gesetzten Frist muß überprüft werden, inwieweit sich das Schülerverhalten verändert hat. Eventuell muß die Überweisung an eine andere Institution vorgenommen werden. Wenn das Ziel jedoch zumindest zum Teil erreicht wurde , so hat sich der Kreis geschlossen.

3. Möglichkeiten einer Verhaltensmodifikation

Es gibt drei Möglichkeiten, Verhalten zu ändern:

1. Der neue Aufbau eines erwünschten Verhaltens
2. Die Verstärkung eines erwünschten Verhaltens
3. Der Abbau eines unerwünschten Verhaltens

Diese Differenzierung hilft bereits, die Technik, mit der Verhalten geändert werden soll, einzugrenzen. Es gibt jedoch eine Vielzahl von Möglichkeiten, aus denen der Lehrer wählen kann. Der Erfolg hängt von seiner Kreativität, dem Geschick und der Erfahrung ab.

• Methoden der positiven Verstärkung

Bei einer positiven Verstärkung folgt auf erwünschtes Verhalten etwas, was als angenehm empfunden wird. Man kann erwarten, daß dadurch die erwünschte Handlung verstärkt wird. Was die einzelnen Schüler als mehr oder weniger angenehm empfinden, ist unterschiedlich.

Positive Verstärkung aus dem sozialen Bereich

Die Verstärkung eines erwünschten Verhaltens kommt in der Schulsituation meist vom Lehrer. Sie kann aber auch von den Mitschülern ausgehen.

Verstärkung durch den Lehrer. Der Lehrer kann eine positive Verstärkung durch Mimik und Gestik oder durch Sprache erreichen. Es gehört zur täglichen Unterrichtspraxis, einem eifrigen Kind eine spontane Anerkennung zu zollen. Soll ein Verhalten verstärkt oder neu aufgebaut werden, so setzt der Lehrer bewußt z.B. Lob ein. Teilweise wird zwischen Lob als personenbezogen und der Anerkennung als sachbezogen unterschieden. Der Lehrer braucht ein Gespür für Situationen, in denen er ein schwieriges Kind positiv verstärken kann. Außerdem muß er herausfinden, auf welche Form der Anerkennung das Kind am besten anspricht.

Positive Verstärkung durch die Sprache. Am häufigsten werden mündliche Äußerungen eingesetzt. Manche Kinder reagieren jedoch, wenn sie sich durch eine lobende Anerkennung im Mittelpunkt sehen, unangemessen. Bei diesen Schülern weicht man besser auf einen anderen positiven Verstärker aus. Schriftliche Anerkennungen sind oft sehr wirkungsvoll. Ein Lob kann unter Hefteinträgen und im Mitteilungsheft oder Hausaufgabenheft eingetragen werden. Eventuell wirkt dann noch eine zweite positive Verstärkung durch die Eltern.

Positive Verstärkung durch Mimik und Gestik. Der Lehrer beeinflußt durch Blickkontakt, Lachen, Zunicken, Handbewegungen, Körperhaltung ... ständig das Verhalten der Schüler. Jedoch wird Anerkennung durch Mimik und Gestik als positive Verstärkung zu wenig bewußt eingesetzt. Nicht nur richtige Antworten, sondern auch richtiges Verhalten müssen gezielt eine Rückmeldung (feedback) erfahren.

Der Einsatz von körperlicher Zuwendung, wie etwa Streicheln ist von der Altersstufe der Kinder und auch von der Persönlichkeit des Lehrers abhängig. Hier bedarf es großer Vorsicht und Sensibilität. Wird bei einem Schüler ein

Defizit an körperlicher Zuwendung vermutet, so muß eine intensive Elternberatung einsetzen. Dieser Mangel kann durch die Schule nicht behoben werden.

Verstärkung durch Klassenkameraden. Die Verstärkung eines Verhaltens durch Mitschüler erleben wir häufig im negativen Sinn. Der Beifall von Klassenkameraden kann das kasperlhafte Verhalten von Kindern intensivieren. In sozialistischen Ländern gilt der Einfluß der Gleichaltrigen als eines der wichtigsten Erziehungsmittel und wird stark gefördert. Wir wissen aber, daß auf einzelne Schüler dabei unangemessener Druck ausgeübt wird.

Der Lehrer hat die Aufgabe, die Kinder dafür zu gewinnen, unangemessenes Verhalten nicht zu beachten. Sie sollten lernen, mit Zuwendung zu reagieren, wenn dem Schüler positives Verhalten gelungen ist.

Positve Verstärkung durch die Unterrichtsgestaltung

Die Unterrichtsgestaltung selbst bietet dem Lehrer eine Fülle von Möglichkeiten, eine positive Verstärkung zu erreichen. Hier kommt das sogenannte Premack-Prinzip zum Tragen:

Wenn auf eine weniger beliebte, eine angenehme Tätigkeit folgt, so wird die weniger beliebte besser, schneller oder öfter erledigt.

Als Verstärker kann jede Tätigkeit wirken, die die Kinder gern ausführen. Die Beliebtheit ist von Schüler zu Schüler und von Klasse zu Klasse unterschiedlich.

Allein durch die Artikulation des Unterrichts kann eine Steigerung oder Veränderung gewisser Verhaltensweisen erzielt werden. Sind in verschiedenen Klassen Gruppenarbeit, das Kreisgespräch, Wettrechnen oder Buchstabenrätsel besonders beliebt, so wird damit sicher die Aktivität gesteigert. Folgt z.B. auf das ungeliebte Diktat ein Spiel, eine kurze Pause, erzählt der Lehrer eine Geschichte . . ., so ist zu erwarten, daß das Diktat weniger intensiv mit Negativa besetzt und damit auch besser geschrieben wird.

Die genannten Beispiele einer positiven Veränderung zielen überwiegend auf mehrere Schüler. Aber auch für einzelne lassen sich zahlreiche Möglichkeiten finden, um ein bestimmtes Verhalten zu verstärken:

Für die ganze Klasse den sogenannten Verstärker auswählen, Turnübungen zum Stundenwechsel vormachen, ein Lied bestimmen, Hefte austeilen, die Tafel wischen . . .

Die Vielfalt der positiven Verstärker ist unerschöpflich. Aber der Lehrer sollte folgende Regeln einhalten:

- Der Verstärker soll unmittelbar folgen.
- Die beliebte Tätigkeit soll möglichst von den Kindern ausgewählt werden.
- Ein gewisser zeitlicher Rahmen darf nicht gesprengt werden.

Positive Verstärkung durch materielle Anreize

Bei diesem System der positiven Verstärkung werden für bestimmtes erwünschtes Verhalten sogenannte Tokens (= Münzverstärker) ausgegeben. Diese können geldähnliche Chips, Punkte, Sterne und dergleichen sein. Ihren Wert erhalten sie erst dadurch, daß eine vereinbarte Anzahl in Dinge eingetauscht werden kann, die für die Kinder erstrebenswert sind.

Bei einer Sonderform dieses Systems müssen für unerwünschte Verhaltensweisen die Tokens wieder zurückgegeben werden. Dies bedeutet jedoch eine Strafe und damit ist das Gebiet der positiven Verstärkung verlassen.

Die Vergabe von Tokens ist bei den Kindern sehr beliebt. Sie können ihre Anzahl selbst kontrollieren und der Eintausch bereitet ihnen viel Freude . Für den Lehrer ist dieses System jederzeit einsetzbar. Es eignet sich für die Verstärkung positiver sozialer Verhaltensweisen ebenso gut, wie für den Aufbau erwünschten Arbeitsverhaltens. Anstelle von konkreten Gegenständen kann der Lehrer auch schulinterne Aktivitäten für eine bestimmte Anzahl von Tokens anbieten.

Bei einer wirkungsvollen Spielart dieses Systems wirken die Eltern mit. Kinder, Eltern und Lehrer besprechen gemeinsam, welche Dinge, Tätigkeiten oder Vergünstigungen im Elternhaus für Tokens eingetauscht werden können.

Der Lehrer sollte sich aber bewußt sein, daß gegen den Einsatz von materiellen Verstärkern gewichtige Gründe sprechen. Er muß die Vor- und Nachteile sorgsam gegeneinander abwägen. Innerhalb einer Klasse können durch Tokens Rivalitäten und ein Konkurrenzdenken verstärkt werden. Diese Gefahr besteht vor allem, wenn alle Schüler ohne individuelle Differenzierung in dieses System miteinbezogen sind. Eifrige Schüler erhalten dann z.B. wesentlich mehr Tokens als solche, deren aktive Mitarbeit verstärkt werden müßte. Die Verstärkung erreicht die Kinder zu selten, die sie so dringend bräuchten. Wer sowieso schon motiviert ist, erhält eine zusätzliche Motivation.

Eine weitere Fehlentwicklung darf nicht unterschätzt werden:

Bestimmtes Verhalten wird nur noch gegen Bezahlung – in welcher Form auch immer – gezeigt. Manche Kinder gestalten z.B. ihre Hefte von sich aus mit großer Sorgfalt und Freude. Durch die Verteilung von Tokens kann diese primäre Motivation wieder verloren gehen.

Es besteht überhaupt die Gefahr der Übersättigung, wenn die Tokens nicht sparsam verwendet werden. Lehrer setzen sie in der Regel zusammen mit einem sozialen Verstärker ein. Der Schüler erhält seinen Punkt mit einem Lob oder einer zustimmenden Geste überreicht. Er sieht sich vielleicht im Mittelpunkt des Interesses seiner Klassenkameraden. Die Tokens sollten auf jeden Fall nach und nach abgebaut und durch einen sozialen Verstärker ersetzt werden.

Modellernen

Lernen durch ein Modell ist in der Erziehungspraxis seit Jahrhunderten bekannt. Aber erst die neue Psychologie (vor allem Bandura) erforschte experimentell die Wirkung des Modell- oder Imitationslernens.

Wie schon der Name ausdrückt, beobachten dabei die Kinder das Verhalten eines Menschen und ahmen es modellhaft nach. Die Wirkung hängt von verschiedenen Faktoren ab:

- Je jünger ein Mensch ist, umso leichter und schneller lernt er durch ein Modell.
- Ist der soziale Rang der nachgeahmten Person hoch, so zeigt er als Modell einen hohen Wirkungsgrad.
- Aggressives Verhalten wird bevorzugt nachgeahmt.
- Die positive Verstärkung spielt eine erhebliche Rolle.

In der Unterrichtspraxis findet das Modellernen meist wenig Beachtung, obwohl es für den Neuerwerb von Verhalten und auch für die Verstärkung positiver und negativer Verhaltensweisen bedeutend sein kann.

Beobachtet z.B. ein Schüler das Verhalten eines anderen, vielleicht von ihm bewunderten Klassenkameraden, und erlebt er, daß dessen Verhalten positiv verstärkt wird, so ist die Wahrscheinlichkeit, daß dieses Modell nachgeahmt wird, sehr hoch. Der Lehrer erreicht oft völlig unbeabsichtigt ein Modellernen, wenn Schüler erleben, daß positive Verhaltensweisen eine angenehme Wirkung zeigen.

Dies bedeutet aber auch, daß z.B. aggressives Verhalten auf keinen Fall eine positive oder keine Konsequenz haben darf, um ein Modellernen negativer Akte zu vermeiden.

Modellernen kann auch durch Filme geschehen. Sie stellen oft ein geeignetes Medium dar, um positive Modelle für bestimmtes Verhalten zu zeigen.

Viele Kinder finden in ihrer Umgebung keine positiven Modelle dafür, wie soziale Konflikte ohne Gewalt und Aggression gelöst werden können. In diesem Zusammenhang kommt dem Rollenspiel eine große Bedeutung zu. Im Spiel werden verschiedene modellhafte Muster vorgestellt und angeboten.

Der Lehrer darf nie vergessen, daß er selbst geradezu prädestiniert ist, modellhaft nachgeahmt zu werden. Die ständige Überprüfung des eigenen Verhaltens muß deshalb für den Lehrer eine selbstverständliche Aufgabe sein.

Abschluß von Verträgen

Zeigen die verschiedenen Möglichkeiten der positiven Verstärkung keinen Erfolg, so kann ein Vertrag zwischen Lehrer und Schüler geschlossen werden. In einer Vorform ist dies auch mündlich möglich (Kontingenzverträge zur Behandlung von Schulproblemen in Verhaltensbeobachtung und Verhaltensmodifikation von Ulrich Mees und Herbert Selg, Stuttgart 1977). Voraussetzung dafür ist, daß beide Partner zu einem vertrauensvollen Gespräch kommen. Nur wenn das Kind einsieht, daß ein Teil seines Verhaltens verbessert werden soll, führt ein Vertrag zum Erfolg.

Das Ziel muß für das Kind verständlich formuliert sein. Es soll zunächst relativ niedrig gehalten werden und dann eine Steigerung erfahren. In den vorausgegangenen gescheiterten Versuchen einer Verhaltensmodifikation waren sicher verschiedene Verstärker eingesetzt worden. Diese erwiesen sich entweder als zu schwach oder zu unattraktiv. Bei ihrer Auswahl muß deshalb mit besonderer Sorgfalt vorgegangen werden. Die Abmachungen werden schriftlich fixiert. Schüler und Lehrer unterzeichnen sie. Je intensiver die Kinder beim Entwurf des Vertrages mitwirken– umso größer ist die Chance des Erfolges. Wenn ein Vertrag geschlossen wird, erfährt das Kind besondere Zuwendung. Es fühlt sich und sein Problem wichtig genommen. Der Lehrer achtet bewußter auf erwünschtes Verhalten. Dadurch tritt bereits eine Steigerung des positiven Verhaltens ein.

Bei diesen Verträgen können auch die Eltern miteinbezogen werden. Ihre Mithilfe ist vor allem dann angezeigt, wenn das unerwünschte Verhalten in der Schule und zu Hause auftritt. So sollten z.B. beim Problem des Trödelns Eltern und Lehrer zusammenarbeiten.

Beispiel für einen Verhaltensvertrag einfachster Art

1. Vorausgehendes Gespräch
2. Festlegen des angestrebten Verhaltens
3. Vereinbarung über die Tokens

Vertrag zwischen Schüler A und Lehrer B

– A nimmt sich vor, seine Hausaufgaben täglich vollständig anzufertigen.
– Er notiert sich die Hausaufgabe in sein Merkheft.
– Er erledigt seine Mathematikhausaufgabe.
– Er erledigt seine Deutschhausaufgabe.
– Er erledigt seine mündlichen Aufgaben.
– B verpflichtet sich, für jeden der erfüllten Punkte einen Stern (Tokens . . .) zu geben.
  In einer Woche (4 Hausaufgaben) kann A 16 Sterne erreichen. Am Freitag jeder Woche kann A die Sterne eintauschen.

1. Woche: Für 10 Sterne 1 Stange Plastillin
2. Woche: Für 12 Sterne 1 Stange Plastillin
3. Woche: Für 14 Sterne 1 Stange Plastillin
4. Woche: Für 16 Sterne 1 Stange Plastillin

Das erste Ziel muß in jedem Fall so niedrig gesteckt sein, daß es der Schüler sicher erreichen kann. Wenn in einer Woche die Anzahl der Sterne nicht geschafft wurde, so muß in der nächsten Woche das gleiche Ziel noch einmal angestrebt werden.

Selbstverstärkung

Selbstverstärkung ist das Ziel jeder Verhaltensmodifikation . Der Schüler wird dadurch unabhängig von einer Verstärkung von außen, die er vielleicht nicht oder nicht zum richtigen Zeitpunkt erhält. Voraussetzung für eine Selbstverstärkung ist eine genaue Selbstbeobachtung. Soll z.B. das Arbeitstempo bei der Anfertigung der Hausaufgaben gesteigert werden, so braucht das Kind eine Anleitung, wie es sich selbst kontrollieren kann. Oft bekommt es dadurch erst ein Gespür für sein unerwünschtes Verhalten. Der Schüler mißt mit der Uhr, wie lange er sich mit Dingen beschäftigt, die mit der Hausaufgabe nichts zu tun haben.

Manche Kinder beherrschen die Technik der Selbstverstärkung. Sie loben sich für eine konzentrierte saubere Arbeit oder belohnen sich mit einer beliebten Tätigkeit: Wenn ich in einer Stunde meine Hausaufgaben erledigt habe, besuche ich meinen Freund.

Vielen gelingt eine Selbstverstärkung jedoch nicht. Nur wer positive Erfahrungen mit Verstärkern gemacht hat, kann sie auch selbst anwenden.

• Aufstellen von Regeln

Beim Zusammenleben in der Schule ergeben sich oft Interessenskollisionen. Durch das Aufstellen von Regeln für die Gemeinschaft läßt sich ein Teil davon vermeiden. Die Schüler brauchen Orientierungshilfen für ihr Verhalten.

Regeln können für verschiedene Situationen gefunden und aufgestellt werden, z.B. für das Verhalten vor Unterrichtsbeginn, bei Gruppenarbeit, bei Gesprächen . . . Die Einhaltung der Regeln ist dann am besten gewährleistet, wenn die Kinder bei der Aufstellung intensiv mitwirken. Sie müssen für die Schüler einsichtig sein, d.h. der Zweck muß klar zum Ausdruck kommen. Formulierungen, die von ihnen selbst gefunden wurden, sind oft einprägsamer, als vom Lehrer vorgegebene.

Die Anzahl der Regeln sollte möglichst gering sein, damit der Lehrer ihre Einhaltung noch überprüfen kann. Wenn gegen Regeln ohne Folgen leicht verstoßen werden kann, besteht die Gefahr, daß hier ein negativer Lernprozeß in Gang kommt: Gegen Regeln kann man leicht verstoßen.

Beispiel für Gesprächsregeln:

- Ich spreche laut, damit mich alle verstehen können.
- Ich unterbreche niemanden. Jeder möchte seine Gedanken ganz aussprechen.
- Ich lache niemanden aus. Jeder soll seine Meinung sagen dürfen.
- . . .

• Negative Verstärkung

Positive Verstärker sind in hervorragendem Maße geeignet, bestimmtes Verhalten positiv zu beeinflussen. Negative Verstärker können ebenfalls ein bestimmtes Verhalten intensivieren. Endet ein unangenehmer Zustand (= negativer Verstärker) durch ein bestimmtes Verhalten, so wird die entsprechende Verhaltensweise verstärkt. Negative Verstärker sind aber mit ähnlichen Nachteilen gekoppelt wie die Bestrafung.

Wenn ein Schüler in der Turnstunde während des Reckaufbaues bereits am Gerät turnt, ist dies ein unerwünschtes Verhalten. Der Lehrer reagiert darauf und schließt ihn von den folgenden Übungen am Reck aus (= negativer Verstärker). In der nächsten Turnstunde wird das Kind nicht mehr unerlaubt turnen. Es darf jetzt wieder alle Übungen mitmachen. Die Wahrscheinlichkeit, daß das Kind nur noch dann an Geräten turnt, wenn es der Lehrer gestattet, wird erhöht (= negative Verstärkung).

Viele Maßnahmen, die das Ziel haben, bestimmtes Verhalten abzubauen, können als Strafe bezeichnet werden. Der häufige Einsatz von Strafen erklärt sich vor allem dadurch, daß sie sofort wirksam sind. Darüber hinaus wirken sie beim Lehrer verstärkend. Durch den unmittelbaren Erfolg sieht er sich verstärkt. Die Wahrscheinlichkeit, daß ein Lehrer seine strafenden Handlungen wiederholt, erhöht sich.

In der Erziehung werden immer wieder Situationen auftauchen, in denen sofortiges Handeln nötig ist: Wenn Kinder sich oder andere gefährden und wenn sie die Rechte anderer stark beeinträchtigen. Der Lehrer muß sich bewußt sein, daß bei jeder Strafe die Nachteile überwiegen. Er darf sie deshalb nur äußerst behutsam einsetzen. Besonders negativ scheint die emotionale Störung zwischen Lehrer und Schüler. Beim Kind werden oft Affekte und Aggressionen vertieft oder neu aufgebaut.

Wenn positive Verstärker gegeben wurden, können sie bei unerwünschtem Verhalten auch wieder entzogen werden. Die Rückgabe von Tokens hilft oft, unerwünschtes Verhalten abzubauen. Ebenso wirkt der Entzug von Vergünstigungen, die zunächst als positive Verstärker gedacht waren. Der Ausschluß aus einem sozialen Verband (time-out) ist ebenfalls eine Technik der Verhaltensmodifikation.

„Im Time-out wird, wer die bekannten Regeln der Interaktion übertritt, für eine kurze Zeit ruhig aber bestimmt von der Gruppe, in der er sich befindet, ausgeschlossen . “[1])

Vor allem bei aggressivem Verhalten hat sich diese Methode bewährt, da ein Modellernen durch andere Kinder verhindert werden muß.

Jeder Entzug eines positiven Verstärkers bedeutet Strafe. Deshalb gelten auch hier alle Bedenken, die gegen eine Bestrafung sprechen. Bei systematischer und konsequenter Anwendung scheint von diesen Maßnahmen jedoch ein Verstärkerentzug noch am besten geeignet, unerwünschtes Verhalten abzubauen.

---

[1]) Mees, U., Selg, H., Verhaltensbeobachtung und Verhaltensmodifikafion, Stuttgart 1977, Seite 114.

• Löschung von Verhalten

Wenn das Verhalten eines Schülers nicht beachtet wird, das heißt, ein Verstärker ausbleibt, so wird es reduziert und schließlich gelöscht. Diese Methode hat sich als sehr wirksam erwiesen, erfordert aber vom Lehrer ein hohes Maß an Konsequenz. Wird das unerwünschte Verhalten nur zeitweise ignoriert, so bedeutet das wiederum eine Verstärkung.
Kinder verhalten sich oft auffällig, um die Aufmerksamkeit eines Lehrers zu erregen. Wendet er sich ihnen zu, wenn auch tadelnd, so haben sie ihr Ziel erreicht. Je nach den Erfahrungen der Kinder, kann ein konsequentes Ignorieren des unerwünschten Verhaltens zunächst sogar zu einer Steigerung führen, da sie auf jeden Fall beachtet werden wollen.
In unseren Klassen finden wir häufig Schüler, die den Unterricht durch ihre Aktivität bereichern, aber durch ständiges Dazwischenrufen stören. Eine konsequente Nichtbeachtung der Zwischenrufe kann hier erhebliche Besserung oder gar Löschung des unerwünschten Verhaltens bringen. Das Kind darf in diesem Moment keine Zuwendung, auch keinen Blickkontakt erhalten. Zugleich muß der Lehrer erwünschte Verhaltensweisen verstärken. In diesem Fall muß das Kind aufgerufen oder gelobt werden, wenn es sich meldet. Das Verhalten des Dazwischenrufens wird allmählich gelöscht und an seine Stelle tritt das vereinbarte Melden, um zu Wort zu kommen.

• Zeitlicher Einsatz von Verstärkern

Kontinuierliche Verstärkung

Verstärkungen können kontinuierlich gegeben werden, das heißt, immer wenn ein bestimmtes erwünschtes Verhalten auftritt, wird es verstärkt. Zu Beginn einer Aufbauphase ist diese Art oft geboten, da ein nur sporadisch auftretendes Verhalten sonst sofort wieder gelöscht würde. Die negative Verstärkung muß unbedingt sofort auf das unerwünschte Verhalten folgen. Es darf keine wesentliche Zeitspanne zwischen Aktion und Reaktion liegen, da das Kind sonst keine Beziehung mehr herstellen kann. „Je unmittelbarer die Verstärkung auf das relevante Verhalten erfolgt, umso günstiger verläuft der Lernprozeß."[1]) Es lohnt sich deshalb, zu Beginn eines Verhaltensaufbaus zunächst die nötige Zeit für die kontinuierliche Verstärkung aufzuwenden.

Intermittierende Verstärkung

Sobald eine gewisse Stabilität erreicht ist, muß die kontinuierliche Verstärkung in eine intermittierende übergehen. Das erwünschte Verhalten wird dann nur noch gelegentlich verstärkt und widersetzt sich damit einer Löschung. „Allgemein gilt, daß alle Formen der intermittierenden Verstärkung zwar den Lernprozeß verlangsamen, das Verhalten jedoch auf eine lange Zeitspanne gesehen löschungsresistenter ist, als kontinuierlich bekräftigte Reaktionen."[2])

---

[1]) Ammer, C., Veränderung von Schülerverhalten, München 1976, Seite 123.
[2]) Ammer, C., dito, Seite 128.

Die gelegentliche Verstärkung kann zeitlich festgelegt sein, z.B. am Stundenende. Im Schulalltag wird meist situationsbedingt in unregelmäßigen Zeitabständen verstärkt. Außer dieser sogenannten Intervallverstärkung gibt es noch eine Möglichkeit der Quotenverstärkung. Hier wird je nach Häufigkeit des auftretenden Verhaltens etwa jeder fünfte aktive Einsatz im Unterricht verstärkt.

Untersuchungen haben ergeben, daß variable Intervalle oder Quotenverstärker wirkungsvoller sind, als solche, die genau festgelegt sind. Der Schüler bleibt motiviert, bestimmte Verhaltensweisen zu zeigen. Er weiß, er erhält die Verstärkung, wenn auch nach einer unbestimmten Zeit.

4. Zusammenfassung

Verhaltensmodifikation findet in Erziehungssituationen laufend statt. „Dabei produziert die ‚natürliche' undurchschaute Verhaltensmodifikation allerlei Teufelskreise. Solche Teufelskreise können in der Regel erst aufgelöst werden, wenn Lehrer von der unbewußten (nicht intendierten) auf bewußte Verhaltensmodifikation umschalten und das Ignorieren und Verstärken gezielt einsetzen."[1])

Kurz zusammengefaßt läßt sich sagen:

1. Materielle Verstärkungen müssen über soziale Verstärkungen zur Selbstverstärkung führen.
2. Planung und Durchführung einer Verhaltensmodifikation müssen aus der Hand des Lehrers in die des Schülers übergehen.
3. Kontinuierliche (dauernde) muß von intermittierender (gelegentlicher) Verstärkung abgelöst werden.

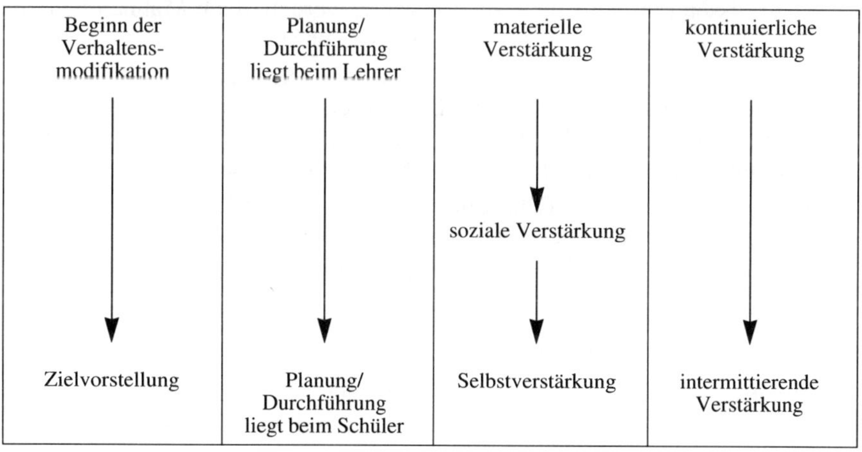

[1]) Grell, J., Techniken des Lehrerverhaltens, Weinheim 1974, Seite 97.

5.3 Intensivierung der Beratung

- Vertrauensvolle Zusammenarbeit mit Eltern, eine Voraussetzung pädagogischen Handelns
- Beratung bei individuellen Schwierigkeiten
- Beratung über die Schullaufbahn

Vertrauensvolle Zusammenarbeit mit Eltern

„Der Lehrer berät die Eltern in Fragen der Erziehung, des Lernens und der weiteren schulischen Laufbahn.“[1])

Aufgrund der eigenen Beobachtungen und der verschiedenen Informationen, die der Lehrer eingeholt hat, berät er die Eltern. Nur wenn er mit ihnen zusammenarbeitet, ist eine pädagogisch wirksame Förderung des Kindes gewährleistet. Eltern und Lehrer müssen sich als Partner verstehen und bestimmte Gesprächsregeln beachten, damit ein vertrauenvolles Gespräch entstehen kann. (Siehe Kapitel 2.4.5). Meist verlaufen Elternberatungen dann problemlos, wenn Kontakte schon geknüpft waren. Eine Vertrauensbasis muß gelegt werden, noch ehe Probleme auftauchen.

Beratung bei individuellen Schwierigkeiten

Bei Konflikten, die in der Schule auftreten, kann nur richtig reagiert werden, wenn das häusliche Erziehungsfeld bekannt ist. Schwierigkeiten, die sich in der Schule zeigen, werden vom Elternhaus oft unbeabsichtigt verursacht. Aber auch der umgekehrte Fall trifft oft ein. So kann der Lehrer Schulangst zum Beispiel nicht abbauen, weil Eltern Symptome, wie etwa häufiges Erbrechen am Morgen, nicht mitteilen. Die Ziele jeder Verhaltensveränderung beim Schüler müssen mit den Eltern abgesprochen werden, denn Maßnahmen, die sie nicht stützen, oder gar unterlaufen, richten nur Schaden an.

Ein gemeinsames Vorgehen bietet sich bei vielen Verhaltensauffälligkeiten an. Eltern, die der Lehrer gezielt um Mithilfe bittet, sehen sich nicht in der Rolle derer, die Beschwerden über ihr Kind entgegennehmen müssen, sondern als Partner. Sie werden darum ihre Mitarbeit selten verwehren.

Eltern suchen häufig beim Lehrer nur Information über Leistung und Verhalten. Fragen der häuslichen Erziehung tragen sie weniger oft an den Lehrer heran. Aber auch hier kann der Lehrer zum Wohle des Kindes beraten und mit den Eltern zusammenarbeiten.

Beratung über die Schullaufbahn

Schullaufbahnberatung ist eine wichtige Tätigkeit, die den Grundschullehrer durch alle Klassen fordert. In den ersten vier Schuljahren müssen Entschei-

---

[1]) Lehrplan für die Grundschule, München 1981, Seite 6.

dungen gefällt werden, die für die Schullaufbahn und auch für den späteren Lebensweg von gravierender Bedeutung sind. Der Lehrer gibt Entscheidungshilfen für den richtigen Termin der Einschulung, der Überweisung an Sonderschulen und den Übertritt an weiterführende Schulen.

Diese Aufgaben werden im BayEUG ausdrücklich aufgeführt: Art. 55 (1) „Jede Schule und jeder Lehrer haben die Aufgabe, die Erziehungsberechtigten und die Schüler in Fragen der Schullaufbahn zu beraten und ihnen bei der Wahl der Bildungsmöglichkeiten entsprechend den Anlagen und Fähigkeiten des einzelnen zu helfen."

Art. 53 (1) „Die Schule ist verpflichtet, die Erziehungsberechtigten möglichst frühzeitig über ein auffallendes Absinken des Leistungsstandes und sonstige wesentliche, den Schüler betreffende Vorgänge schriftlich zu unterrichten."

Art. 53 (2) „Steht am Ende eines Schuljahres fest, daß ein Schüler in die nächsthöhere Jahrgangsstufe nicht vorrücken darf oder die Abschlußprüfung nicht bestanden hat, so ist die Schule verpflichtet, den Erziehungsberechtigten über den weiteren Bildungsweg des Schülers eine Beratung anzubieten."

Der Lehrer macht den Eltern klar, daß nicht allein Lernleistungen eine zuverlässige Prognose des Schulerfolgs gestatten. Das soziale Umfeld und nichtkognitive Persönlichkeitsmerkmale wie Konzentrationsfähigkeit, Selbständigkeit, Arbeitshaltung . . . tragen entscheidend dazu bei. Aufgrund sorgfältiger Beobachtung dieser Kriterien kann der Lehrer die Schüler und Eltern intensiv beraten und helfen, daß das Kind den richtigen Bildungsweg einschlägt.

Neben den Noten und der Beurteilung der Schülerpersönlichkeit durch den Lehrer können Tests als Beratungsgrundlage herangezogen werden. Die Durchführung mancher Tests muß der Lehrer jedoch anderen (Beratungslehrer, Schuljugendberater, Psychologen) überlassen.

In allen Fällen, in denen die Auffassung von Erziehung zwischen Eltern und Lehrer zu weit auseinanderklafft und keine Übereinstimmung erzielt werden kann, müssen die Eltern an andere Institutionen verwiesen werden. Der Lehrer sieht sich auch immer wieder mit Verhaltensstörungen von Kindern konfrontiert, die er allein nicht lösen kann.

5.4 Beeinflussung des Lehrerverhaltens

- Notwendigkeit, Lehrerverhalten zu überprüfen
- Die Wechselbeziehung Lehrer- und Schülerverhalten
- Möglichkeiten der Beobachtung von Lehrerverhalten
- Möglichkeiten, Lehrerverhalten durch Training zu modifizieren

Notwendigkeit, Lehrerverhalten zu überprüfen

Das Schlagwort vom geborenen Erzieher geistert immer noch durch die pädagogische Literatur. Er braucht nichts dazuzulernen, ideales Lehrerverhalten ist ihm angeboren.

Aus Untersuchungen wissen wir, daß Lehrerverhalten im Laufe der Jahre oft mechanisiert und unflexibel wird. Ebenso ist bekannt, daß jüngere Lehrer ihren sozial integrativen Erziehungsstil nicht durchhalten können, obwohl sie mit großem Engagement ihren Beruf aufnehmen. Dies geschieht . . ., „weil der lobenswerte pädagogische Impetus nicht durch ‚Techniken des Lehrerverhaltens' gestützt wird."[1]) Diese Kenntnisse und die Erfahrung von Lehrern, daß sie sich in problematischen Situationen anders verhalten, als sie es eigentlich für richtig empfinden, begründen die Notwendigkeit, daß Lehrer ihre Einstellung zum Schüler, ihre Unterrichts- und Erziehungsmethoden kontrollieren, überdenken und eventuell modifizieren müssen.

Die Wechselbeziehung Lehrer- und Schülerverhalten

Bei Schwierigkeiten mit Schülern wird das Verhalten des Kindes analysiert, der Lehrer dagegen oft vergessen. Die Verhaltensweisen von Lehrern und Schülern beeinflussen sich aber immer gegenseitig. Diese Wechselbeziehung bedeutet, daß nicht nur die Lehrer ihre Schüler positiv verstärken, sondern daß Kinder durch ihre Reaktionen auch beim Lehrer Verhaltensweisen aufbauen oder vermindern können.

Positives Feedback erhält er etwa durch rege Mitarbeit, interessierte Fragen oder Begeisterung für ein Thema. Diese direkte Rückmeldung durch den Schüler ist aber wenig zuverlässig. Der Lehrer nimmt von den Reaktionen oft nur das wahr, was er wahrnehmen möchte. Das Verhalten von Schülern ist außerdem von zahlreichen Faktoren abhängig, die mit dem Lehrerverhalten in keinem Zusammenhang stehen; die Mitarbeit in der ersten und sechsten Stunde kann erhebliche Unterschiede aufweisen; besondere Erlebnisse eines Schülers beeinträchtigen seine Aufmerksamkeit usw. „Es ist recht unwahrscheinlich, daß Lehrer sich aus dem Rahmen des Üblichen lösen können, wenn sie ihr Feedback allein aus der Interaktion im Unterricht, wie sie sie wahrnehmen, beziehen."[2])

Verhaltensänderungen von Kindern setzen oft eine Verhaltensänderung beim Erzieher voraus. Will ein Lehrer z.B. die ständigen Zwischenrufe eines Schülers durch Verhaltensmodifikation verringern und schließlich ganz abbauen, muß er erst die Technik der konsequenten Nichtbeachtung erlernen und einüben. Hat er damit Erfolg, so wird der Lehrer diese Technik wahrscheinlich öfter einsetzen.

In diesem Zusammenhang muß auch auf die Auswirkungen von Erwartungshaltungen hingewiesen werden. Allein die positive Einstellung von Lehrern kann bereits Schülerverhalten ändern (siehe Kapitel 1.2).

---

[1]) Schnitzer, A., Schwerpunkt: Schülerverhalten – Lehrerverhalten, München 1975, Seite 90.

[2]) Grell, J., Techniken des Lehrerverhaltens, Weinheim 1974, Seite 136.

Möglichkeiten der Beobachtung von Lehrerverhalten

Die Beobachtung von Lehrerverhalten kann durch Selbst- sowie durch Fremdkontrolle geschehen. Diese Punkte sind ausführlich dargestellt im Kapitel 2. Für die Aufzeichnungen dieser Daten verwendet man die gleichen Notationshilfen wie bei Schülerbeobachtungen:

Beispiel eines Selbstbeobachtungsprotokolls:

Klasse: 3a Schuljahr: 1981/82

Fach: D, M, H.u.S

Beobachtungssituation:

Beobachtungsdatum: 21.6.1982 Beobachtungszeit: 8 - 10.15

Verhalten: Welche Kinder rufe ich auf?

1. B§§§§§§ Klaus	/										1
2. E§§§§§ Matthias	~~////~~	//									7
3. D§§§§§ Till	//										2
4. H§§§§§ Thomas											

Möglichkeiten, Lehrerverhalten durch Training zu beeinflussen

Lehrern, die sich beobachtet haben und gewisse Verhaltensweisen daraufhin modifizieren wollen, bieten sich drei Wege an: Das Selbsttraining, das Training im Kollegenteam oder der Anschluß an eine Trainingsgruppe.

Verschiedene Trainingsformen wurden entwickelt, die teilweise in Fortbildungskursen und in verschiedenen Gruppen angeboten werden, z.B. Pädagogisches Institut München 1982, Konflikte im Unterricht, psychologische Ursachen, pädagogisches Handeln, Fallbesprechungsgruppe.

Erfahrungstraining

Es wurde von R. und A.-M. Tausch entwickelt und will Wahrnehmen und Beurteilen sensibilisieren und dann auch angemessenes Verhalten trainieren.

Rollenspiel

Einige spielen die Problemsituation durch, während andere beobachten. Dann werden die Rollen vertauscht. Die Mitspieler geben das Feedback.

Training durch Simulierung sozialer Skills (= Verhaltensmuster)

In simulierten Situationen (z.B. Schüler kommt zu spät) werden Verhaltensweisen erprobt, beobachtet und Daten gesammelt. Ein Feedbackgespräch schließt sich an.

Mikroteaching

Bestimmte wenige Verhaltensweisen werden über einen kurzen Zeitraum mit nur wenigen Schülern trainiert, meist mit Einsatz von Medien.

Verhaltenstraining durch Interaktionsanalyse und Gruppendynamik

Techniken aus der Interaktionsanalyse und der Gruppendynamik können ebenfalls bestimmte Verhaltensweisen von Lehrern beeinflussen. Der Lehrer hat aber nicht immer die Möglichkeit, sich einer Trainingsgruppe anzuschließen. In diesem Fall eignet sich der Zusammenschluß zu Teams, um das eigene Verhalten zu überprüfen und zu verbessern (siehe Kapitel 2). Die Idealgruppe wäre das ganze Kollegium einer Schule.

Lehrer, die keine geeigneten Partner dafür finden, können durch Selbstbeobachtung und Selbsttraining ihr eigenes Verhalten modifizieren. Ein Selbsttraining bietet sich auf verschiedenen Gebieten an.

- Training von Beobachtungen, vor allem positiver Verhaltensweisen beim Lehrer und beim Schüler.
- Training zum Ignorieren unerwünschter Verhaltensweisen
- Training des gezielten Einsatzes positiver Verstärker durch die Unterrichtsgestaltung
- Training von Verhaltensbeschreibungen
- Training im Entwerfen von Plänen zur Verhaltensmodifikation eines Schülers (siehe Kapitel 5.2)

„Die Erfahrung, daß die beruflichen Probleme besser gemeistert werden können, wenn man sich selbst verändert, macht Lehrer selbstbewußter, zufriedener und engagierter. Sie bekommen Mut, auch solche Probleme in Angriff zu nehmen, die nicht durch eine Änderung des eigenen Verhaltens, sondern nur durch eine Veränderung der Struktur der Schule zu lösen sind.“[1])

---

[1]) Grell, J., Techniken des Lehrerverhaltens, Weinheim 1974, Seite 228.

Literaturverzeichnis

Ammer C., Buggle F., Wetzel H., Wilhelm M., Veränderung von Schülerverhalten. Urban und Schwarzenberg, München 1976.

Bayerischer Lehrer- und Lehrerinnenverband, schulpolitische und berufswissenschaftliche Hauptstelle. Gesichtspunkte und Vorschläge für ein neues Aufnahmeverfahren (Arbeitspapier), München 1978.

Besser H., Wöbcke M., Ziegenspeck J., Der Schülerbeobachtungsbogen. Westermann, Braunschweig 1977.

Blackham, G., Der auffällige Schüler. Beltz, Weinheim 1979.

Bolscho, D., Beurteilen in der Grundschule. Urban und Schwarzenberg, München 1979.

Braun, A., Erwartungen und Perspektiven von Schulanfängern. Pilotstudie. In: Empirische Pädagogik, 1987, 1, S. 53–59.

Brem-Gräser L., Familie in Tieren, Reinhardt, München 1975.

Brezinka, W., Tüchtigkeit – Analyse und Bewertung eines Erziehungsziels. Reinhardt, München, Basel 1987.

Dannhäuser, A., Die pädagogische Beurteilung der Schülerleistung, in: Blätter für Lehrerfortbildung 7/8, 33. Jahrgang, Ehrenwirth, München 1981.

Deutscher Bildungsrat. Gutachten und Studien der Bildungskommission. Klett, Stuttgart 1972.

Dreikurs R., Cassel, P., Disziplin ohne Strafe. Maier, Ravensburg 1979.

Dumke, D., Die Auswirkungen von Lehrererwartungen auf Schülerleistungen und die Schülerbeurteilung, in: Blätter für Lehrerfortbildung 7/8, 33. Jahrgang. Ehrenwirth, München 1981.

Empfehlung zur Aufnahme des Kindes in die Grundschule, Handreichung des Staatsinstitutes für Schulpädagogik und Bildungsforschung (ISB), Auer, Donauwörth 1989.

Engelmayer, O., Das Soziogramm in der modernen Grundschule. Ehrenwirth, München 1970.

Fend, H., Gesellschaftliche Bedingungen schulischer Sozialisation. Beltz, Weinheim 1974.

Gaude, P., Beobachten, Beurteilen und Beraten von Schülern. Diesterweg 1989.

Glötzl, H., Das habe ich mir gleich gedacht! Beltz, Weinheim 1979.

Gmelin, O., Mama ist ein Elefant. Deutsche Verlagsanstalt, Stuttgart 1978.

Gordon, T., Familienkonferenz. Hoffmann und Campe, Hamburg 1979.

Gräser H., Lederer M., Störende Schüler – unruhige Klasse. Kösel, München 1982.

Grell, J., Techniken des Lehrerverhaltens. Beltz, Weinheim 1974.

Gröschel, H. (Hrsg.), Das Lehrer-Schüler-Verhalten in Erziehung und Unterricht. Ehrenwirth, München 1975.

Grzesik, J., Fischer, M., Was leisten Kriterien für die Aufsatzbeurteilung? Opladen Westdeutscher Verlag, Opladen 1984.

Hanke, B., Lohmöller, J.-B., Mandl, H., Schülerbeurteilung in der Grundschule (ppf-Forschungen). Oldenbourg, München 1980.

Heim, D., Lehrer begegnen Eltern. Urban und Schwarzenberg, München 1977.

Heller, K. (Hrsg.), Leistungsbeurteilung in der Schule. Quelle und Meyer, Heidelberg 1974.

Hofer, M., Die Schülerpersönlichkeit im Urteil des Lehrers. Beltz, Weinheim 1969.

Hofer, M., Sozialpsychologie erzieherischen Handelns. Hogrefe, Göttingen, Toronto, Zürich, 1986.

Ingenkamp, K., Pädagogische Diagnostik. Beltz, Weinheim 1975.

Ingenkamp, K., Horn, R., Jäger, R. (Hrsg.), Tests und Trends. Jahrbücher der Pädagogischen Diagnostik, 6 Bände erschienen. Beltz, Weinheim 1982–1987.

Janowski, A., Fittkau, B., Rauer, W., Beurteilungshilfen für den Lehrer. Westerham, Braunschweig 1981.
Kern, H., Lehrer- und Schülerverhalten. Kohlhammer, Stuttgart 1976.
Klauer, K.-J. (Hrsg.), Handbuch der Pädagogischen Diagnostik. Düsseldorf 1978.
Kleber, E., Meister, H., Schwarzer, C., Schwarzer, R., Beurteilung und Beurteilungsprobleme. Beltz, Weinheim 1976.
Köck, P., Praxis der Beobachtung. Auer, Donauwörth 1981.
Kormann, A. (Hrsg.), Beurteilen und Fördern in der Erziehung. Orientierungshilfen bei Schulproblemen. Müller, Salzburg 1987.
Krapp, A., Bedingungen des Schulerfolgs, Oldenbourg, München 1973.
Kutscher, J. (Hrsg.), Beurteilen oder verurteilen. Urban und Schwarzenberg, München 1977.
Lehrplan für die Grundschule. Maiß, München 1982.
Mees, U., Selg, H. (Hrsg.), Verhaltensbeobachtung und Verhaltensmodifikation. Klett, Stuttgart 1977.
Mierke, K., Konzentrationsfähigkeit und Konzentrationsschwäche. Klett, Stuttgart 1966.
Projektgruppe Diagnostik in der Schule. Oldenbourg, München 1973.
Rosenthal, R., Jakobsen, L., Pygmalion im Unterricht. Beltz, Weinheim 1971.
Roth, H., Pädagogische Psychologie des Lehrens und Lernens. Schroedel, Hannover 1976.
Schiefele, H., Motivation im Unterricht. Ehrenwirth, München 1963.
Schnitzer, A., Geisreiter, E., Schiller, H., Schwerpunkt: Schülerverhalten – Lehrerverhalten. Oldenbourg, München 1975.
Schönig, W., Vom Sinn und von den Grenzen einer Beratung in der Schule. In: Die Deutsche Schule, 1986, 1, S. 16–27.
Schulordnung für die Volksschulen in Bayern – VSO – , Maiß, München 1983/84.
Schwarzer, C., Praxis der Schülerbeurteilung. Kösel, München 1979.
Schulberatung – Kinder, die besondere Hilfe brauchen, Handreichung des Staatsinstitutes für Schulpädagogik und Bildungsforschung (ISB), Auer, Donauwörth 1988.
Sedlak, F., Sindelar, B., Hurra, ich kann's – Frühförderung für Vorschüler und Schulanfänger, Österreichischer Bundesverlag, Wien 1988.
Singer, K., Verhindert die Schule das Lernen? Ehrenwirth, München 1973.
Singer, K., Maßstäbe für eine humane Schule. Fischer, Taschenbuch 1981.
Steinhorst, H., Schülerbeurteilung als pädagogische Aufgabe des Lehrers, in: Blätter für Lehrerfortbildung 7/8 33. Jahrgang. Ehrenwirth, München 1981.
Ulich, D., Mertens, W., Urteile über Schüler, Beltz, Weinheim 1973.
Ziegenspeck, J., Fehlarten und Mängel bei der Zensurengebung, in: Blätter für Lehrerfortbildung 7/8 33. Jahrgang. Ehrenwirth, München 1981.

Jahreszeitenbücher für einen integrativen Unterricht

Jahrgangs- und fächerübergreifend stellt die Jahreszeiten-Reihe Themen von Frühling bis Winter, um Fasching, Ostern, Advent und Weihnachten, gesunde Ernährung und Umwelterziehung für den Leser anschaulich dar.

Tips, Anregungen und Materialien sind in zahlreichen Stundenbildern mit entsprechenden, praxiserprobten Kopiervorlagen gestaltet.

Texte, Bilder und Spielideen bereichern den Unterricht nicht nur als motivierende »Verpackung«. Sie erleichtern zugleich die Verknüpfung von Lerninhalten und Sozialformen im Unterricht.

Elfriede Hirschmann, Annemarie Lösch, Renate Schuster
Frühling in der Grundschule
Prögel Praxis 161, Best.-Nr. 98617-1

Manfred Hahn, Monika Moser
Sommer in der Grundschule
Prögel Praxis 158, Best.-Nr. 98614-7

Sigrid Bairlein, Christel Junker, Manfred Reichgeld
Herbst in der Grundschule
Prögel Praxis 160, Best.-Nr. 98616-3

Marga Beckstein, Barbara Regitz, Brigitte Widder
Winter in der Grundschule
Prögel Praxis 167, Best.-Nr. 98623-6

Helga Müller-Bardorff u.a.
Ostern in der Grundschule
Prögel Praxis 159, Best.-Nr. 98615-5

Margarete Kaufmann
Fasching in der Grundschule
Prögel Praxis 157, Best.-Nr. 98610-4

Marga Beckstein, Barbara Regitz, Brigitte Widder
Advent und Weihnachten in der Grundschule
Prögel Praxis 154, Best.-Nr. 98605-8

Dieter Hell, Jutta Spatz, Herlinde Sporer
Gesunde Ernährung in der Grundschule
Prögel Praxis 168, Best.-Nr. 98624-4

Sigrid Bairlein
Umwelterziehung im 1. und 2. Schuljahr
Prögel Praxis 170, Best.-Nr. 98631-7

Oldenbourg